JN437258

오문수 기자의

한국은 멋진 나라

국내여행

머리말

기자란 무엇인가? 누군가는 '세상을 바꾸는 힘'이라고 정의했는데 내겐 너무나 거창한 얘기다. 포털사이트를 검색하다 <고대신문>에서 괜찮은 말을 찾았다. '면이 불지 않게 맛있는 자장면을 배달하는 자장면 배달부'. 그렇다. 나는 우연히 자장면을 배달하는 배달부가 됐다.

글쓰기? 한 번도 꿈꿔보지 않았지만 실마리를 줬던 신문배달원 시절

기자가 되는 꿈은 한 번도 꿈꿔보지 못했다. 왜냐하면 내게는 글 쓰는 소질이 없다고 생각했기 때문이다. 초등학교 6학년 시절 담임선생님이 내게 시를 한번 써보라고 해서 시를 쓰긴 했다. 당시 썼던 시를 생각하면 지금도 숨고 싶다. 그때를 생각하면 부끄러워 등에 벌레가 스멀스멀 기어가는 느낌이 든다. 왜냐하면 파도를 한 번도 본 적이 없었는데 책에서만 보았던 파도를 소재로 썼으니. 그 이후로 내게 글쓰기는 먼 나라 얘기였다. 그런데 교과서와 도서관이 아닌 곳에서 남이 쓴 글을 매일 접하게 된 계기가 왔다. 고등학교 1학년 시절 중앙 일간지를 배달하면서다. 배달하고 남은 신문을 집에 들고와 기사를 읽으며 감탄만 했다. "어쩌면 이렇게 글을 잘 쓸 수 있을까? 나는 언제나 이런 글을 써보나?"

가출 후 깊은 산 정상에서 만난 멧돼지와의 조우… 내 인생 역마살의 시작

2년간의 신문배달원을 마치고 대학에 합격했지만 입학금이 없어 부모님께 말을 못하고 있었다. 소식을 들은 큰 형님이 친척에게서 입학금 5만 4천 원을 빌려왔다. 그렇게도 가고 싶었던 대학이었지만 입학금 하나도

못 낼 처지인데 꼭 대학을 가야하나? 고민이 깊어져 갔다. 집안 형편이 그렇다면 내 힘으로 벌어서 대학을 가겠다며 입학금만 내고 휴학을 신청했다. 대강당에서는 신입생 입학을 축하한다는 음악이 들려오고 있었다. 터져나오려는 울음을 참으며 대강당 옆을 지나 고향인 곡성행 버스에 몸을 실었다. 집에 돌아온 다음 날부터 이웃집과 동네 일을 찾아나섰다. 다행히 새마을 사업이 한창이어서 일거리는 널려 있었다. 초가집을 슬레이트 지붕으로 바꾸는 개보수 작업으로 일당 500원을 줬다. 어릴 적부터 부모님을 따라 농사일을 했기 때문에 일은 힘들지 않았다. 입영예정일이 10월 15일이니 아직도 7개월여의 시간이 남았다. 열심히 일하고 돌아온 어느 날 형님이 날 불렀다. "아홉 식구에 논 대여섯 마지기밖에 안 되는 우리집 형편으로는 널 대학에 못 보내겠으니 대학을 그만둬라." "알겠어요! 그만

둘 게요.” 입학금부터 학비가 무료인 대학에 합격하지 못한 게 죄였다. 세상이 싫었다. 까짓것 내 몸 하나 건사할 곳 없을까? 내친김에 전국구경이나 한 후 군대갔다 온 후 뭐라도 하자는 생각으로 집을 나왔다. 주머니에는 1원도 없었다. 항구에 가면 일거리가 많을 테니 여수항으로 가서 한 달쯤 일하다 부산으로 가야지 하며 산을 넘었다. 때는 6월이라 신록이 우거지고 나무꾼이 없는 산길은 길이 보이지 않았다. 배가 고팠다. 인근 골짜기를 보니 산딸기가 지천으로 널려있었다. 여수쪽으로 방향을 잡고 산정상에 오른 순간 내 눈앞에 뭔가 나타났다. 기겁했다. 5미터쯤 떨어진 곳에 송아지만한 멧돼지가 나를 노려보고 있었다. 사람이 다니지 않는 곳에 갑자기 사람이 나타났으니 자고 있던 멧돼지도 놀랐는가 보다. 내 머릿속에서는 도망가야 한다는 생각이 떠올랐지만 발이 떨어지지 않고 머릿속이 하얘지기만 했다. 속수무책이란 건 이럴 때 쓰는 말인가 보다. 서로를 쳐다보며 얼마나 시간이 흘렀을까? 멧돼지가 고개를 돌려 산 아래로 달리기 시작했다. 멀리 사라진 멧돼지를 바라보며 내 입에서 튀어나온 말에 스스로 놀랐다. “휴우! 하마터면 죽을 뻔했네.” 그 순간 내 머리를 탁! 치는 소리가 들려왔다. “뭐야! 죽어도 좋다고 생각했는데 막상 죽을 위험에 빠지니 살아야겠다는 생각이 앞서? 아! 본능이 이성보다 앞서는구나. 그렇다면 치리리 죽을 만큼 열심히 살아보자.

일주일 후 집으로 돌아오니 어머니께서는 “네가 자살한 줄 알고 저수지로, 섬진강으로, 철로로 찾아다녔다. 아버지하고 열심히 저축해서 네 학비 댈 테니 걱정말고 군대가거라”라며 울고 계셨다. 부모님께 큰 불효를 한 셈이다. 군 제대 후 곧바로 고향집 인근 공장에 취업해 용접일을 했다. 1년여 일해 저축한 돈 50만 원으로 신사복을 맞춰 입고 25살에 복학해 대학 1학년이 되었다. 대학 생활은 몇 명의 복학생 친구들이 있어 괜찮았다. 대기업에 들어가고 싶은 마음에 도서관과 강의실만 오가던 어느 날 단과대학 학생회장에 당선된 고등학교 후배가 총무부장을 맡아달라며 3번이나 찾아왔다. 당시 대학가는 민주화를 열망하는 데모로 몸살을 앓고 있었다. 박정희 대통령이 김재규의 총에 사망했기 때문이다. 얄궂은 운명이었을까? 계엄령이 내린 5월 18일, 전남대학교에는 공수부대가 들어오고 학생회 간부들을 연행해갔다. 총학생회장과 단과대학 학생회장들은 구속됐다. 몇 달이 지나고 학교가 다시 개학하자 지도교수가 나를 불렀다. "정보당국에서 자네를 선도대상 학생으로 지목했으니 조심하게." 몇 달이 지나고 4학년 2학기 무렵 대기업에서 3차 시험까지 합격했으니 마지막 면접을 보라는 연락이 왔다. 두근거리는 가슴을 진정하고 기획실장 앞으로 가니 "정보당국에서 연락이 왔어요. 광주항쟁에 대해서 말해보세요." 올게 왔구나 싶었다. 최종면접 대상자 7명 중 2명이 떨어진다는데 내가 대상자가 되었다는 생각이 들어 사실대로 말했고 결과는 불합격이었다. 당시는 취업제한 연령이 있어 30살이면 입사지원서를 낼 수가 없었다. 크게 실망해 학교로 돌아온 내게 여수 모 사립고등학교 영어교사로 오라는 전갈이 와 3년을 근무한 후 여수국가산업단지에서 세운 중학교로 옮겼다. 명문사립인 학교는 여수국가산업단지에 위치한 16개 회사가 출연해 세운 사립학교라 시설도 좋고 교사들에 대한 대우도 좋았다. 출연회사별로 2년마다 이사장이 바뀌니 학교 운영에 대해 거의 간섭도 하지 않아 학생들을 열심히 가르치기만 하는 학교였다. 공부 잘하는 학생과 근무 여건도 좋은 학교는 나를 행복하게 했다.

인간에 대한 증오심을 심어준 사람... 복수를 꿈꾸며 오마이뉴스 기자가 되다

좋은 교사 좋은 학생들과 함께 열심히 근무하고 있던 어느 날 교장 선생님이 나를 불러 교무부장직을 맡겼다. 나를 인정해주던 상사는 정년퇴

임했고 교감이었던 후임자가 교장에 임명됐다. 교무부장직에서 물러나 상담교사로 근무하던 2005년 어느 날 교감 승진 연수대상자 모집 공고가 났다. 사립인지라 이사회의 제청으로 이사장이 교감 승진자를 결정한다. 사건이 일어나기 2년 전인 2003년, 교사들은 혁신학교를 만들자며 그 방안 중 하나로 인사시스템 개정을 논의했다. 인사위원회에서는 당시 청와대가 실시했던 인성다면평가 제도를 도입했다. 전국 어떤 사립학교에서도 도입하지 않았던 방식으로, 120문항을 이용해 후보자를 평가하고 교장·교감을 비롯한 전 교사가 참여했다. 논의 과정 중에 관리자 평가 점수가 낮다는 지적에 교장·교감 점수(40점)와 나머지 교사 점수(60점)를 합해 평가했다. 후보자들의 평가 결과가 비슷하면 교장·교감이 얼마든지 좌우할 수 있었다. 인성다면평가 결과 점수를 제외하면 나머지는 공립과 동일한 평정 점수를 부여했다. 2005년 12월 9일 학교에서는 차기 교감 승진 자격연수대상자 선정을 위한 작업에 들어갔고, 이사장과 상임이사가 3명의 후보자를 면담했다.

교장이 결과발표를 하기로 약속된 날짜가 5일이 지나고, 10일이 지나도 결과를 밝히지 않았다. 교사들 사이에서 흉흉한 소문이 나돌기 시작했다. 평가 결과가 입소문으로 퍼져나가고 의구심이 커져가던 보름 후, 교장이 결과를 발표했다. 그런데 1위가 아닌 2위를 교감 후보로 선정했다. 뻔히 다 아는 결과를 뒤집은 이사장과 교장의 처사에 분노한 교사들은 연서명을 해 이의신청서를 작성해 이사들을 찾아갔다. 당시 충격에 싸인 교사들과 교장은 충돌했고 학교는 걷잡을 수 없는 소용돌이 속으로 빠져들어갔다. 이사장 명령에 불복한 교사는 파면하겠다고 엄포를 놓았지만, 분노한 교사들은 아랑곳하지 않고 내 등을 떠밀었다.

“형님! 학교를 혁신하고 인사를 바로잡으려는 지난 2년 동안의 노력이 수포로 돌아가고, 우리를 비웃고 있는데 가만있을 수 없습니다. 교장실에 가서 결과를 확인하고 오세요.”

교장실 문을 열고 들어가자 그들은 “네 까짓게 감히?”라는 식으로 비웃고 있었다. 피가 거꾸로 솟았다. 결과는 내가 1등이었고, 그것도 2등과 8점이나 차이가 났다. 교사들은 안다. 교사 평가는 소수점 3자리부터 시작한다는 걸. 8점이면 하늘과 땅 차이이다. 울분을 터뜨리고 있던 내게 학교 사정을 잘 아는 지인으로부터 제보가 들어왔다.

“저것들 이틀 전에 이미 끝내버렸어요.”

그날 밤 잠 한숨 못 잤던 나는 다음날부터 한복을 입고 수염을 기른 채 출근했다. 한복 차림으로 아무말도 안 하는 나를 본 교사들은 교장의 행위에 항명하며 집단 서명을 시작했고, 기자들이 학교에 들어오기 시작했다. 분노한 채 잠을 못 이룬 지 열흘째 되던 날 아침 아내와 나는 서로 부둥켜안고 엉엉 울었다. 아내는 “여보 당신이 패배자야? 저 더러운 놈들하고 싸워! 파면되면 내가 있잖아!” 사실 그들과 싸우고 싶어도 가정을 책임져야 할 가장이라는 두려움으로 말 못하고 있었는데, 자신을 믿고 싸우라고 격려해 준 아내가 한없이 고마웠다.

힘이 없어 당했지만, 결코 불의에 질 수는 없었다. 매일 아침 제일 먼저 출근해 교장실 앞에서 “밤새 안녕하셨지요?”라고 묻고는 교실로 돌아와 아무 말도 안 한 채 근무했다. 10여일 동안 교장실 앞에서 시위를 하자, 그는 출근도 못하고 교장실 주위를 빙빙 돌았었다. 분노한 나는 극단적인 행위도 하고 싶었지만 범법자가 될 수는 없어 참았다. 나를 짓밟았던 이

사장은 우리나라 굴지의 대기업 임원을 겸한 사람이었다. 변호사를 찾아가 법정 싸움에 대한 승산을 묻자 "승산은 50대 50입니다. 정당성에서는 무조건 이기지만 문제는 사학법입니다. 선생님! 그래도 싸워봅시다."라고 권했다. 가까이 지내는 시민단체 관계자도 "싸워보자!"는 제안을 했지만 대기업에 소속된 변호사들과 싸워 이길 자신이 없었다. 무엇보다 더 중요한 것은 내게 중요한 정보를 건네준 은인을 보호하기 위해 법정 싸움을 신청하지 않았다.

교사들이 합심해 도출한 결론을 뒤집어 버린 K교장
… 교사들로부터 지탄 받던 인물

교사들이 분노하고 집단항명을 하게 된 연유가 있다. 내 사건이 일어나기 10여년 전 K가 교감 승진 절차에 들어가자 대부분 교사들이 서명해 이사장을 찾아갔다. 무능한 사람을 교감으로 받아들일 수 없다는 게 이유였다. 그 결과 제도에도 없던 초빙 교감이 부임했다. 하지만 초빙 교감이 암에 걸려 4년 후 사망하자 K가 교감으로 승진했다. 다시 4년 후 교장 승진 시기가 돌아오자 교사들은 이번에도 연서명하여 이사장을 찾아가 교장 승진을 반대해 교육장으로 계셨던 분을 초빙했다. 어디 그뿐인가? 내가 교무부장으로 교감 옆에서 근무하던 어느 날의 일이다. 매일 오후 3시쯤이면 외출해 결재를 할 수가 없던 날이 계속되던 어느 날 학부모한테서 고발 전화가 들어왔다. "어떻게 교감 선생님이 매일 오후면 증권회사 객장에서 시세판만 보고 있습니까?" 당시 전국은 증권 열기에 휩싸였었다. 그가 교장으로 재직 중 일어난 일이다. 무더운 날씨에도 불구하고 학생과 교사들이 열심히 공부하고 있던 제헌절날 연가를 내고 일본에서 골프를 치고 돌아왔다. 근무일지에는 "가사정리차"라는 글귀가 적혀 있었다. 교직원들은 연가를 낸 그의 행적을 알 리가 없었지만 동행했던 사람이 분노한 목소리로 "무더운 여름날 학생과 교사들이 열심히 공부하는데 교장이라는 사람이 일본까지 와서 골프를 친단 말입니까?"라고 고발을 해서야 알았다.

내 삶이 짓밟혔다는 스트레스로 나는 역류성식도염에 걸려 기진맥진해 복수를 꿈꾸던 내게 가까이 지내던 후배가 "형님, 그 억울한 심정을 기사로 써보라"고 권유했다. 78억 인구 대부분은 자신의 생각을 표현하고 싶어 한다. 하지만 아무나 글을 쓸 수 있는 건 아니다. 상대방을 설득할 수 있도록 논리적인 글을 쓸 줄 알아야 한다. 제대로 된 글을 쓰기 위해 공부와 함께 육법전서 요약본 공부를 시작했다. 탁석산의 <글짓는 도서관> 시리즈와 <행복 청바지> 시리즈 독서는 세상을 바라보는 관점과 글쓰는 요령을 배우는 데 중요한 안목을 제공했다. 육법전서 요약본을 다섯 번 읽고 나서야 내가 법에 대해 얼마나 무지했는가를 알 수 있었다. 세상이 원망스러웠다. 100여 일 동안 분에 떨던 나는 힘을 갖고 싶었다. 좋은 분들과 교류하고 연대해서 싸우고 싶었다. 이를 악문 나는 그때부터 시민단체에 합류하고 본격적으로 사회로 뛰어나갔다. 30여권에 달하는 글쓰기 공부 후 자신감이 생긴 2006년 광복절날 이사장한테 편지를 보냈다. 내 운명을 결정한 이사장은 교장의 가까운 친척이 사장으로 있던 회사의 부사장으로 면접 당시 내가 학교운영계획에 대해 설명하려면 몇 번이나 중지시키고 "전교조는 어떻게 할 것인데요?"라고 묻기만 했던 사람이다.

"오늘이 광복절이네요. 나는 당신의 종속변수가 아닌 독립변수입니다. 당신이 나를 권력으로 누를 수는 있어도 내 영혼은 누를 수 없습니다"

명령에 불복했다는 이유로 나를 파면하겠다고 겁박했던 사람들의 베일이 하나하나 베껴지면서 소문이 나기 시작했다. <오마이뉴스>에 올린 첫

번째 글은 사건이 난 지 8개월이 지난 2006년 8월 15일이다. 직원들과 동유럽을 여행한 여행기였지만 주위 여러분들에게서 전화를 받았고 한 달 동안 발이 둥둥 떠있는 느낌이었다. 분노가 사라지기 시작했고 가슴속에 에너지가 차오르기 시작했다. 부수적 효과도 있었다. <오마이뉴스>에 글을 쓰는 동안 지레 겁먹은 그들이 내 앞에서 전전긍긍하던 모습을 바라보며 나는 쓴웃음을 짓기도 했다.

정의롭지 못한 대한민국을 떠나 호주로 이민가려고 했지만 아내의 반대로 뜻을 이루지 못한 채 분을 삭이고 있던 어느 날 퇴직했던 K가 몹쓸 병에 걸려 거의 죽어가는 모습을 보았다. 마음을 다잡은 나는 그에게 전화가 오기만을 기다렸다. 마주보고 차 한 잔 하며 마음의 짐을 내려놓고 싶었다. 그런데 내게 말 한 마디 없이 가버렸다. 그가 마음 편히 세상을 떠날 수있는 기회를 놓친 거 같아 안쓰럽다. 용서를 빌면 용서해주겠다고 결심하고 기다리고 있었는데. 그가 불쌍하기까지 했다. 장례식장을 찾아갈까 말까 고민하다 지인한테 상담했더니 "오선생, 원한을 품고 있으면 오선생이 병이나서 먼저 죽어요. 잘 가시라고 보내드려요" 장례식장에 들러 고인에게 절을 하자 부인이 울며 내 손을 잡고 "선생님이 오실 줄은 꿈에도 몰랐어요. 잘못했어요! 잘못했어요!"라고 말했다. 그 순간 가슴속이 뻥 뚫리는 걸 느꼈다.

글쓰기가 준 변화... 분노의 탈출구이자 자존감을 높여 준 에너지원

내가 세상 밖으로 튀어나오게 된 동기는 불공정한 사회에 대한 분노다. 따라서 내 글의 프레임은 강자가 약자를 짓밟는 모습에 대해 맞서 분연히 일어서는 굴기였다. 강자가 억누를 때 반항하지 못한 채 울기만 하는 약자 편에 서는 것이었다.

글을 쓰기 시작하자 그동안 눈여겨보지 않았던 주변의 많은 것들이 눈에 들어왔다. 사회적으로 큰 반향을 일으킬 수 있는 사건뿐만 아니라 소소한 일상도 기사거리였다. 어린아이의 일상부터 폐지 줍는 할아버지들의 애환도 기사가 됐다. 그동안 무심코 지나치던 노인에게서 살아왔던 이야기들을 들으며 '책 한 권을 써도 되겠구나!' 하는 생각이 들었다. 세상에 존재하는 78억 목숨 중 한 사람의 목숨도 소홀히 여겨서는 안 되겠다는 생각이 들며 발길에 채이는 들풀하나도 소중하게 여겨졌다. 예쁜 꽃을 찾아 들로 산으로 쏘다니며 아픈 마음을 달랬다. 더 넓은 세상을 보기 위해 세계여행에 나서 5대양 6대주를 다니는 동안 세계 3대 미항과 세계 3대 폭포도 구경하며 글을 썼다. 몽골 알타이산맥 인근에서 청동기시대의 암각화 탁본을 뜰 때 너무 흥분해 배고픈 줄도 몰랐다. 스페인군에 쫓겨 페루 2,300m 산 정상에 공중도시를 세운 잉카족 마추픽추 유적지를 탐방하면서 인간의 한계는 어디까지일까를 곰곰이 생각해보았다.

내친김에 지인들과 힘을 합쳐 여수지역 언론사를 창간해 대표가 되기도 했다. 글을 쓰자 여기저기서 제보도 들어오고 좋은 글을 써달라는 부탁도 들어왔다. 평범하게 지내는 교사였으면 결코 만나지 못할 훌륭한 사람도 만나 인터뷰하는 동안 숭고한 삶에 고개 숙여지기도 했다. 깨달은 것도 있다. 강자 앞에서는 약하고 약자 앞에서는 강했던 기관장의 위선을 보며 세상을 알았다. 자신들이 죽으면 무인도가 될 것이라며 달관한 듯 섬을 지키는 노부부의 삶에 머리가 숙여지기도 했다.

보람도 있었다. '1만 시간의 법칙'은 어느 분야이든 위대한 성공을 거두기 위해서는 일만 시간의 노력이 필요하다는 법칙으로 하루에 3시간 씩

10년이면 1만 시간이 걸린다는 뜻이다. 16년 동안 글쓰는 데 전력했더니 수많은 글이 보이기 시작했다. 9시 뉴스를 보도하는 앵커가 전하는 말을 듣다가 "저렇게 보도하면 안 되는데." 하는 소리가 저절로 새어나왔다. 명강의로 소문난 교수의 저서를 읽다가도 눈에 거슬리는 글들이 보였다. 우리나라에 존재하는 모든 종편 리포터들의 전화도 받았다. 내가 쓴 글이 인간극장의 소재로 선정돼 몇편이 방영되기도 했다. 문화재청에서 발간하는 월간지에 실리기도 했다.

누군가 '글이란 피떡을 토해내는 작업이다'라고 얘기했다. 맞는 말인 것 같다. 내 핏속에 흐르는 피떡을 토해내며 얻은 결론은 '억울하게 당하고 있지만 말아라'이다. 레지스탕스 출신 프랑스 외교관 스테판 에셀(Stephane Hessel)은 그의 저서 <분노하라!>에서 "레지스탕스로 활동하던 동기는 분노였다."고 썼다. 분노가 저항을 낳았고 결국 승리했다. 진정한 복수는 나를 울린 자보다 열 배나 잘되는 것이다. 분노가 사라져버리고 승화의 길을 찾은 지금의 나를 되돌아보니 내 자신에게 부끄럽지 않기 위한 싸움이었다. 나를 믿고 도와준 수호천사들에게 보답하는 여정이었다. 나는 요즈음 틈만 나면 테니스를 친다. 좋은 사람들과 테니스를 치며 건강도 회복하고 웃으며 산다. 가끔은 내 인생에 그런 사건이 있었던가? 하며 비소를 짓는다. 인생을 정리해야 할 요즈음 꿈 하나가 있다. 테니스를 치다 쓰러져 아프지 않고 3일 후에 죽는 것이다. 그 무더웠던 여름날도 가고 내 주변에서 귀뚜라미 소리가 요란하다. 내 어릴 적 시골 고향집 뒤안에서 울어대던 귀뚜라미처럼. 마치 아무 일도 없었던 것 같이….

차례

차례

차례

국내여행

오문수 기자의 한국은 멋진 나라

국민가곡 '비목'의 탄생 비화, 이랬구나

청년 장교 시절 작사한 한명희 씨가 말하다
"이런 사람은 이 노래를 부르지 말라"

"초연이 쓸고 간 깊은 계곡 깊은 계곡 양지 녘에
비바람 긴 세월로 이름 모를 이름 모를 비목이여
먼 고향 초동친구 두고 온 하늘가
그리워 마디마디 이끼되어 맺혔네
궁노루 산울림 달빛 타고 달빛 타고 흐르는 밤
홀로 선 적막감에 울어 지친 울어 지친 비목이여
그 옛날 천진스런 추억은 애달퍼
서러움 알알이 돌이 되어 쌓였네"

위 가사는 전국민이 사랑하는 가곡 <비목>의 노랫말이다. '비목'이란 말은 우리 주변에서 흔히 사용하는 말이 아니기 때문에 '비목'이 무슨 뜻인지 선뜻 와 닿지 않는다. 사전을 찾아보니 다음과 같은 설명이 들어있었다.

'비목(碑木)'은 '죽은 이의 신원 따위를 새겨 무덤 앞에 세우는 나무로 만든 비(碑)'를 뜻한다. 비목은 보통 죽은이의 무덤 앞에 세워 고인의 신상을 기록해 둔다. 하지만 작사자 한명희의 노랫말속에 나오는 비목은 6·25전쟁 당시 산화한 무명용사의 돌무덤 앞에 세워진 것으로 전사자에 대한 기록도 없다.

비목에 녹슨 철모를 걸어둔 '비목공원'은 강원도 화천군 화천읍 평화로에 있다. 평화의 댐 인근에 있는 비목공원에서는 '비목' 노랫말을 지은 청년장교 한명희가 근무했던 백암산 정상이 보인다.

한국전쟁 당시 죽어간 무명용사의 돌무덤에 가슴 아파한 청년장교 한명희

1960년대 중반 ROTC 육군 소위로 수색중대 DMZ의 초소장으로 근무하던 한명희는 어느날 우연히 잡초 우거진 곳에서 무명용사의 녹슨 철모와 돌무덤 하나를 발견했다. 그는 자기 또래의 젊은이가 조국을 지키다 스러져간 걸 안타까이 여겨 노랫말을 지었고, 가까이 지내던 작곡가 장일남이 이 노랫말에 곡을 붙여 가곡 <비목>이 탄생하게 되었다.

지난 주말(12~13) 일행과 함께 북한강 일대를 돌아보며 평화의 댐을 구경하다 인근 비목공원에 들렀다. 묵념을 하고 바위에 적힌 비목가사를 보며 노래를 합창한 후 언덕위에 세워진 나무와 녹슨 철모를 본 순간 가슴이 아려왔다.

죽은 소나무의 약한 부분이 썩어 떨어지고 앙상한 관솔만 남은 비목위에 걸린 녹슨 철모. 사람들이 가까이 가는 걸 방지하기 위해 세워둔 가시철조망이 필자를 더욱 더 가슴 아프게 했다. 한반도를 남북으로 가른 DMZ 철조망이 떠올랐기 때문이다.

한국전쟁 당시 죽어간 젊은이들의 영면을 마음속으로 기도하며 "이렇게 아름다운 노랫말을 지은 한명희 선생님을 만나보고 싶다."고 혼잣말을 하고 있는데, 옆에 섰던 한 분이 "제가 한명희 선생님을 아는데요."라고 해 연락처를 받아 한명희 씨에게 질문지를 보내고 10장 가까이 되는 답장을 받았다. 한명희 씨가 보낸 글을 바탕으로 가곡 '비목'이 탄생한 그때를 보다 자세히 적고자 한다.

가곡 '비목' 작사가가 직접 밝힌 탄생 비화

<비목>이 잉태된 지역은 화천 북방 백암산 우전방으로 행정구역상 철원군 원동면이었다. 철원 금성지역에서 흘러내리는 금성천이 북한강 상류와 합류되는 지점이 그의 근무지역이었다.

남쪽 백암산이나 대성산, 북쪽의 김일성 고지나 오성산은 지형적 조건으로 보나, 파로호의 구만리 발전소를 쟁취하려는 피아간의 군사적 전략으로 보아 '전우의 시체를 넘고 넘는' 격전지다.

한명희 씨가 근무할 당시 막사 주변 빈터에 호박이나 야채를 심을 생각

1 강원도 화천군 화천읍 평화로 3481-70 비목공원에 있는 '비목'의 모습으로 6.25전쟁 당시 죽어간 젊은이들의 비애를 느낄 수 있는 사진이다. 빼대만 앙상하게 남은 관솔위에 걸린 녹슨 철모와 가시철조망이 분단된 조국의 비극을 말해주고 있다

2 1960년대 강원도 최전방 DMZ수색중대 초소장으로 근무했던 당시의 한명희 모습 © 한명희

3 1960년대 DMZ초소장으로 근무한 한명희 씨가 작사한 <비목> 가사가 새겨진 기념석으로 비목공원에 세워져 있다

으로 조금만 삽질하면 여기저기서 뼈와 해골이 나왔다. 땔감을 위해서 톱질하면 간간이 톱날이 망가지면서 파편이 나왔다. 순찰할 때면 계곡과 능선 곳곳에 썩어빠진 탄피 조각이며 녹슨 철모 등이 나뒹굴고 있었다.

어느 날 그 격전의 능선에서 개머리판이 거의 썩어가고 총열만 생생한 카빈총 한 자루를 주워왔다. 깨끗이 손질해 옆에 두고 곧잘 그 주인공에 대해서 가없는 공상을 이어갔다. 전쟁 당시 M-1 소총이 아닌 카빈의 주인공이면 소대장급에 계급은 소위였다. 그렇다면 영락없이 자신과 똑같은 20대 한창 나이의 초급장교로 산화한 것이 아닌가?

1 1960년대 중반 20대 청년장교로 강원도 최전방 DMZ에 근무하면서 한국인이 가장 사랑하는 가곡 중 하나인 <비목>을 탄생시킨 한명희 씨는 80이 된 지금도 열심히 사회활동 중이다

2 워싱턴 한국전쟁 메모리얼 기념관에는 가장 치열던 장진호 전투 당시를 재현한 기념물이 있다. 벽에는 미군 54,246명, 유엔군 628,833명이 사망했다고 기록되어 있다

3 비목공원에 있는 비목탑으로 6.25전쟁 당시 유엔군으로 참전해 죽어간 외국군인들을 기리는 탑이다

그는 카빈소총의 주인공에 대해 궁금증을 이어나갔다. 모윤숙의 <국군은 죽어서 말한다>처럼 먼 고향의 아내는, 그리운 초동친구는, 애틋하게 그리운 연인, 인자하신 양친, 장래의 진로, 사랑의 설계, 인생의 꿈은, 이렇게 왕년의 격전지에서 젊은 비애를 앓아가던 초가을의 어느 날 잡초 우거진 산모롱이를 돌아 양지바른 비탈길을 지나다 흙에 가려진 돌무더기 하나를 만날 수 있었다. 필경 사람의 손길이 간 듯한 흔적으로 보나 푸르칙칙한 이끼로 보나 세월의 녹이 쌓이고 팻말인 듯 나뒹구는 썩은 나무등걸을 보면 예사로운 돌들이 아니었다.

그렇다! 그것은 결코 절로 쌓인 돌이 아니라 뜨거운 전우애가 감싸준 무명용사의 유택이었음에 틀림없다. 어쩌면 그 카빈총의 주인공, 자랑스러운 육군 소위계급장 번쩍이던 꿈많던 젊은 장교의 증언장이었음에 틀림없다.

작곡가 장일남으로부터 가사를 의뢰 받아 쓴 시

제대 후 TBC 음악부 PD로 근무하면서 우리 가곡에 관심을 쏟던 어느 날 방송일로 자주 만나는 장일남 씨로부터 신작 가곡을 위한 가사 몇 곡을 의뢰받았다. 한명희 씨는 곧바로 군 시절 보았던 장면이 머릿속에 떠올랐나.

첩첩산골 이끼 덮인 돌무덤 옆에는 새하얀 산목련이 있었다. 그는 이내 화약 냄새가 쓸고 간 그 깊은 계곡 양지녘 이름모를 돌무덤을 포연에 산화한 무명용사로, 그리고 비바람 긴 세월 동안 한결같이 그 무덤가를 지켜주고 있는 그 새하얀 산목련을 주인공 따라 순절한 여인으로 상정해 사실적 어휘들을 문맥대로 엮어 시를 써내려갔다.

2절의 노랫말에 나오는 '궁노루'는 향수로 쓰인다는 '사향노루'이다. 어느 날 새끼 염소만한 궁노루 한 마리를 잡았다. 그런데 예상치 못한 문제가 생겼다. 사향노루 수놈을 잡고 난 날부터 홀로 남은 암놈이 매일 밤 울어대는 것이었다. 그 당시의 회한을 필설로 대신할 수 없을 정도였다.

가녀린 체구에 목멘 듯 캥캥거리며 애절하게 울어대니, 정말 며칠 밤을 그 잔인했던 살상의 회한에 잠을 이룰 수가 없었다. 더구나 수정처럼 맑은 산간계곡에 소복한 누님 같은 새하얀 달빛이 쏟아지는 밤이면 그 놈도 울고 그도 울고 철새도 날아다니며 온 산천이 오열했다. '궁노루 산울림 달빛처럼 흐르는 밤'이라는 2절 가사에는 바로 이 같은 단장의 비감이 서려 있다.

20대에 1960년대 강원도 최전방 DMZ 초소장으로 근무하던 한명희 씨는 올해 80세가 되었다. 지금도 열심히 사회활동을 하는 한명희 씨는 <비목>이 아무에게나 불리워지는 것을 달가워하지 않고 있다. 다음은 그가 '<비목>노래를 부르지 말았으면' 하고 선정한 사람들이다.

"숱한 젊음의 희생 위에 호사를 누리면서도 순전히 제 잘난 탓으로 돌려대는 한심한 사람. 시퍼런 비수는커녕 어이없는 우격다짐 말 한 마디에도 소신마저 못 펴는 무기력한 인텔리. 풀벌레 울어대는 외로운 골짜기의 이름 없는 비목의 서러움을 모르는 사람. 고향 땅 파도소리가 서러워 차라리 산화한 낭군의 무덤가에 외로운 망부석이 된 백목련의 통한을 외면하는 사람. 겉으로는 호국영령을 외쳐대면서도 속으로는 시리시욕에만 눈이 먼 가련한 사람. 국립묘지의 묘비를 얼싸안고 통곡하는 혈육의 정을 모르는 비정한 사람. 숱한 싸움의 희생 아닌 것이 없는 순연한 청춘들의 부토 위에 살면서도 아직껏 호국영령 앞에 민주요, 정의요, 평화의 깃발을 한 번 바쳐보지 못한 못난 이웃들."

그는 위와 같은 사람들에게 <비목>을 부르지 말라고 부탁하고 있었다.

"제발 그대만은 <비목>을 부르지 말아다오. 죽은 자만 억울하다고 초연에 휩싸여간 젊은 영령들이 진노하기 전에!" (19. 10. 26)

안도의 비극, 56년 전 비행기 폭격을 말한다

한국전쟁 당시 미 공군 전투기 오폭... 피난민 150여 명 사망

지난 4일 여수역사연구회 회원 20여 명, 고려대 사학과에 재직 중인 송완범 교수와 함께 여수에서 여객선을 타고 1시간 40분쯤 걸리는 면적 3.96㎢의 자그마한 섬 안도(雁島/安島)로 문화 답사를 떠났다. 단지 잊혀 가는 섬 문화를 발굴하려는 답사에서 정작 안도에서 찾아낸 것은 한국 현대사의 비극이었다.

안도는 동쪽에는 동도인 동고지(東古地: 고지는 곳이라는 의미)와 서도인 서고지(西古地) 2개의 섬으로 이루어져 있다. 이들 두 섬 사이에는 너비 200m 가량의 좁은 수로가 뻗어있어 하늘에서 바라보면 한반도의 모습을 하고 있는데, 수로의 남쪽 끝에 발달한 사주에 의하여 두 섬이 연결되어 있다.

인근 해역은 멸치, 갈치, 방어, 쥐치, 민어, 도미 등의 어장으로 알려졌으며, 김, 미역 등 해조류의 산지이다. 북동쪽에 있는 만(灣)은 먼 남쪽으로부터 밀려오는 오염되지 않고 깨끗한 맑은 바다와 하얀 모래가 잘 어우러져, 어느 곳보다 청정한 해수욕장을 자랑해 많은 관광객이 찾는다.

인근의 다른 섬들과는 달리 오래전부터 사람이 살았던 흔적이 있어 신석기 시대의 유물인 패총과 돌칼, 빗살무늬토기 등이 여러 점 발굴되었다.

역사적으로도 중요한 위치를 점하여 신라와 일본의 당(唐)나라 무역의 중간 기착지가 되기도 했다. 기록으로는 9세기 중엽 당나라를 순례한 일본 천태종의 3대 좌주 자각대사 엔닌(座主 慈覺大師 圓仁: 794~864)이 일기체 기록인 <입당구법순례행기(入唐求法巡禮行記)>에 안도에 머물고 간 이야기를 남겼다.

호랑이가 기러기를 잡아먹는 형상... 끊임없이 이어졌던 비극

이 섬의 바로 앞 금오도에는 망산(344m)이 있다. 안도와 금오도의 전체적인 모습을 보면 호랑이가 앉아서 앞에 있는 기러기를 잡아먹으려는 형

1 하늘에서 찍은 안도의 모습으로 한반도를 닮았다

2 감기에 좋다는 약초인 황금초 밭은 패총으로 빗살무늬 토기들이 발견되었다.

3 소치던 소년이 주워 소나무에 칼던지기 하다 가운데가 부러진 신석기시대의 돌칼이다

4 바로 건너편에 보이는 산이 금오도에 있는 망산으로 호랑이 형상이다.

상을 하고 있어 안도에 우환이 끊이지 않는다는 전설이 전해온다.

안도의 역사를 보면 1860년 '무신 대화재' 때 일설에는 300여 호라고 하나 기록상으로는 100여 호 중 한 채만 남기고 모든 집이 불탔다. 또한 1959년 태풍 사라호가 상륙했을 때는 마을의 절반이 물에 휩쓸려 가버리기도 했다. 이뿐 아니라 답사 당시 만났던 나이 지긋한 주민들은 해방 이후 여순사건 발생 시 일어났던 주민학살사건에 대해서도 소상하게 증언했다. 진압군에 의해 주민들이 희생당한 사건은 여수지역사회연구소(소장 김병호)가 지난 1999년 지역 주민들의 증언을 채록해 발간한 자료집에서 상세하게 나와 있다.

해방 이후 정세는 불안했고 빈부의 격차는 심해졌다. 그 와중에 여순사건이 일어났고, 여순 사건의 후폭풍은 안도까지 밀려왔다.

자료집에 따르면 당시 백두산 호랑이로 유명했던 김종원 대위를 비롯한 진압군 5연대 병력이 해군의 함포 엄호 사격을 받으며 안도에 상륙했다. 진압군은 마을 주민들을 초등학교 운동장에 집결시킨 후 노인, 어린이, 여자, 청년 등으로 분류한 다음 좌익분자들을 찾아내라며 두들겨 패기 시작했다. 진압군은 제일 먼저 한종일(당시 24세)을 좌익분자로 지목했다. 한씨는 "아무 죄도 없고 일본 군대까지 끌려갔다 온 내가 왜 죽느냐."며 안심하고 나갔으나 현장에서 사살 당했다.

한편 초등학교 교사였던 이종섭과 김기정은 우체국 옆에서 사살 당했는데 이종섭은 좌익사상을 가졌던 것으로 알려졌다. 40여 명을 결박하여 선착장으로 끌고 간 진압군은 그들 중 11명을 그 자리에서 처형했다.

여순 사건 당시 좌익분자로 몰린 주민들 총살당해

그렇게 여순사건의 후유증이 가라앉기도 전인 1950년 7월 21일경 안도에는 미군 전투기에 의한 또 다른 학살 사건이 일어났다. 이 사건의 당사자인 이대혁(72세, 부산 거주. 당시 15세)과 이대혁씨의 동생인 이춘송씨(당시 12세)의 이야기는 상당히 구체적이다.

해방 후 북한에서 월남하여 서울 마포구 염리동 피난민촌에 살던 이대혁 씨는 한국전쟁이 발발하자 가족과 함께 부산으로 피난했다. 부산에 도착한 이대혁씨 가족은 부산시 진구 성남초등학교에 집결하여 일주일간 머물다가 같이 수용되어 있던 350여 명의 피난민들과 함께 부산 연안부두에 집결했다.

그들은 여객선을 타고 부산 연안부두를 출발해 피난을 떠났다. 이들은 경남 충무의 충무초등학교에 잠시 집결 수용되었다가 보다 안전한 곳을 찾아 항해하던 중 안도의 이야포 해안에 이르게 되었다. 하지만 그들의 피난길은 이곳에서 참혹한 결말을 보게 된다.

이춘송 씨는 당시 있었던 일을 생생하게 기억하고 있었다. 아래 내용은 이춘송 씨의 증언 내용을 여수지역사회연구소가 발간한 증언 자료집을 바탕으로 옮긴 것이다.

"한국전쟁이 한창이던 1950년 8월 3일(음력 6월 21일), 날씨는 맑고 쾌청했다. 나는 당시 12살이었고, 형은 15살이었다. 주민들이 지어준 주먹밥을 먹고 난 직후 오전 9시쯤이었다.

이때 어디선가 비행기 소리가 들려왔다. 호기심 많던 나는 재빨리 배 앞쪽을 보았다. 쌕쌕이 비행기 일개 편대(4대)가 오고 있었다. 신기해서 바라보니 처음 총 두 발을 발사한 후 배를 돌면서 연속 폭격을 가했다. 배가 아수라장으로 변했다.

믿었던 비행기가 우리를 향해 총을 쏠 줄이야. 나는 배 물통 뒤에 숨어서 사격 현장을 보았다. 주위를 둘러보니 오른쪽 왼쪽 할 것 없이 한쪽에서 7-8명씩 배 안팎에서 쓰러져 갔다. 미군 제트기가 돌아와 도망가는 배에까지 사격을 가했다. 총알이 배에 맞지 않고 물에 맞으면 탄흔이 물보라처럼 분수대같이 튀어 올라 나의 옷을 흠뻑 적셨다. 주위에는 피비린내가 진동하고 신음과 아우성은 하늘을 찔렀다.

선장실 위에도 많은 사람이 쓰러지고 17-18세 되는 청년 한 사람은 양쪽 엉덩이 살이 다 떨어져 무의식적으로 계단을 잡고 내려오고 있었고, 물통 뒤에 있던 나에게는 죽은 사람들의 피가 흘렀다. 피가 뜨거워 처음에는 누가 오줌 누는 줄로 착각을 하였다. 그리고 내 앞에는 나에게 약을 준 고마운 부인이 팔과 볼에 총을 맞고 배 난간에 기대어 수건으로 피를 봉하고 있었고, 배 안에는 미처 올라오지 못한 수없이 많은 사람들이 죽어갔다. 어느 부인이 죽은 그 위에는 애처롭게 젖을 물고 있는 어린아이

1 사라호 태풍 때 마을의 절반이 유실되자 인공 제방을 쌓았다. 제방 너머 보이는 바다가 이야포

2 기러기를 닮은 안도의 안내도.

3 자세한 전말을 들은 조카가 이야포사건을 형상화해 그린 그림이다. 필자의 조카는 만화창작을 전공했다. © 오진영

도 있었다.

우리는 육지로 올라와서 재빨리 수수밭의 동쪽으로 숨어 살펴보니, 사람들은 산속으로 숨고 없었다. 형은 어머니와 아버지를 찾으러 자갈밭을 달려 나갔다가 잠시 후 울면서 돌아왔다. 재빨리 자갈밭에 나가보니 어머니는 입에서 거품을 물고 돌아가셨고, 동생은 어느 집 뒤 나무단 위에 상반신이 시퍼렇게 되어 죽어 있었다. 나는 동생을 안아 어머니 옆에 고이 뉘이고 아버지를 찾아 나섰다. 그때까지도 우리는 아버지가 돌아가신 것도 모르고 몇 시간이나 맨발로 산속을 헤매며 아버지를 찾았다."

미 전투기 오폭... 350여 명의 피난민 중 150여 명 사망

미 전투기의 오폭으로 350여 명 중 150여 명이 죽자 매장할 곳을 찾지 못한 군경은 시체를 배에 다시 실어 기름을 붓고 태워버렸다. 결국 이야포의 비극으로 부모님과 막냇동생을 잃은 삼 남매(이대혁, 이춘송 형제와 누나)가 살아남아 부산으로 돌아왔으나 누나는 전쟁의 후유증으로 일찍 세상을 떠나게 되었다.

당시 인민군 6사단 주력은 순천을 거쳐 광양, 하동 방면으로 낙동강 전선에 배치되었으며, 6사단 중 일부 병력이 여수지역 점령을 위해 남하하였으나 섬 지역까지는 진출하지 못했다

피난민들에게 사격을 가한 비행기는 동경 맥아더 사령부에서 출격한 미공군 제25전투비행단 F80 슈팅스타기로 추정되고 있다. 당시 상황이 급박하게 돌아가자 미공군은 인민군이 섬에 진출하는 것으로 생각해 피난민이 타고 있던 여객선을 오폭한 것으로 보인다.

주민들은 기러기 안(雁)자 대신 평안할 안(安)자를 써서 안도(安島)라 다시 이름 붙였다. 평화로운 삶을 바라는 주민들의 뜻이 이루어지길 기원해 본다.

(06. 10. 09)

김 포수, 450근 괴물 멧돼지를 잡다

전남 광양 진월·진상 일대에서 벌어진 수렵대회 참관기

저돌(猪突)! 한문의 뜻을 보면 멧돼지 저, 우뚝할 돌. 멧돼지처럼 앞뒤를 가리지 않고 돌진을 의미하는 단어다.

猪(저)는 豕(돼지 시)와 者(사람 자)의 결합인데, 者는 諸(많을 제)의 생략으로 猪는 '새끼를 많이 낳는 돼지'라는 뜻이 들어 있다. 보통 돼지는 한 배에 7-8마리의 새끼를 낳는다. 猪라고도 쓰며 돼지 중에서도 '멧돼지'를 뜻한다. 반면 집에서 기르는 돼지는 돈(豚)이다.

멧돼지는 긴 주둥이에다 흉폭하고 날쌔다. 특히 뾰족한 송곳니는 적을 공격하거나 먹이를 찾기 위해 땅이나 나무를 파고 뒤집는데 이용된다.

한편 돌(突)은 혈(穴)과 견(犬)의 결합인데, 개(犬)가 구멍(穴)에서 갑자기 뛰쳐나오는 모습이다. 따라서 저돌(猪突)이라면 멧돼지나 개처럼 앞뒤를 가리지 않고 막무가내로 돌진해 오는 것을 뜻한다.

멧돼지의 천적은 호랑이지만 잘못하여 멧돼지에게 받치면 치명상을 입는다고 한다. 현재 멧돼지는 호랑이가 없는 남한에서는 뛰어난 후각, 공격성, 다산성으로 인해 사람에게 가장 피해를 많이 주는 야생동물이다.

천적이 없는 멧돼지는 스스로 개체 수를 조절할 능력이 없다. 멧돼지로 인해 입은 피해액은 신고된 것만 연간 30억 원 규모! 얼마 전에도 할아버지가 멧돼지한테 물려 죽은 사고가 났다는 보도가 있었다.

커다란 멧돼지는 하룻밤에 20-30kg의 먹이를 먹어야 하기 때문에 멧돼지가 출몰하면 논밭은 쑥대밭이 된다. 고구마 밭에 들어오면 떼로 몰려와 쟁기질을 해버리고, 논에 들어와 굴러버리면 다 자란 벼가 아무 쓸모가 없단다. 농촌에서는 멧돼지의 출현을 막기 위해 온갖 수단을 다해보지만 무섭고 영악해진 멧돼지들을 막을 도리가 없단다. 따라서 산과 맞붙은 논밭은 포기하는 경우도 있다.

친구인 '지리산 포수'를 따라 멧돼지 사냥에 나서다

대한수렵관리협회 전남 광양시지회에서는 10일-11일 이틀 동안 33명의 포수가 참가한 가운데 친목 수렵대회를 열었다. 첫날인 10일 초등학교 친구이자 '지리산 포수'로 불리는 조 포수와 그 일행을 따라 나섰다. 11월 1일부터 내년 2월 28일 까지는 수렵허가 기간이다.

사냥지역은 섬진강이 내려다보이는 하동 건너편의 진월과 진상일대로 전국 최대의 밤나무 주산지다. 밤나무는 뿌리가 뻗을 땅과 기후조건이 맞지 않으면 결실이 나쁘고 열매의 품질 또한 저하된다. 광양밤의 주산지인 백운산 줄기는 방향으로 보아 밤의 결실에 가장 이상적인 북동향으로 강우량이 많은 다우 지대이며 토질은 사질 양토로 토심이 깊다.

특히 꽃을 가장 일찍 피워 이름 붙여진 화개를 안고 도는 섬진강의 바다안개는 기온을 완충시켜 주는 보호막이 되어 밤 생육에 결정적인 도움을 주는데 일반적으로 밤은 한 톨이 20-25g인데 비해 광양밤은 30g을 넘어 서울의 큰 시장들을 주름잡고 있다. 포수들을 따라다니며 살펴본 산은 발 뿌리에 차이는 것이 밤이었다. 밤뿐만 아니라 감, 매실, 고구마, 참게, 섬진강 재첩 등이 풍부했다.

목적지에 닿자 친구인 조 포수가 차에서 기다리라고 했지만, 기왕 왔으니까 현장을 보고 싶어 따라 나섰다. 멧돼지 사냥의 위험성에 대해 들은 지라 약간은 긴장 됐지만 친구의 실력을 익히 알기 때문에 친구 뒤에 바짝 붙었다. 피는 못 속인다. 어릴 적 친구 아버지는 유명한 포수였다.

밤나무 밭 아래에는 발자국이 있었다. 친구가 "멧돼지 발뜰 테니까 잘 봐라."고 말한다.

"발뜬다는 게 뭐야?"

"이걸 묵발이라고 그래."

"묵발?"

"이걸 봐라."

움푹 패인 멧돼지 발자국 속에는 시든 낙엽이 가운데가 눌려 구부러져 있었다. 발을 읽을 수만 있으면 사냥 전문가라며 친구가 알려준 멧돼지 사냥 용어는 이렇다.

목 : 동물이 항상 다니는 곳이거나 자주 출몰하는 곳.

발뜬다 : 발자국을 보고 동물 종류, 크기, 언제 지나간지 알아내는 안목.

새발 : 엊저녁부터 방금 전까지의 발자국. 근방에 멧돼지가 있다는 증거.

묵발 : 묵은 발자국으로 며칠 지났기 때문에 의미가 없다.

썰개 : 사냥개의 리더로서 냄새를 맡고 추적할 때는 선두에 선다.

빋개 : 썰개를 따라 다니며 상황 발생하면 싸움에 나서는 전투용 개.

찍었다 : 잠자리로 들어갈 때는 흔적을 남기지 않기 위해 꼬두발을 서고 간다. '찍은 발'이 있으면 50m이내에 반드시 멧돼지가 있단다.

무서워서 집밖으로 못나와. 제발 멧돼지 좀 잡아 줘.

한참을 뒤졌으나 '묵발' 밖에 없단다. 그때 지 포수가 건너편 밤 밭을 가리키며 저쪽 골짜기로 가자고 한다. 작년에도 거기서 250근(150kg) 짜리 멧돼지를 잡았단다. 산 위에서 바라본 계곡 아래는 온통 밤과 감뿐이다. 계곡을 가로질러 산으로 올라가니 할머니들이 감을 따고 있었다.

"할매, 멧돼지 나오면 어떡헐라고 그러세요?" 하고 지 포수가 말을 건다. "오셨어요. 긍깨 말이여, 멧돼지들이 밤이고 감이고 고구마 밭을 아주 망쳐놨어. 밤이면 우리 같은 늙은이는 무서워서 집밖으로 못나와. 아주 질(길)을 내부렀어. 제발 좀 잡아 줘." 하시며 홍시를 내민다.

한참을 뒤졌는데도 새발이 없단다. 그때 무전기에서 산 넘어 계곡으로 간 고참 포수인 장경한 포수가 고라니를 잡았고 멧돼지 두 마리가 확실시 된다는 연락이 왔다. 차를 타고 장 포수가 가르쳐준 계곡으로 가니 고라니 한 마리를 잡아 놨다. 네 마리가 나타났는데 한 마리밖에 못 잡았단다.

컵라면과 밥으로 간단히 점심을 때우고 본격적으로 멧돼지 추적에 나섰다. 이제야 차에 싣고 다니던 사냥개들을 풀었다. 갇혀있던 개들은 신이나 뛰어다닌다.

나는 지금 남 포수를 따라 개들과 동행해 산의 8부 능선을 따라 추적을 시작하고, 나머지 포수들은 '목'을 나눠 산 아래에서 지키기로 하며 작전을 개시했다. 멧돼지들은 습성이 항상 다니는 길로만 다닌다고 한다. 그리고 산 위로 도망가는 녀석들은 절대 못 잡는다고 한다. 따라서 산 위에서 사냥개들이 발견하여 산 아래로 몰면 '목'을 지키는 포수들이 잡는다.

개 주인인 지 포수와 나는 8부 능선을 따라 추적에 나섰다. 약 500여 m쯤 갔을 때 갑자기 사냥개들이 꼬리를 올리고 한 곳을 응시한다. 지 포수가 입에 손을 대고 소리를 내지 말라는 신호다. 긴장된다.

긴장하는 사냥개들... 김 포수는 450근 괴물 멧돼지를 잡고

잠시 후 아무 일도 없는 것처럼 개들이 다시 움직인다. 가보니 무수한 발자국들이 있다. 지 포수가 고개를 가로 젓는다. 이미 사냥꾼들의 움직임을 알고 산등성이를 타고 넘은 것 같단다.

계속 전진하는데 개들이 갑자기 긴장하며 쏜살같이 달린다. 지 포수는 총을 올리고 나는 카메라를 올렸다. 갑자기 꿩들이 푸드덕하고 날아 올라간다. "에이"하고 지 포수가 총을 내린다. 개들은 꿩을 보고는 짖지도 않는단다. 한 마디로 사냥감이 못 된다는 것이다.

"여기가 고라니나 사슴이 자고 간 자리예요. 어떻게 멧돼지 잠자리하고 구분해요?"하고 묻자, 멧돼지는 땅을 파서 잠자리를 만드는 반면 사슴이나 고라니는 땅을 파지 않는단다.

다리에 알통이 배기도록 돌아다녔지만 허사였다. 다만 리더인 '썰개'만 열심히 지포수 반경 100여m를 열심히 수색하고 나머지 개들은 자기들끼

1 지천으로 널린 밤을 주워 마당에 널어 말리는 모습

2 감따는 할머니 모습.

3 인근 야산이 단감 밭이다.

4 멧돼지 냄새에 꼬리를 올리고 긴장한 사냥개

리 장난만 친다. 화가 난 지 포수가 장난치는 녀석을 한 대 쥐어박는다.

사냥 나갈 때마다 몇 마리씩 멧돼지에 받혀 죽든지 아니면 중상을 입는단다. 경험이 많은 사냥개는 300근(180kg) 이상 되는 거물들에게는 위협만 하고 주인이 올 때까지 물어뜯고 싸움을 하지 않는단다. 다만 빙 둘러서 못 도망가게 포위하고 사냥꾼이 올 때까지 짖는다.

오후 4시쯤 무전기에서 옆 계곡으로 들어갔던 김정윤(33세) 포수한테서 무전이 들어왔다. 대물을 잡았단다. 지 포수는 사냥을 시작한 지 1년밖에 안된 친구가 대물을 잡았다는 소식에 속상해한다. 어두워지기 시작하고, 산을 넘어 도망가 버린 것 같으니 내려가자고 한다.

1 회원으로 행사에 참여한 '인요한' 교수(왼쪽에서 두 번 째)와 이성웅 광양시장을 비롯한 회원들.

2 고라니나 사슴의 잠자리 모습.

3 지리산 포수로 불리는 조 씨가 잡은 멧돼지 모습

4 길이 10cm에 달하는 면도날같은 멧돼지 송곳니

내려오니 목을 지키던 장 포수가 "고라니 4마리가 통통통 뛰며 내려오는데 멧돼지가 달아 날까봐 총을 쏠 수가 없었어요."한다.

김 포수와 합류하기로 한 지점에 갔다. 엄청나다. 잡은 멧돼지를 보니, 저건 멧돼지가 아니라 아예 소만하다. 약 450근(약 270kg) 짜리다. '찍은 발'을 발견한 선배 포수가 개를 데리고 산등성이부터 수색하도록 시켰고, 능선에서 수색시작 후 5분 만에 갑자기 개들이 달려 나가며 짖었다.

쫓긴 그 괴물 멧돼지는 큰 바위아래 몰리자 뒤돌아서 개들을 공격했고, 개들은 포위만한 채 한 마리가 쫓기면 다른 개가 위협하고, 또 다른 개가 쫓기면 인근에 있던 개가 협공하여 뒤늦게 도착한 김 포수가 두발을 발사했으나 도망갔다. 다급해진 개가 뒷다리를 물고 늘어지자 뒤돌아선 괴물의 급소를 맞춰 잡았다.

그 괴물은 어찌나 컸든지 어른 7명이 몽둥이를 걸쳐 들려고 했으나 힘들어 아예 산 아래로 굴렸다. 김 포수는 잡아야 한다는 일념으로 달려갔지만 지금 생각하면 겁 없이 나섰다는 생각이 든다고 했다. 돌아서서 받아버리면 사람이나 개는 즉사할 거란다.

포획한 동물들은 독거노인 등에 기증

이튿날인 토요일 오후 1시에 광양시 서천변 체육공원에서는 수렵대회를 결산하는 행사가 있었다. 김성규(59세) 회장을 포함한 33명의 회원과 이성웅 광양시장을 비롯한 80여 명의 주민이 참석하여 시상식과 축사가 있었다.

이틀 동안의 수확은 꿩 60마리, 고라니 24마리, 멧돼지 1마리가 전부였다. 채점 방식은 멧돼지는 한 근당 1점, 고라니는 한 마리에 50점, 꿩은 한 마리에 10점으로 계산하여 김 포수가 속한 6조가 우승하였다.

포획한 동물들은 참석한 주민들과 독거노인, 유림정, 경로대학, 장애인

센터 등에 기증했다.

회원으로 교통사정 때문에 뒤늦게 도착한 세브란스의대 인요한 씨는 "세상에 태어나 저렇게 큰 멧돼지는 처음 봅니다."라고 했다. 포즈를 취해 달라고 요청하자, 유창한 전라도 사투리로 "아 남는 건 사진밖에 없응께 얼른 오시요이." 하고 손을 쳐서 사람들을 불러 모은다.

"언제부터 사냥을 시작했습니까?" 하고 질문하니, 증조부 때부터 시작했단다.

"선교사들의 사냥에 대해 오해하지 마세요."하며 'Those who played stayed(즐길 줄 아는 사람만 살아남았다)'라는 말이 전해 내려왔단다. "played 라는 단어가 걱정이 된다."고 하자 "잘 써주세요."하고 부탁하며 설명을 해줬다.

증조부께서 1895년에 처음 목포에 부임했고, 2년 후에 순천에서 봉사를 시작했다. 그동안 선교사들이 풍토병이나 스트레스로 인해 67명이 죽었고, 영양실조를 막기 위해 시작한 것이 사냥이었다. 다행히 한국에는 꿩과 고라니 노루 멧돼지 등 야생동물들이 많아, 잡아서 영양섭취의 수단으로 삼았으며, 자기는 어렸을 때부터 부모님을 따라 다녔단다.

"옛날 포수들은 국난이 있을 때 항일 구국 운동의 선봉에 섰지만, 앞으로는 자연을 사랑하며 사람과 자연이 균형은 유지케 해단라."는 광양시장의 부탁이 가슴에 와 닿는 하루였다. (06. 11. 12)

봉수(烽燧), 근세 이전의 핫라인

전화가 설치되기 전까지 봉수는 위급한 상황을 알리는 수단이었다

봉수제도란 산정에 봉수대(烽燧臺)를 두고 밤에는 봉(烽. 횃불), 낮에는 수(燧:연기)로 변경의 정세를 중앙의 병조와 지방의 각 읍과 군진에 급히 전달하는 군사통신 조직이다. 그러므로 봉화제도, 봉화대라고 부르는 것보다 봉수제도, 봉수대라고 부르는 것이 정확한 표현이다.

특히, 봉수는 변방의 위급상태를 군대에 알리는 기능뿐만 아니라, 평시 1홰의 봉수 신호는 아무 일도 없다는 의미였다. 따라서 근대의 통신시설인 전화기가 설치된 1894년 이전까지는 백성들의 생업안정에도 중요한 몫을 담당했다.

서로 바라볼 수 있는 높은 산꼭대기에서 군사적 목적으로 서로 연락을 취하는 통신 방법은 동서양을 막론하고 일찍부터 시작되었다. 중국에서는 주나라시대부터 시작하여 당나라시대에 완전히 제도화되었다. 우리나라에서는 삼국유사와 삼국사기에 가락국의 김수로왕 시절에 봉화를 사용했다는 기록이 있다.

봉수제도를 확립한 왕은 세종으로 관계규칙과 봉수선로, 거화법 및 봉화군(烽火軍) 근무수칙을 정비하였다. 조선 초기에 전국적인 봉수 조직이 편성되었음에도 불구하고, 봉화군의 고역, 근무태만, 보급부족, 비, 구름,

안개로 인한 판단곤란과 중도 단절 등으로 여의치가 않았다. 따라서 숙종 이후에는 봉수와 파발을 함께 운영하였다.

조선시대 봉수는 직봉(直線烽燧)과 간봉(間線烽燧)으로 구분되는데, 직봉은 기간선로상의 것이고, 간봉은 보조선이다. 조선시대의 봉수망은 5대 직봉이 있었다.

제1로: 함경도 경흥(서수라) → 강원도 → 한성의 목멱산(지금의 남산)

제2로: 경상도 동래(다대포) → 충청도 → 한성의 목멱산(지금의 남산)

제3로: 평안도 강계(만포진) → 황해도 → 한성의 목멱산(지금의 남산)

제4로: 평안도 의주(고정주) → 황해안 → 한성의 목멱산(지금의 남산)

제5로: 전라도 여수(돌산도) → 충청도 → 한성의 목멱산(지금의 남산)

1 조선시대의 봉수망으로 굵은선이 5대 직봉로이다. © 문화대백과사전

2 돌산봉수대

3 돌산봉수대에서 바라본 여수

조선의 봉수는 설치지역에 따라 구분되었는데, 전국의 모든 봉수가 집결하는 중앙봉수인 서울 목멱산의 경봉수(京烽燧)와, 해안이나 변경의 제1선에 위치하여 연대라고 부르는 연변봉수(沿邊烽燧), 경봉수와 연변봉수를 연결하는 내지봉수(內地烽燧)로 구분한다.

이외에도 조선후기 서양 이양선과 외적의 침입에 대비하기 위하여 연변 지역에 군사적으로 중요시하였던 진영에서 자체적으로 설치하여 본읍 또는 진영으로만 연락하도록 운영되었던 권설봉수(權設烽燧)가 있다.

봉수의 신호방식은 평시에는 아무 일도 없다는 의미로 1개의 홰를, 적이 나타나면 2홰, 경계에 접근하면 3홰, 경계를 범하면 4홰, 접전하면 5홰를 올렸다. 악천후로 전달되지 않을 경우 화포나, 각성(角聲), 기를 사용해 12시간 내에 남산 봉수대에 도착하도록 하였다.

조선시대에 여수지역은 일본과 인접해 있는 최전선이다. 또한 임진왜란을 승리로 이끈 전라좌수영 본영이 있었던 역사적인 지역이다. 따라서 여수지역에는 적의 침입을 관망하는 장소로 연대(烟臺)와 요망소 및 봉수대가 여러 곳 있었다고 한다.

난중일기에는 '임진년(1592년: 임란 발발 1년 전) 2월 4일. 맑음… 동헌에 나가서 공무를 마치고 북봉(종고산)의 연대 쌓은 곳에 올라가 보니 축대 쌓은 위치가 적당하여 절대로 무너질 리 없었다. 이 봉수가 부지런히 일한 것을 짐작할 수 있었다. 하루 종일 구경하다 해질 무렵에 내려와서 해자 구덩이를 살펴보았다'라는 기록이 있어 유사시에 대비하는 장군의 예지를 짐작할 수 있다.

기자는 직봉 제5로의 출발선인 여수시 돌산읍 둔전리 봉화산 정상(해발 381m)에 위치한 돌산 봉수를 찾았다. 3번의 시도 끝에 찾은 봉수는 많이 허물어져 원형을 찾기가 어려웠다. 하지만 봉수대에 올라가보니 여기가 왜 출발점이었는가를 알 수 있었다.

정상에서 빙 둘러본 전망은 여수 전역을 조망할 수 있었다. 수많은 아름다운 섬들과 원양에서 내해로 접근해오는 선박들의 모든 동태가 한눈에 들어온다. 봉수대는 2단으로 된 돌무더기가 나선형으로 이루어져 있다. 하단은 약 9m이고 상단은 지름이 3m 정도이다.

봉수대 약 5m 떨어진 지름 1m쯤 되는 자연석위에서 이상한 것을 발견하였다. 물이 고여 있지만 형태가 너무나 둥근 형태다. 하지만 돌산 봉수[1]에서 신호를 받아 2번째 임무를 부여받은 백야곶 봉수로 가기 위해서, 산을 내려가기로 마음먹고 약 1㎞쯤을 내려왔다.

내려오는 도중에 아무래도 마음이 내키지 않았다. 왜냐하면 지금껏 취재를 하면서 "저걸 찍을까?" 하다가 그냥 무시하고 왔던 사진들이 기사화되고 나서 크게 후회한 적이 몇 번 있었기 때문이었다. 땀을 뻘뻘 흘리며 다시 정상으로 올라가 물이 고인 상태로 촬영하고 난 후 물을 퍼내고 사진을 촬영했다.

"오!" 놀라운 광경이었다.

1) 돌산 봉수 : 돌산 봉수대에 관한 명칭은 돌산봉수와 방답진봉수의 두 가지 명칭이 통용되며 명확한 정의가 내려져있지 않다. 향토사학자와 고문헌에서도 현 위치에 대한 이의는 없지만 정확한 명칭에 대해 통일된 명칭을 못내리고 있어, 학자들이 논의를 거쳐 정의를 내려줄 필요가 있다. 이유는 기자가 돌산봉수라 칭한 봉수대의 위치가, 방답진이 위치한 군내리와 약 10㎞쯤 떨어져 있고, 방답진이 위치한 산의 정상에 요망소가 있는데, 요망소인가 봉수대인가의 규명이 정확히 통일되지 않기 때문이다.
다음은 문제된 봉수에 대한 명칭이 서로 다른 사례의 예이다. 양쪽의 주장이 서로 일리가 있어 고문헌의 자료를 제시한다.
대동여지도: 돌산도 봉수
전라좌도 순천부 지도: 돌산 봉수
전라좌도 순천방답진 지도: 돌산도 봉수
신동국여지승람: 순천 돌산 봉수
호좌수영지: 순천 돌산도 봉수
증보문헌비고: 돌산도 방답진 봉수

1 물 고인 확돌. 자연적으로 파인 구멍인 줄 알았다.

2 철을 잊고 꽃을 피운 갓꽃. 4~6월이 개화기다.

3 철 잊은 도라지가 꽃망울을 맺고 있다. 도라지 개화기는 7~8월이다.

4 물을 퍼낸 후 지름 1m정도의 자연석위에 이토록 작은 확돌. 손바닥으로 덮였고 중지 깊이다.

5 썩은 상수리 나무위에 핀 버섯

6 겨울 준비를 하는 벌에게는 철 잊은 도라지가 고마운 존재다

손바닥으로 덮으니 꼭 맞았다. 상단부의 넓이는 지름이 약 15㎝이고 깊이는 10㎝쯤이다. “이건 무슨 용도일까? 봉군들이 사용했던 지표석이나, 주술적 의미?”

뭔가를 고정시킬 용도로 나무를 박아 세우기에는 너무 얕고 원추형이라 도저히 불가능할 것 같다. 아무리 궁리해도 감이 잡히질 않는다. 봉수대 지킴이로 여수시민협 회원인 백형선 씨에게 확인한 바로는 ‘학독’이란다.

‘학독’은 원래 ‘확돌’이다. ‘확’은 지금도 전라도 지방에서 방언으로 쓰는데, 나무나 돌을 움푹 파서, 그곳에 고추를 넣고 찧거나 하는 도구를 말한다. 움푹 들어간 곳을 ‘확’이라고 하며, ‘독’은 ‘돌’의 방언이다. 지금도 남부방언에서는 ‘돌’을 ‘독’이라고 한다.

‘학독’은 과거에는 어느 집에나 한 개씩은 다 있던 물건이다. 하지만 보통 지름이 50㎝ 정도에 높이가 1m정도이지 이렇게 작은 학독은 본 적이 없다. 백씨는 고증은 안 됐지만 전국에 유일무이할 거란다. 자연석위에 이만한 크기의 학독을 보신 분의 제보를 받고 싶다.

원래 봉수주위에는 봉수를 24시간 지키며, 상황 보고를 담당할 봉군(烽軍)이 10여 명 상주한다. 봉수군에는 봉수대를 책임지는 오장(伍長)이 10여 명이 부하를 관리 감독하는데 반드시 인근 주민을 차출하였다. 이들은 일이 고달프고 기후관계로 고생하기 때문에 천민출신이었다.

이들이 봉수대 주위에서 상주한 흔적은 전투용으로 사용된 수마석(水磨石), 백자 청자 등의 그릇파편과, 우물, 봉전(봉군들이 지었던 밭), 주거건물의 기단, 방호벽에서 볼 수 있다.

돌산봉수 바로 아랫동네의 지명은 둔전이다. 둔전(屯田)은 말 그대로 군대가 주둔하면서 평시에는 농사를 짓고, 전시에는 싸움터에 나간다. 알려진 바로는 여수지역에 봉화산이라는 이름을 가진 산은 묘도, 만흥동, 돌산, 백야곶, 개도, 손죽도의 6곳이나 된다.

봉화대가 있는 산을 봉화산, 망산(망보는 산), 우산(牛山: 소의 눈처럼 크게 뜨고 보라는 의미), 상산(上山: 높은 산)이라 부른다. 또한 봉수와 관련된 마을 이름도 봉림, 봉수, 봉덕, 봉두, 봉전, 봉오 등이 있어 여수는 최전방 요새였음을 알 수 있다.

세계적 역사학자인 카아(EH. Carr)는 '역사란 현재와 과거의 끊임없는 대화'라고 정의했다. 한반도 지도를 세워놓고 보면 부산은 통영보다 오른쪽에 있고, 여수는 해남보다 우측에 위치한다. 그럼에도 부산을 경상좌수영, 통영을 경상우수영, 여수를 전라좌수영, 해남을 전라우수영이라 부른 것은 당시 모든 중심은 왕이어서, 경복궁에서 바라볼 때 좌측이 되기 때문이다.

흥분된 마음으로 돌산 봉수대를 내려오니 철모르는 도라지와 돌산갓 꽃이 한참이다. 지금이 어느 땐가. 원래 갓은 4~6월이, 도라지는 7~8월이 개화기다. 올해는 돌산갓이 값이 형편없이 떨어져 농민들이 수확을 안 하고 포기하자 꽃이 피었고, 봄처럼 따뜻한 날씨에 도라지가 철을 잊었다.

오후 5시 넘어 도착한 백야곶 봉수에서 바라본 전망은 다시 한 번 감탄케 한다. 멀리 백야도를 잇는 다리와 점점이 보이는 섬들. 정말 아름다운 국토다.

아스라이 제5로의 세 번째 봉수대인 고흥 팔영산이 보였지만 훗날을 기약하고 산을 내려왔다. 봉수대 두 곳의 사진을 촬영하는 데 눈에 거슬리는 것은 두 군데 다 묘가 있었다. 봉군이 전사하여 묻힌 묘인가 하고 확인해 봤지만 민간인들이 명당을 잡아 묘터를 잡은 것 같다. 요즘의 명당은 자손들이 손쉽게 접근하기 쉬운 곳이 명당이라는데!

(06. 11. 23)

선원세계를 그려 청산도라 했던가!

효를 으뜸으로 여기며 사는 청산도 사람들

완도읍에서 19.2㎞ 떨어진 청산도는 여객선으로 약 40분쯤 걸리는 곳에 있는 5개의 유인도와 9개의 무인도로 이루어진 섬이다. 청산도는 원추형으로 소라모양이며 해발 343.4m로 면적은 42.78㎢로 해안의 굴곡이 심한 편이다.

해안선의 굴곡이 심하여 외양에 있으면서도 포구가 발달한 양항의 조건을 갖추고 있어, 기록으로는 1806년 선조 46년에 처음으로 사람들이 거주하기 시작했다고 적혀있다.

청산도는 옛날에 선산도 또는 선원도라고 불러왔었다. 정확한 연대는 알 수 없지만 <태종실록> <세종실록> <중종실록> 등을 보면 선산도에 왜구가 출몰하여 생포하거나 토벌했다는 기록이 있다. 임진왜란 전인 1555년에는 왜선 육칠십여 척이 출몰하여 왜구의 수가 6천여 명에 달했다는 기록이 있다.

왜구가 자주 출몰하는 이유는 이 해역에 해산물이 풍부할 뿐만 아니라, 해류와 조류의 중간 목이고 섬을 조금만 벗어나면 제주나 일본 해역으로 도망칠 수 있다는 데서 연유한다.

1681년 조선조에 청산 만호진이 설치되면서 비로소 청산도로 정착되었다. <신증동국여지승람>의 기록에 의하면 청산도에 청해진이 있었다는 주장이 있다. 읍리에는 옛 읍터인 향교골 옛 성터가 아직도 남아 있고 하마비와 지석묘군도 마을 앞에 남아 있다. 또한 청해진의 한(韓)장군 석계묘와 사당이 당리에 남아있어, 장보고 시대의 유적이라고 구전되고 있다.

청산도에 가다

청산도는 서남해안을 방어하는 군사적 요충지로 고종 24년 1887년에 영국이 군함 10척으로 거문도를 점령하고 진지를 구축하자, 영국함대를 진압하기 위하여 청산진의 병력으로 거문도진을 설치하기도 했다.

다도해 해상국립공원의 중심지이자 바다낚시의 천국으로 눈이 시리도록 푸른 바닷물과 온화한 청산항은, 1980년대까지 고등어와 삼치 파시가

1 백야곶 봉수의 모습. 두 곳의 봉수대 옆에는 어김없이 산불감시소와 묘가 있었다. 조상들의 안목을 빌린 걸까?

2 완도항에서 배를 타고 가던 도중 본 일몰 장면

3 당리재에서 본 포구 모습

4 백련사 올라가는 길목의 동네 골목길

열려 일본의 무역선이 직접 들어와 삼치를 사갔다. 한 주민의 얘기로는 당시 진짜 참치는 거의 일본으로 수출하고, 1kg 이하의 '고시'라 불리는 삼치만 국내 시장에 팔았다.

수출용 참치는 정말 맛있는데 '고시'만 먹은 한국인들은 참치가 별로 맛없는 줄로만 안다고 안타까워했다. 70년대 한참 시절이 좋았을 적에는 개도 만 원짜리 돈을 물고 다녔다는 일화가 있었고, 당시 주민의 수가 1만 3,000여 명에 달하기도 했으나 현재는 2,700명이며, 노령화율이 35%에 달한다.

산업구조는 87.6%가 1차 산업에 종사하며 특히 다른 섬과 달리 80%가 농업에 종사한다는 것이다. 농사는 첫째조건이 물이다. 청산도는 여느 섬과 달리 물이 많다. 이는 300m가 넘는 매봉산(384m), 보적산(330m), 대봉산(379m)이 주요 농지를 둥그렇게 둘러싸고 있어 관개용수 확보가 여타의 섬보다 용이하기 때문이다.

청산도가 근래에 주목을 받게 된 이유는 우리나라 영화사상 최초로 백만 관객을 돌파한 임권택 감독의 영화 <서편제>와 윤석호 PD의 <봄의 왈츠>가 이 섬에서 촬영되고부터다. 기자가 이 섬을 찾은 것은 '초분'과 '구들장 논'에 관심이 있어서다.

완도에서 마지막 배를 타고 밤에 도착하여 모텔에 여장을 푸니 주인이 반갑게 맞이하며, 이 집에서 두 영화감독과 스태프가 묵었다고 한다. 초분이 있다는 현장과 구들장 논을 물으니 약수터 가는 길에 있으니, 내일 새벽 5시 30분에 운동할 겸 약수터에 같이 가잔다.

식당 주인 친구들과 술잔을 기울이며 그들의 애환을 들었다. 한때는 학생 수가 천 명이 넘는 학교를 포함한 4개의 초등학교가 있었는데 지금은 2개 밖에 남지 않았고, 중학교도 청산중이 37명, 청산중 동분교도 10명밖에 안 되는 소규모의 학교로 전락했다.

"사는 데 가장 애로사항은 뭡니까?"하고 묻자, "TV가 있지만 세상 물정 모르고 사는 것과 문화혜택을 못 받는 게" 가장 애로사항이란다. 어선이 있지만 규제가 심하고 영세하여 본격적인 어업에는 종사하지 못하고, 낚시를 하여 살아가지만, 농협과 수협에 빚이 없는 사람이 거의 없단다. 돈 있는 사람도 보증 문제로 골치를 앓고 있다.

다시는 쉽게 못올 것 같아, 작정을 하고 새벽 약수터 운동을 나서는 아주머니와 전직 군의원이셨던 부부와 함께 깜깜한 새벽길을 따라 나섰다.

지나가는 길옆에 최근에 새로 만든 2기의 초분과 인근에 다랭이 논이 많다는 '선음약수터'에 갔다. 깜깜한 밤이라 발밑도 잘 보이지 않았지만 앞사람 발자국만 뒤따르며 섬의 역사와 사는 이야기, 애환 등을 들으며 한참을 올라가는데 "여기 바로 위에 초분이 2개 있어요." 한다.

"아주머니 애들은 무서워하지 않을까요?" 하고 물으니 "왜 안 무섭겠어요?" 한다. 초분은 사람이 죽으면 바로 땅에 매장하지 않고 관을 땅이나 평평한 돌 위에 놓고 이엉으로 덮어서, 3년 정도 둔 다음 육신이 삭아 없어져 뼈만 남아있을 때, 지관이 좋은 날을 택일하여 땅에 묻는 풍습을 말한다.

초분과 다랭이 논

초분은 지방에 따라 초빈(草殯)·외빈(外殯)·소골장(掃骨葬)·초장(草葬) 등 다양하게 불린다. 자손들은 가끔씩 들러 초분에 별일이 없나를 관찰하고, 매년 이엉을 새로 갈아준다. 그때 왔다 갔다는 의미로 소나무 가지를 이엉 위에 꽂는다.

시신에는 옷이 썩지 않도록 비단옷을 입히지만 형편에 따라 삼베옷을 입히기도 한다. 정식으로 매장할 때는 뼈를 깨끗이 씻거나 찧어서 살을 모두 떼어낸 다음에 매장을 하기도 하며, 세골장(洗骨葬) 또는 증골장(烝骨葬)이라고도 부른다. 이러한 점으로 미루어보아, 초분은 유골을 처리하기에 앞서 먼저 육신을 처리하는 방법임을 알 수 있다.

이러한 특징은 <삼국지> 위서 동이전에서부터 <수서> 고구려전 그리고 <삼국유사> 등에 이르기까지 고대의 장례에 대한 기록에서도 발견된다. 뿐만 아니라 고고학적 자료에 의하면, 지석묘나 백제 초기의 옹관묘 등도 그 구조로 보아 뼈만을 묻었을 가능성이 높은 것으로 알려지고 있다.

조사에 따르면, 조선 말기까지는 육지지방에서도 이러한 초분이 거의 전국적으로 분포되어 있었던 것으로 확인되고 있으나, 요즘에는 주로 서남해안의 도서지방에서 흔히 발견되고 있다.

그 가운데에서도 전라도 지방에서는 특히 이 초분이 씻김굿 즉, 무속의 사령제(死靈祭)와 복합되어 나타나고 있어 학술적으로 주목을 끌고 있다. 이러한 세골장은 태평양을 둘러싼 지역에 집중적으로 분포되어 있다.

초분을 통해서 뼈만을 가려내어 매장하는 장법은 다음과 같은 몇 가지 사고방식에서 나온 관습으로 보인다.

첫째, 살은 더러운 것으로, 땅 속에 매장함으로써 땅을 더럽힌다고 생각하는 사고방식이다. 둘째, 뼈에는 죽은 사람의 영혼이 깃들어 있다고 생각하는 사고방식이다. 셋째, 뼈를 땅에 매장하는 것은 뼈에 깃들어 있는 영혼을 함께 지하에 모시는 것이라고 생각하는 사고방식이다.

넷째, 육신을 바로 땅 속에 매장하는 것은 박정한 것으로서, 육신을 조금이라도 더 지상에 두고자 하는 사고방식이다. 다섯째, 육신은 완전히 죽은 존재가 아니기 때문에 탈육이 된 뼈로써 비로소 죽음을 확인한다는 사고방식이다.

여섯째, 지상에서 탈육을 시켰을 때에라야 뼈가 검게 되지 않고 희게 되기 때문에 뼈를 깨끗이 하여 지하에 묻어야 한다고 생각하는 사고방식 등이라고 하겠다.(한국민족문화대백과 참고)

특히 음력 1~2월에는 시신을 땅에 바로 묻으면 지신이 노해서 마을이 큰 화를 입거나 다른 사람들이 해를 입기도 한단다. 과학이 발달하지 않고 어업에 종사하는 옛날 섬사람들에게는, 천지의 조화를 담당하는 신을 노하게 한다는 것은 곧 죽음을 의미하는 중대한 일이다. 겨울에 초분을 하는 중요한 이유 중의 하나이다.

아침을 먹은 후 마을 사람들이 가르쳐준 위치를 찾아 나섰다. 도청리 길 아래쪽에 있는 2기는 어머니와 아들, 선음약수터 가는 길에는 할머니와 손자, <서편제>와 <봄의 왈츠>를 촬영한 당집 아래에는 1기가 있었다.

청산도는 효를 중시하는 관습이 어느 곳보다 깊어 가족묘가 대부분이며 비석도 다른 지역보다 많다는 게 주민의 얘기다. 젊은 나이인데도 초분을 한 것은 '할머니가 아직 조상의 묘에 들어가지 못했는데 손자가 어떻게 묻힐 수 있느냐'는 생각에서며, 어머니와 자식의 초분도 마찬가지다.

선음약수터 위의 다랭이논을 둘러봤다. 높이 2m 정도나 쌓아올린 논두렁이에 올라가 보니 넓이가 겨우 4~5m에 불과했지만 논을 일궈 경작했을 섬주민들의 삶에 대한 의지와 지혜에 절로 고개가 숙여진다.

섬에는 여름에는 시원하고 겨울에는 따뜻한 물이 사시사철 마르지 않는 샘들이 여러 개나 되어 논농사 짓는데 이용됐단다. 일할 사람이 없어 묵힌 다랭이 논을 세어보니 50여 계단을 이룬다.

청산을 찾으려면 섬사람들의 용어를 알면 훨씬 재미있고 친근감을 느낀다. 마을의 지명이 바로 이해된다. '여'는 바닷물이 나갔을 때는 보이고, 들어왔을 때는 안 보이는 부분을 의미하고, '개'는 바닷가의 후미진 곳이며, '부리'는 산이 뻗어나가다 끝나는 부분을 의미한다.

한국인의 한을 판소리를 통해 훌륭하게 그려낸 <서편제>의 명장면이 있는 당리에 갔다. 소리꾼 부녀와 의붓 남매의 기막힌 삶을 그린 돌담길과 당집을 둘러봤다. 유봉이가 송화랑 '아리랑'을 부르며 내려오는 데 당집은 더없는 소재다.

1 위쪽이 어머니이고 아래쪽이 아들 초분. 자손들이 다녀갔다는 의미로 소나무가지를 꽂아놨다

2 다랭이 논

3 속초와 강릉에 폭설이 내리고, 대관령에 통행금지령이 내린 가운데 핀 청산도 유채꽃

4 구들장 논의 물구멍. 돌은 크기에 따라 아래부터 위로 쌓았다

5 유리창에 비친 나무와 산 그림자에, 새가 부딪히자 테이프를 붙인 모습

6 '서편제'와 '봄의 왈츠' 영화의 배경이 된 골목길. 뒤편에 소나무에 둘러싸인 당집이 보인다

7 자기장이 세서 나침반을 마비시키는 범바위

방송에도 나온 범바위

시간이 없어 지나가는 차를 세우고 태워달라고 부탁했는데 알고 보니 민정시찰을 오셨던 면장님이다. 섬에 대한 필요한 정보나 자료를 친절하게 챙겨주셨다.

택시를 타고 도착한 곳은 <스폰지> 프로그램에도 나왔다는 범바위다. 아주 오랜 옛날 호랑이가 청산도에 들어와 살고 있었는데, 고개재에서 바위를 향하여 "어흥" 하고 포효하니 이 바위의 포효성이 호랑이보다 더 크게 울려 "나보다 더 무서운 짐승이 여기에 살고 있구나." 하고 도망쳤다는 바위는, 철분이 자기장을 많이 띄어 나침반이 말을 듣지 않는단다.

곳곳에 '구들장 논'이 있지만 실제로 경작을 하며 윗논에서 아래논으로 물이 흐르도록 물구멍을 만든 현장으로 갔다. 구들장 논이란 산비탈이나 구릉에 마치 구들장을 놓듯 돌을 쌓아 먼저 바닥을 만든 뒤, 그위에 다시 흙을 부어 다져서 논을 일군 것이다. 옛날 척박하고 비탈진 땅을 개척하여 기름진 땅으로 가꾼 섬사람들의 슬기와 개척정신이 배어 있는 삶의 유산이라 하겠다.

물구멍 주위는 두께 25㎝, 넓이 1㎡ 정도의 큰 바위를 무너지지 않게 배치하고, 구멍의 깊이는 논마다 다르지만 약 2m쯤이며, 지름은 약 30㎝정도였다. 또한 바닥에 돌을 쌓고 그 위에 흙을 다져 쌓았지만, 물빠짐이 심해 곳곳에 둘레 3~4m의 보를 만들고 땅심을 키우기 위해 퇴비를 이용했다.

1800년대 성명미상의 도승이 부흥리 대봉산(379m) 중턱에 창건했다는 백련사에 갔다. 법당 관음전에는 불상이 안치되어 있고 뒤쪽에 후불탱화를 비롯하여 좌우 3개의 탱화가 있다. 속초와 강릉에는 폭설주의보가 내리고 대관령은 통제됐다는데 이곳 날씨는 가을 날씨 같다. 더워서 잠바를 벗고 한참을 앉아 이 생각 저 생각을 하며 상념에 젖어있는데 바람에 흔들리는 처마끝 '풍경' 소리가 숙연케 한다.

내려가려는데 개 짖는 소리에 한 노인이 나와서 차 한 잔 하라며 권한다. 서울에서 오셨다는 그 분은 딸이 스님이 되어 여기까지 와서 너무 외로울까봐 부부가 내려와 있단다. "출가했는데 뭘 그러세요." 하자 "그래도 부모는 안 그래요." 하신다.

울창한 동백숲 속 스티로폼 상자 속 쟁반 위에 쌀이 놓여있어 물었다. "새들 먹으라고 이렇게 쌀을 놓아두셨어요?" 하고 물으니, "얼마 전 매에 채여 다친 비둘기 한 마리를 치료해주고 날려 보냈는데 계속 찾아와 먹으라고 둔 쌀로, 다른 새들도 와서 먹어요." 하신다. "잠깐 여기 와서 보세요." 하기에 가보니 유리창에 불투명 테이프를 가득 붙여 놨다. 공기가 너무 맑고 좋아 새들이 유리창에 비치는 산 그림자를 보고 날아와 부딪혀 다치지 않도록 테이프를 붙여 놨단다.

팔정도(八正道)의 정견(正見)은 육신의 눈으로 보이지 않는 세계, 즉 진리의 세계를 바로 보라는 것이며, 정사유(正思惟)는 중생들이 욕심을 버리고 언제나 올바른 생각과 올바른 마음으로 바른 판단을 하고 살아간다면, 언젠가는 해탈에도 이른다는 것이다.

부처님의 가르침이 바로 이것 아닌가? 번듯한 법당 하나 없지만 어느 절 못지않은 감명을 받았다. 종교의 진정한 의미를 우문처럼 던지며, 밀없는 민중들은 다 아는데 무지한 국민인 줄로만 알고 이익만 좇아 삭발하기도 하고, 각목으로 싸우는 일부 종교 지도자들!

맑은 날이면 한라산이 보인다는 망망대해에 안개가 자욱하다. 가슴 속 안개가 걷힐 날은 언제일까?

(07. 01. 31)

무공해 울릉도서 더한 '깨우침'을 얻다

이국적 아름다움을 간직한 섬, 울릉도

도둑, 공해, 뱀이 없고 향나무, 바람, 미인, 물, 돌이 많아 삼무(三無)오다(五多)라 불리는 울릉도에 갔다. 여행객 대부분이 도동과 저동에서 숙소를 정한다는데 우리는 나리분지에서 민박하기로 했다.

나리분지는 동서 약 1.5㎞, 남북 약 2㎞로 60여만 평에 달하는 울릉도 유일의 평지다. 성인봉 북쪽의 칼데라 화구가 함몰하여 형성된 화구원으로, 북동쪽의 나리마을과 남서쪽에 위치하여 지금은 사람이 살지 않는 알봉마을이 있다.

우산국 때부터 사람이 살았으나 조선조에 이르러 왜구가 출몰하여 피해를 입자 공도정책으로 수백 년 동안 비워오다가 고종 때 개척민들이 이곳에 왔다. 옛날부터 정주한 사람들이 섬말나리의 뿌리를 캐어먹고 연명하여 나리골이라고 부른다.

"활동이 끝난 화산이지만 분화구 속에서 사람이 살고 있는 곳은 아마 울릉도의 나리분지 뿐일 것."이라고 전하는 민박집 아저씨의 설명과 함께 우리나라 여느 섬과는 다른 모습에 흠뻑 빠져들었다.

울릉도는 신생대 3기 및 4기에 걸쳐 바다로부터 용출한 종상화산의 화산도로 현무암, 조면암, 안산암, 응회암으로 형성된 토양은 배수가 잘되는 사양질토로 지금도 용출수가 있다.

일정이 틀어질 것 같아 어스름한 초저녁인데도 불구하고 용출수를 찾았다. 아무도 찾지 않는 호젓한 산길을 따라 1㎞쯤 내려가니 푸르스름한 색깔의 용출수 연못이 보였다. 섭씨 7℃로 초당 22㎥의 수량을 콸콸 내뿜는 신비감을 주는 용출수는 수량과 낙차가 커서, 국내 유일의 지하수 이용 수력발전의 발원지이다.

다음날 오전 7시에 일어나 후배와 함께 성인봉에 오르기로 했다. 연중 맑은 날이 50여 일밖에 안 되는데, 다행히 날씨가 좋아 먼 바다와 함께 운이 좋으면 독도를 볼 수 있지 않을까 기대하며 등산화 끈을 조였다.

성인봉 가는 길을 따라 20분쯤 올라가며 만끽하는 공기는 아주 맑아서 어제의 피로를 싹 가시게 했다. 알봉마을 유일의 투막집은 '이런 데서도 사람이 살았구나' 하는 생각과 함께 울창하게 우거진 숲으로 인해 여기가 섬이라는 생각을 잊게 했다.

투막집은 섬에서 나는 솔송나무와 너도밤나무를 우물정자 모양으로 쌓고, 틈은 흙으로 메워 자체 온습도 조절이 가능하게 만들어, 여름엔 시원하고 겨울엔 따뜻하다.

중봉에 이르니 쌓인 눈과 얼음으로 인해 더 이상 오르기가 쉽지 않을 것 같아 아이젠을 착용하고 올라갔다. 등산로를 따라 설치해놓은 말뚝과 밧줄이 묻힐 정도로 쌓인 눈을 보며, '만약 아이젠이 없었더라면 어떻게 됐을까?' 하는 생각이 들었다.

미끄러지고 넘어지며 두 시간 반만에 성인봉에 올랐다. 정상에서 바라본 동해와 우뚝우뚝 솟은 산봉우리들의 모습은 여기가 무릉도원이 아닌가 하는 생각이 들게 했다. 산의 모양이 성스럽다하여 성인봉(聖人峰)이라 불렀다는 정상은, 연평균 300일 이상 안개에 쌓여 신비로움을 더한다는데 오늘은 사방을 둘러보아도 시력이 부족함을 한탄할 뿐이다.

10여분 머물다 하산하는데 우리를 안내해준 죽암교회 전도사님이 정상을 향해 산을 오르고 있었다. 운동을 좋아해 어제도 바다에서 수영을 했다는 그분은 눈이 무릎까지 쌓인 성인봉을, 양말도 신지 않고 축구할 때 입는 반바지 차림에 고무신만 신었다.

기인일까? 그는 해양대학을 졸업하고 5년 동안 원양상선을 타 군대를 면제받고 대학에 들어가 법대에 다시 입학했다. 그 후 뜻한 바 있어 신학대학을 졸업한 뒤 20여 가구에 불과한 죽포의 외진 마을에서 2년째 헌신하고 있다.

몇 만 명을 자랑하는 서울의 대형교회에 비하면 초라하기 그지없지만

1 천부항에서 바라본 추산의 모습. 송곳처럼 생겼다하여 추산이라 부른다

2 수력발전의 원천이 되는 용출수다

3 저동항에서 바라본 해돋이 광경

4 알봉 마을의 투막집

종교의 본질은 힘들고 어려운 사람을 구원하는 것이다. 홀로 남아있거나 두 분만 남아있는 20여 가구의 노인 가구를 돌보고 때로는 말동무가 되어주는 교역자다.

목마르고 배도 고파, 마시면 신령이 된다는 신령약수터에 이르러 배낭을 내려놓고 물을 마시려는데, 일회용 접시에 배 반쪽이 놓여 있는 것이 보였다. 2~3일이 지나 약간 시들었지만 가슴이 뭉클했다.

나무틈 사이에서 녹기 시작하는 눈녹은 물 한방울 - 생명의 원천이다.

보시(報施)!

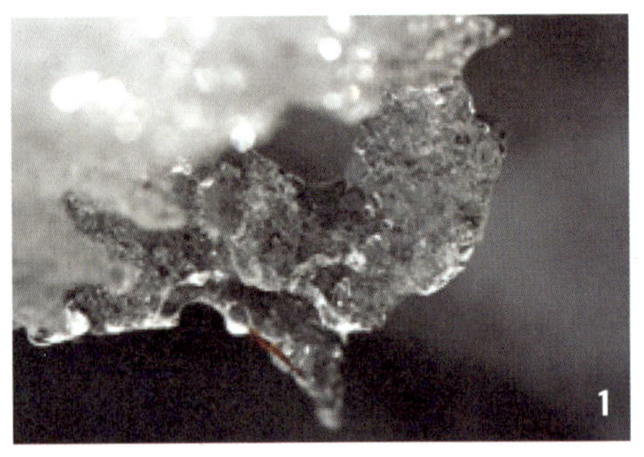

1 나무틈 사이에서 녹기 시작하는 눈녹은 물 한방울 - 생명의 원천이다

2 사람이 끄는 쟁기질 모습. 힘든 노인들을 위해 설치한 모노레일 뒤로 더덕심는 아주머니의 모습이 보인다

3 보시의 마음을 깨우쳐 준 배 반조각

4 독도박물관에 음각된 임진왜란 당시의 대마도의 모습 - 당시 대마도는 조선땅이었다.

불교의 보시에는 물질을 베풀어주는 재(財)보시, 불법을 가르쳐 주어 바른 길을 걷도록 도와주는 법(法)보시, 삶에 두려움이나 공포에 떨고 있는 이에게 위로와 용기를 불어넣어 살 수 있도록 도와주는 무외시(無畏施)가 있다.

하늘의 태양이 모든 만물에게 무량한 빛과 에너지를 무한정으로 주지만 그 대가를 바라지 않는 것이나, 공기와 물 등 자연이 인간에게 끝없는 혜택을 베풀면서도 그 은혜에 상응한 보수를 바라지 않는 것처럼 참된 보시는 많은 은혜를 베풀면서도 결코 자신에게 돌아올 이익을 바라지 않는 마음이다.

아무런 대가를 바라지 않고 목마르고 배고픈 여행자가 한 쪽을 먹고 허기를 면하라고 남겨둔 배 한 쪽을 먹지 않으면, 그 또한 남겨둔 사람의 보시를 외면하는 것 같아 반쪽을 다시 양분하여 나눠먹었다.

지금껏 먹어본 배중에 최고로 맛있는 배였다

맛과 함께 어리석음과 탐욕으로 생기는 괴로움의 바다에서 벗어날 수 있는 길과, 공덕을 지어서 그 공덕의 힘으로 지혜와 자비로 가득 찬 깨달음을 준 지혜의 과일이었다.

다음날은 오싱어잡이배로 유명한 이힝인 지동에서 잠을 자고 봉래폭포를 거쳐 내수전마을로 갔다. 내수전은 닥나무가 많이 자생해서 저전포라고 불리며, 개척당시 김내수라는 사람이 화전을 일구고 살았다고 하여 붙여진 이름이다.

내수전에서 섬목에 이르는 구간은 도로가 개설되지 않았다. 도보로 한 시간 반쯤 걸리는 해안은 아버지와 아들 두 명만 산다는 죽포를 끼고 돈다. 단상절리의 절벽 옆을 끼고 굽이굽이 도는 오솔길은 왜 환경단체가 개발에 반대했는지를 실감케 했다.

“여기서 살면 신선이 따로 없겠네요.”라고 하자 “한 달만 살아 보세요.” 하던 한 주민의 푸념에 일면 수긍을 하면서도, 정히 개발을 하려면 환경이 훼손되지 않는 방법을 택해야 한다는 생각이다.

석포에 이르니 사람이 끄는 쟁기질하는 모습이 보였다. 비탈진 언덕은 제법 기름져 보였고, 씨를 뿌려 2년 정도 키운 뒤 약 10㎝정도 자랐을 때 다시 옮겨 심는 작업을 하고 있단다. 김정령(60세)씨는 울릉도에서 5대째 사는데 더덕과 산채를 재배하고 소 4마리를 사육하고 있다.

어려운 점은 휴대폰이 안 터지고, 성인봉 가는 길이 배뿐이어서 불편하단다. “소가 쟁기질하면서 말썽피우지 않아서 좋겠네요?” 하자 “예, 말도 잘 듣고 힘도 세요.” 하며 너털웃음이다.

배 출항 한 시간 쯤 일찍 도동항에 도착하여 독도 박물관에 갔다. 3·1절이고 올해 들어 첫 입항허가가 나와 꼭 독도에 가고 싶었지만 내일 출근을 위하여 아쉬움을 뒤로하고 박물관에 갔다.

기념비에는 ‘조선국지리도 내 8도총도에, 1592년 임진왜란당시 도요토미의 명령으로 구끼 등이 제작한 것으로서, 조선의 영토를 나타낸 것인데, 대마도가 우리 땅으로 표기되어 있고, 이 지도의 원본은 현재 일본 국립공문서관에 소장되어 있다.’고 적혀 있다.

일본에 대해 감정적으로만 대응할 것이 아니라 우파가 주장하는 과정이나 배경에 대해 좀더 냉정하게 분석하고 대응해야 한다.

(07. 03. 03)

우주를 향한 푸른 바다의 섬 나로도

나로도는 제주도와 더불어 양식을 금지

전라남도 고흥군 동일면과 봉래면을 이루는 섬 나로도. 기암괴석과 깨끗한 바다, 삼나무 숲, 유자나무, 계단식 논밭과 사철 따뜻한 날씨 등이 섬의 특징이다. 고흥읍에서 25㎞ 떨어져 있으나 12년 전에 내나로도에 이어 외나로도까지 연결돼, 나로도 선착장까지 가는 길에 그림 같은 장면이 파노라마처럼 연결된다.

섬의 남동쪽엔 마치산(380m) 장포산(360m) 등 비교적 급경사의 산이 있고, 북서쪽은 200m 미만의 낮은 구릉지로 되어 있다. 북서쪽 해안에는 깊은 만과 돌출부가 있으며, 만 안에는 간석지가 넓게 펼쳐져 있다.

남동쪽 해안은 암석해안으로 높은 해식애가 발달해 있다. 동백나무, 곰솔나무, 후박나무 등의 난대림이 자란다. 연근해에서는 삼치, 새우, 바지락, 꽃게, 도미 등이 잡히고 김, 미역, 꼬막, 조개 등의 양식이 이루어진다.

나로도는 내나로도와 외나로도로 돼 있다. 원래는 나라에 바칠 말을 키우는 목장이 있어 나라도라 불렸으나 일본인들이 나로도(羅老島)라 개명한 이래로 나로도가 되었다. 섬사람들은 '비단이 오래돼 흐물흐물 한 상태의 섬'이라는 의미를 원래의 이름으로 되돌리기 위해 노력하고 있으나 쉽지가 않다고 한다.

1 나로도 일대를 운항하는 유람선 금어호

2 맷돌의 손잡이를 닮았다하여 이름붙인 곡두여 - 낚시꾼들의 천국이다

3 사자바위

4 바위경사면에 합장하는 부처의 모습 아래 흔들바위가 보인다 . 소나무가 보이는 위가 우주선 발사기지다

5 용굴- 일제 징용을 피해 마을주민들이 숨어 살았던 곳이다

6 상록수림 뒤로 나로도해수욕장이 보인다

공기가 맑고, 기후가 온화하며 풍부한 먹거리로 넘쳐난 나로도는 한때 인구가 2만 명이 넘었으나 현재는 약 5천 명으로 줄었다. 하지만 인공위성 발사기지 공사가 약 90%에 이르러 우주체험관, 청소년스페이스캠프 등이 완공되면 연간 약 150만 명 정도의 관광객을 예상하고 있어 인구 증가가 예상된다고 한다.

고흥군 봉래면 예내리 하반마을에 건설 중인 우주센터가 완공되면 우리나라는 세계 13번째로 자체적인 발사장을 보유하는 나라가 된다. 다리가 개통되면서 개발이익을 계산한 외지인들에게 섬의 ⅓이 팔렸다.

나로도항에서 유람선을 타고 나로2대교를 거쳐 다시 원점으로 돌아오는 데 걸리는 시간은 약 2시간. 금붕어처럼 생긴 금어호의 선장 고정석 씨의 섬에 대한 해박한 역사 해설과 명소 자랑에 나로도의 경치가 한결 돋보인다.

항구를 떠나 약 10분쯤 가자 낚시꾼들의 천국이라는 곡두여에 도착했다. '여'는 밀물 때에는 물속에 잠겼다가 썰물 때는 바닷물위에 드러나는 바위를 말한다. '곡두'는 맷돌에 곡식을 갈 때 윗부분의 돌에 끼고 돌리는 손잡이의 자루를 의미한다. 한때는 이 섬에 들어가는 것을 금지했다가 지금은 해제되어 주말에는 전국에서 낚시꾼들이 몰려든다. 주로 잡히는 어종은 감성돔이다.

안내를 하는 선장은 나로도는 제주도와 더불어 양식을 금지하고 있단다. 양식을 하지 않아도 고기가 충분할 뿐만 아니라 바다 밑에 어마어마한 양의 바지락이 살아 바지락 피해가 예상되기 때문이란다.

살기 좋은 섬의 조건으로는 물이 풍부해야 한다. 이 섬에는 물이 풍부해 물걱정을 하지 않아도 되며 해안가에는 샘의 깊이가 7m에 달하는 민물샘이 있어 근방에서 낚시하는 사람들은 물 걱정을 하지 않아도 되고 옛날에는 머리 부스럼 치료에 쓰였던 약수가 있다.

두 개의 굴이 나란히 있는 쌍굴, 코 모양을 닮은 코굴을 지나 여자의 성기 모습을 닮은 여자바위를 지나 용굴에 이르렀다. 용굴은 깊이가 60m에 이르고 끝에 가면 자갈밭이 있어 일정기간은 생활할 수 있다. 마을 사람들이 일제의 강제징용을 피해 먹을 것을 배에 싣고 와 숨어 지내다 일경이 가버리면 다시 돌아왔다는 굴이다.

한참을 가니 멀리 태평양을 바라보며 지그시 눈을 감고 잠자는 듯한 모습의 사자바위가 모습을 드러낸다. 가까이 가보면 각자 별도 모습의 바위들이 합성하여 이루어진 바위다. 우리 눈에 비친 사물이나 사람의 모습도 내 마음의 빛을 보내 되돌아온 모습을 그대로 본다고 하질 않는가? 대상을 바르게 인식할 수 있는 정견(正見)을 가져야 하는 이유다.

5분쯤 파도를 헤치며 나가자 부처님이 합장을 하며 바다를 향해 서 있는 모습과, 세 개의 바위로 연결되어 흔들면 떨어질 수도 있다는 흔들바위 가까이 이르자 선장이 숙제를 냈다.

"저 바위를 흔들면 떨어질까요? 안 떨어질까요?"

아무도 대답을 못하고 다들 궁리만 하고 있는데 선장이 답을 제시했다.

"지금까지는 태풍에도 떨어지지 않았는데 내년쯤에는 떨어질지도 몰라요."

"왜요?"

"약 10m쯤 위를 보세요. 저기가 바로 인공위성 발사기지예요. 인공위성이 발사되면 그 진동으로 저 바위가 아마 무너질 것입니다."

재미있는 설명이다.

나로도해수욕장 바로 인근에는 동백나무, 구슬잣밤나무, 후박나무, 황칠나무, 감탕나무, 생달나무, 보리밥나무, 자금우 등의 상록수가 있어 전형적인 난대림을 이루고 있다. 이곳은 우리나라에서 몇 안 되는 상록수림으로 난대림상(暖帶林狀)을 그대로 지니고 있어 학술적가치가 크다.

유람선을 내려 10분 거리에 있는 염포해수욕장을 구경하러 갔다. 물기를 머금으면 새파랗게 되고 해가 뜨면 반짝반짝 빛나는 몽돌로 유명한 염포 해수욕장을 끼고 있는 봉래산에는, 일본인들이 삼치를 가공하면서 시험림으로 심어놓은 80년 이상 된 아름드리 크기의 삼나무와 편백 숲이 유명하다.

돌아오는데 외초마을 입구에서 마을 할아버지와 할머니들이 마늘을 수확하고 있었다. 뽑아서 밭에 말리는 모습이 보기 좋아 사진을 한 장 찍겠다고 하자 막걸리에 바다에서 잡은 게무침을 권하며 송편도 권한다. 우리네 시골에 가면 어디나 이렇게 아름다운 마음씨들이 살아있다.

나로도하면 굉장히 멀게 느껴지지만 여수 돌산도와는 지척이라서 임진왜란 때도 수많은 병사들이 이순신 장군 휘하에 들어가 싸우며 공을 세웠다. 머잖아 11개에 이르는 여수 고흥간 연륙연도교가 완공되면 현재는 2시간 이상 걸리는 거리가 30분 이내로 단축된다.

(07. 06. 03)

나한테선 무슨 향기가 날까?

미황사 템플스테이 이야기

우리나라의 땅끝 미황사에 가면 대웅전 앞에 어성초가 심어져 있다. 어성초는 산속 음지진 곳에 자라는 여러해살이풀로 우리나라 남부지방과 제주도, 울릉도에서 자라며 붉은 색 줄기에 이파리가 고구마 잎사귀를 닮았다. 약간 맵고 독성이 있는 약초이다.

줄기와 잎에서 생선 비린내 같은 냄새가 난다는 뜻에서 어성초(魚腥草)라 하고, 이외에 십약, 중약초, 즙체 등으로 불리며 항균과 해독작용이 강해 항암효과가 있다. 특히 소염작용이 강해 폐렴에 효과가 있고 아토피와 여드름 치료를 위한 비누에도 사용된다.

응진전 앞 텃밭에는 방구벌레 냄새가 나는 고소, 특이한 향기가 나는 당귀, 천궁 등의 약초와 여러 가지 채소들이 심어져 있다.

연휴를 맞아 미황사 템플스테이에 참여했다. 처음 가는 길이라 이정표만 바라보고 물어물어 해남읍을 벗어날 때 '내가 제대로 왔나' 은근히 걱정이 됐다. 하지만 안내해 준 방향으로 차를 몰고 가는데 외국에서나 본 듯한 산의 모습이 나왔다.

금강산 모습 같기도 하고 알프스 산 같기도 한 아름다운 산봉우리들을 보며 '명산이구나! 저 아래 어딘가에 미황사가 있겠지' 추측하며 꼬불꼬불한 시골길을 운전하고 가는데 아니나 다를까 미황사라는 이정표가 보였다.

미황사는 신라 경덕왕 749년에 창건한 고찰로 창건에 얽힌 설화가 재미있다. 돌로 만든 배가 땅끝의 포구로 다가왔다 멀어지기를 반복하더니 의조 스님이 기도 올리고 맞아들이자 바닷가에 닿았다.

그런데 갑자기 배에 실려 있던 흑석(黑石)이 벌어지면서 그 속에서 검은 소 한 마리가 나타나더니 순식간에 커다란 소가 되었다. 그날 밤 의조 스님 꿈에 "나는 본래 우전국(인도) 왕으로 경전과 불상을 모실 곳을 구하다가, 달마산에 이르러 1만 불이 나타나기에 여기가 마땅한 장소라 생각하였다. 소에 경을 싣고 가다가 소가 누워 일어나지 않는 곳에 경전과 불

1 해남 달마산 미황사 모습

2 염포해수욕장의 몽돌

3 마늘 수확을 하고 있는 주민들

상을 봉안하라."고 하였다.

의조스님은 소가 누운 자리에 '미황사'를 지었다. 소의 아름다운 울음소리에서 '미'를 취하고, '황'은 금인(金人: 부처를 일컫는 말)의 금빛을 취해 '미황사'라 이름 지었다. 고려시대에는 중국의 남송에서 달마산의 명성을 듣고 일부러 참배하러 올 만큼 널리 알려진 절이다. 지금의 대웅전은 1754년 영조 임금 때 지어진 법당으로 보물로 지정되어 있으며, 응진당, 대웅전 안에 안치된 괘불 또한 보물로 지정된 유물이다.

주차장에 차를 세우고 배낭과 가방을 들고 종무소 템플스테이에서 수속을 밟고 방을 배정받았다. 내가 2박 3일 동안 머무르는 숙소는 '향적당(香積堂)'이다. 향기를 쌓는 곳. 이름마저 정겹다. 댓돌 마루에는 깨끗한 하얀 고무신과 등산화가 가지런히 놓여있다. 두 평 남짓한 깨끗한 방에서는 아직도 장판에서 콩기름 냄새가 묻어난다.

벽에는 템플스테이에 참가한 사람들이 지켜야 할 내용들이 적혀 있다. 새벽 4시에 예불 참선이 있고 예불이 끝나면 대웅전에서 참선을 하거나 앞마당을 돌며 자유산책을 하는 행선 등의 시간이며, 휴대폰 인터넷 사용을 금지하고 밤 9시부터 다음날 새벽 6시 반까지 묵언수행 등을 해야 한다. 특히 밖을 내다볼 때는 문만 열고 내다보지 말고 반드시 마루로 나와 쳐다보라고 적혀있다. 이는 남을 배려하라는 의미로 여겨진다.

저녁 공양을 하기 전 대웅전에서 약간 떨어진 부도전에 갔다. 부도는 스님들의 사리나 유골을 안치한 곳이다. 부도가 많으면 많을수록 그 사찰의 높은 격을 나타낸다. 미황사에는 부도전이 두 군데 있다. 거의 모든 부도에는 살아생전 사용했던 스님들의 법명이 적혀 있거나 동물 그림들이 새겨져 있었지만 독특한 부도가 눈에 띄었다.

직사각형 형태의 부도에는 어떠한 글씨나 문양도 보이지 않고 계곡의 물결에 깎인 흔적이 그대로 묻어난다. 재질도 현무암이나 사암형태로 다른 부도와는 다르다. 세찬 물살에 오랫동안 깎인 모습은 나뭇가지 형태로 무늬가 나있고 아무리 둘러봐도 글씨나 문양은 보이지 않는다. 지나가는 스님에게 이유를 물은 즉 "나도 모릅니다. 하지만 이름이 있고 없고가 뭐 그리 중요합니까? 법신에게는 아무런 차별이 없어요. 중생과 부처의 차별도 없습니다."

우문에 현답이 돼 돌아와 말문이 꽉 막혔다. 법신이라는 것은 그 모든 것의 근본이 되며 질서와 조화를 이룩하는 말할 수도 없고 볼 수도 없고 생도 떠나고 멸도 떠난 진리 당체이다. 하나의 먼지나 삼천대천세계의 우주나 차별이란 추호도 없다. 불생불멸이고 불래불거이다.

저녁 공양을 마치고 혜오 스님과 서울에서 왔다는 아주머니, 광주시내 중학교에서 국어를 가르친다는 여선생님과 함께 차를 마시며 간단한 대화를 하곤 숙소로 향했다. 밤 10시에는 불을 꺼야 하는 수칙이라 불을 껐지만 새벽 0시가 다 돼야 잠자리에 들던 습관이 있어 쉽게 잠이 오지 않는다. 하지만 내일 새벽 4시에 일어나 전혀 경험해보지 않은 예불에 참석해야 한다.

오랜만에 일찍 일어나야 한다는 중압감 때문일까? 매 2시간마다 법고소리와 목탁소리에 잠을 깨 시계를 확인하고 다시 잠들었다. 이것도 수행의 일종일까? 다음날 스님에게 물었더니 그럴 리가 없단다. 환청이었을까? 새벽 4시 도량석이 시작되며 목탁소리가 크게 들려 잠에서 깼다. 도량석은 매일 새벽에 도량을 돌고 게송을 외우면서 기상시간을 알리고 도량을 청정히 하는 의식이다.

도량석의 목탁소리는 중생이 놀라지 않고 잠을 깨도록 하기 위하여 작은 소리로 치기 시작하여 차차 커진다. 도량석이 시작되면 자리에서 일어나 세면을 마치고 법당에 가서 자리에 앉아 예불을 기다린다.

코끝을 자극하는 향냄새와 범종소리가 웅~웅~웅 울릴 때마다 가슴속에서 뭔가가 공명함을 느낀다. 지금껏 스님들이 독경할 때 나무아미타불만 외치는 소리만 들렸는데 오늘 처음으로 중생의 소리가 들린다. "고통의 바다를 건너 열반의 세계로…" 라는 독경소리가 들렸다.

청정 마을인 해남 땅끝인지라 유난히도 맑은 밤하늘의 별이 반짝이고 소쩍새와 바람소리가 묘한 감정을 불러온다. 인간이 얼마나 사람이나 동물 사물에 대해 선입견으로 판단하며 미워하는가? 내 안에 네가 있고 네 안에 내가 있다는데….

죽이고 싶도록 증오하던 자가 교통사고가 났을 때 복잡 미묘한 감정에

1 어성초는 항균과 해독작용이 강해 항암효과가 있다. 아토피, 여드름 치료용 어성초비누의 원료다

2 25기가 있는 미황사 부도전에는 독특한 부도가 있다. 중앙에 보이는 부도에는 법명이나 그림이 없다.

3 달마산 미황사 찻집

4 오가는 길손들의 목을 축이는 약숫물

빠졌었다. 업보일까? 천형인 나병으로 소록도에 계시다 모든 인연을 끊고 기독교에 귀의하여 혼자 돌아가셨다는 할머니는 자식과 손주가 보고 싶어 어찌 사셨을까? 딸을 나무랐다가 집에 늦게까지 돌아오지 않아 온갖 몹쓸 생각에 빠져 걱정했는데….

중생에게는 오욕칠정이 떠나질 않는가? 고(苦), 집(集), 멸(滅), 도(道)는 나 같은 중생들에는 숙명인가? 부처님 같은 성불한 사람만이 열반에 이르고 언제나 평안과 기쁨이 넘치는 영원한 불국정토(佛國淨土)에 이를 것인가?

주지이신 금강스님은 "내 마음 속에 구름이 있으면 하늘에서 비가 내리고 광명한 태양을 볼 수가 없다."며 "내 참 주인공은 무엇일까?"로 화두를 주셨다.

처음해보는 합장과 오체투지로 하는 큰절이었지만, 어색하게 느껴지지 않는다. 예불을 마치고 사람들은 깜깜한 밤하늘을 보며 대웅전 앞 도량을 돌며 자유수행을 한다.

아침 공양을 마치고 달마산에 올랐다. 기기묘묘한 바위들이 천 개나 있다는 말이 거짓이 아니다. 그 연유로 대웅전에는 대들보와 기둥에 천 개의 부처님을 그려놨다던가! 부처님을 닮은 바위, 사람을 닮은 바위 등, 여러 가지 형상을 한 바위들이 금강산에 올랐던 느낌이다.

정상 뒤쪽으로는 완도가 보이고 앞쪽으로는 진도가 보인다. 여기가 바로 한반도의 땅끝이다. 부드러운 아기 손과 같은 감촉의 새순들과 바다내음, 싱그런 초록빛 새싹들이 정말 아름답다. 혼자 보기는 아까운데 혼자 왔다. 어제 오후 달마산 찻집에서 들었던 범능 스님의 노래가 생각난다.

가라 좋은 벗 있으면 둘이서 함께 가라
가라 좋은 벗 없으면 버리고 홀로 가라

1 오른쪽 바위사이의 도솔암은 통일신라 의상대사가 창건. 정유재란 때 왜구들이 불태웠으나 2002년 6월 재건. 일출 일몰이 장관으로 뒷쪽은 수십길 낭떠러지이다.

2 저 멀리 진도가 보이는 미황사 황혼.

3 저녁 공양 후 혜오 스님과 함께 전국 각지에서 온 사람들과 차를 들며 대화하는 차담시간. 스님 왼쪽이 초등학교 6학년인 미연이

4 기묘한 바위로 아스라히 바다건너 보이는 곳이 완도이다

5 스님과 템플스테이에 참가한 불자들을 위한 정갈한 식단.

달빛엔 달처럼 별빛엔 별처럼 바람 불면 바람처럼 가라.

내가 나에게 등불이 되어 그대 홀로
등불이 되어 함께 못 가도 같이 못 가도
무소의 뿔처럼 혼자서 가라.

미황사에는 서울에서 4학년 때 전학와 해남서정분교 6학년에 재학 중인 미연이가 산다. 해맑은 얼굴에 지혜로운 아이이다. 영국에서 3년 동안 학교를 다니고 서울로 돌아왔는데 적응을 못하고 미황사에서 가까운 초등학교에 다닌다.

"학교 선생님이 싫었다."는 미연이 얘기에 종무소에서 템플스테이 사무를 담당하고 딸과 기거하는 미연이 엄마에게 전학 온 사연을 물었다.

"지나친 경쟁, 촌지, 치맛바람이 있어야 관심을 가져주는 일부 문제 있는 교사 등의 한국 교육 문제에 염증이 나서 고민하던 중 아는 스님이 미황사를 추천해서 딸과 함께 며칠간 왔어요. 절에 머물며 딸의 의중을 물었는데 흔쾌히 응해서 정착했어요. 애들 아빠는 해외에서 비즈니스를 하니까 서울에 안 계시고 주거와 교육 직업의 3박자를 다 갖춘 셈이죠. 현재 생활에 만족해요."

절에서 깨끗하고 좋은 음식을 먹어서 대중음식점엘 가면 혓바늘이 돋기도 한다는 미연이에게 물었다.

"남들은 학원과 과외를 몇 군데씩 다니는 데 불안하지 않니?"

"여기가 더 좋아요. 서울 사는 중학교 2학년 사촌오빠는 국어 논술에 영·수·사·과 등의 과외를 열심히 하는데 잘 하지는 못해요. 이렇게 아름다운 곳에서 살며 자연과 함께 사는 게 너무 좋아요. 물론 나도 서울 가면 똑같이 해야 하지 않을까 걱정이에요."

미연이는 전교 1등이고 학생회장으로 외국인들이 템플스테이에 오면 안내도 곧잘 한다.

산에서 내려오니 서울에서 직장을 다니는데 휴가를 내고 왔다는 슬픈 사연이 있는 듯한 예쁜 아가씨가 왔다. 국어 선생님과 아가씨에게 어성초와 고소 당귀 천궁 등의 잎을 뜯어 냄새를 맡아 보라고 했다.

"무슨 냄새가 납니까?"

"아니 고기 잡으셨어요? 웬 고기 비린내가 나요."

"모두 향기가 다른 데 나한테선 무슨 향기가 나고 선생님과 아가씨는 무슨 향기가 날까요?"

"저요? 어성초요."

"비린내가 나도 훌륭한 약초예요."

"신영복 선생님은 여름징역은 자기의 바로 옆 사람을 증오하게 한다는 사실 때문에 차라리 겨울징역이 낫다고 했어요."

사람에게는 각자의 체취가 있다. 악취가 나는 사람, 아무 냄새도 안 나는 사람, 향기가 나는 사람. 나한테서는 무슨 향기가 날까? 행여 악취가 나서 사람을 쫓아 버리지는 않을까? 처음에 서먹서먹해 다시 서울로 돌아갈까 생각했다는 아가씨와 금방 친해져 도란도란 얘기하는 데 방해될까 봐 인사도 안 하고 멀리 떠나왔는데 핸드폰에 메시지가 떴다.

"선생님 인사드리고 떠나려고 했는데 안 계셔서 이렇게 메시지로 인사드립니다." 반가운 마음에 전화를 했더니 앞으로는 '어성초' 선생님으로 불러달란다.

나는 무슨 향으로 부를까?

(08. 05. 12)

40년 전 모교 운동장, 그 때 그 운동화를 떠올리다

1928년 문을 연 학교 2004년 폐교돼

"이 운동화 신어봐라. 내가 너를 위해 산 거니까 부담 갖지 말고 그냥 신어라."

선생님이 내민 신문지에 둘둘 싸인 운동화를 들고 나는 어쩔 줄 모르고 있었다. 6학년 때까지 운동화는 신어본 적이 없기 때문이다. 수업을 마치고 담임선생님 일을 도와드린 후 신발장에 가보니 내 검정 고무신이 없어졌다.

"안녕히 계십시오." 하고 인사를 마치고 나온 내가 집에 안 가고 복도에서 서성이는 모습을 본 담임선생님이 "웬 일이냐?"고 물었다. 하교를 마친 운동장에는 남은 몇몇 학생들이 축구를 하고 있었다. 필시 그 중 누군가가 내 신발을 훔쳐 갔을 텐데 알 수 없다.

집으로 가는 길에는 사금파리와 유리 파편이 있어 발바닥을 다칠 것은 불문가지. 선생님이 자기 슬리퍼를 내밀며 신고 가란다. 다음날 닳고 해어져 물이 새는 헌 검정 고무신을 신고 등교했는데 선생님께서 운동화를 사주신 것이다. 40년 전 다녔던 내 마음속 모교 오곡초등학교를 생각하면 떠오르는 생각이다.

통명산 줄기 끝자락 섬진강 가까운 곳에 자리한 학교는 한 점 그림처

1 오곡초등학교는 1928년 4월 29일 2학급 70명으로 시작한 학교로 2004년 3월 1일 곡성읍내에 있는 중앙초등학교로 통합돼 폐교됐다

2 받침돌을 세워 고인돌처럼 만든 바위에 걸터앉아 강의를 하던 선생님. 우리들은 수업 내용엔 관심 없고 발밑의 개미를 죽이느라 정신이 팔려 있었다

3 옛날이 생각나 여기저기 사진을 찍고 있는데 모여 있던 후배들이 "선배님이세요? 우리도 좀 찍어 주세요" 한다

4 더운 여름날 답답한 교실을 벗어나 시원한 그늘 속에서 야외수업을 하던 풍치원. 40년 전 내 기억 속 아름드리나무는 엄청 컸다

5 학생들이 떠나버리고 곡성군 재활용센터로 사용되는 운동장 한 편에는 제38회 동창회라는 플래카드가 걸려있다

6 고향에 남아 청년회장을 지냈다는 정낙현 후배다. "여러 번의 회의와 청문회를 거쳤고 학부모들이 동의해서 곡성읍내에 있는 중앙초등학교에 통합됐어요

럼 아름답다. 1928년 4월 29일 2학급 70명으로 시작한 학교는 2004년 3월 1일 곡성읍내에 있는 중앙초등학교로 통합돼 폐교됐다. 76회까지 졸업생 수만 5,064명이다. 폐교 당시 전교생이 70명이었지만 최대 번성기인 1972년에는 16학급 909명에 달해 2부제 수업까지 했던 시골치고는 꽤 큰 학교였다.

더운 여름날 답답한 교실을 벗어나 시원한 그늘 속에서 야외수업을 하던 풍치원. 40년 전 내 기억 속 아름드리나무는 엄청 컸지만 이제는 그렇게까지 커 뵈지는 않는다. 다만 70년 이상 된 벚나무와 꽃가루를 날리며 태풍 때 쓰러지던 플라타너스 밑둥치는 좀이 슬어 군데군데 흠집이 나고 벌레가 먹어들고 있었다.

세 군데 받침돌을 세워 고인돌처럼 만든 바위에 걸터앉아 강의를 하던 선생님. 우리들은 수업 내용엔 관심 없고 발밑에 기어 다니는 개미를 죽이느라 정신이 팔려 있었다.

점심시간과 쉬는 시간에는 알록달록한 꽃무늬가 들어간 구슬치기에 정신없었던 친구들. 공부 잘하고 손재주가 좋은 친구는 이삼 미터 정도는 구슬을 공중으로 띄워 맞추는 솜씨가 대단했다. 요즘으로 말하면 지대지 미사일 정도나 될까한 그 솜씨에 혀를 내두르며 따라 다녔다. 구슬에 관한 우상이었던 그 친구가 어느 날 빙과 후 모괴를 따다 걸렸다.

다음날 전교생이 모인 애국조회에서 호랑이 주번 선생님이 친구를 불러 구령대에 세우고 “얘가 나무에 올라가 모과를 땄다. 앞으로는 모과라고 불러라.”하고 훈계한 후 친구는 별명이 ‘모개’(사투리)가 됐다. 그 친구는 멋쟁이 고급공무원이 됐다.

아주 무더운 여름날이면 학교 앞 백 미터쯤 떨어진 개울가에 가서 가재도 잡고 송사리를 잡다 물장난으로 옷이 다 젖으면 깔깔대던 앞 냇물에는 멋진 용 조각상이 들어섰다.

학교 파하기가 무섭게 꼴망태를 메고 나가 개울가와 들을 헤매며 풀을 찾던 개울가에는 발이 빠져 들어갈 수 없을 정도로 풀이 자랐다. 당시 10센티 정도의 풀도 남아나지 않던 논두렁과 개울가엔 풀이 천지다. 소 키우는 아이들이 없으니 그럴 수밖에.

학생들이 떠나버리고 곡성군 재활용센터로 사용되는 운동장 한 편에는 제38회 동창회라는 플래카드가 걸려있다. 어젯밤 비가 와 운동장에 물이 괸 곳곳을 후배들이 모여 물을 퍼내고 있다. 옛날이 생각나 여기저기 사진을 찍고 있는데 모여 있던 후배들이 "선배님이세요? 우리도 좀 찍어 주세요." 한다.

통학차를 타고 읍내까지 학교를 다니는 학생들, 좋기만 할까?

아쉬운 마음에 "폐교가 된 것을 어떻게 생각해?"하며 후배들 얘기를 들었다. 고향에 남아 청년회장을 지냈다는 정낙현 후배의 얘기다.

"여러 번의 회의와 청문회를 거쳤고 학부모들이 동의해서 곡성읍내에 있는 중앙초등학교에 통합됐어요. 학부모들은 소수의 학생들보다는 많은 학생 속에서 사회성을 함양한다는 데 찬성했어요. 하지만 지금은 후회하는 분들도 있어요. 비슷한 처지인 고달면 소재지 초등학교는 학부모들의 반대로 통합이 안됐죠."

폐교 당시 운영위원과 지역위원 학부모 교사들의 의견을 들었는데 대부분이 찬성했기 때문에 선배로서 아쉬워 반대했지만 어쩔 수 없었다는 친구의 전언이다. 아이들은 통학차를 타고 읍내까지 학교를 다닌다.

차타고 학교를 다녀 편리하지만 동시에 등하교하기 때문에 1학년이나 6학년이나 똑같이 활동해 좋지 않다는 얘기다. 차타고 다녀 좋기만 할까?

비 오는 날 우산이 없어 책이 비에 젖을까 등 뒤 옷속에 책보로 질끈 동여매고 집으로 뛰어오면 흙이 머리끝까지 올라와 있었다. 하교할 때 괜히 친구를 건드려 놓고 보리밭 사이에 숨어 있다가 보리밭을 망쳐놨다고 눈을 부라리던 밭주인이 추궁하면 “우리는 몰라요.” 하며 시치미 떼던 추억들. 졸업식 때 ‘빛나는 졸업장…’이라는 졸업가를 부를 때 울음바다가 되던 추억들.

동심이 사라진 요즘의 아이들 모습은 어떨까? 환경정리 한다고 남아서 도와달라고 하면 “선생님 맛있는 것 사주실 거죠? 수행평가 점수 올려 주실 거죠?” 하며 이기적이 돼버린 아이들을 보고 오히려 상처받는 선생님들 모습이다.

효율과 경제성만 따져 농어촌 학교는 자꾸 폐교되고 내 자식만은 잘 가르치고 싶은 학부모들의 교육욕구를 만족시킬 수 없는 현실이 이농현상을 부채질한다. 학생 수가 적어 복식수업을 하게 되고 복식수업으로 인한 단점도 있다. 하지만 농어촌 지역의 학교는 단순한 교육의 기능만이 아니라 주민들의 정보와 문화공동체의 중심에 있다.

국토 면적의 11.8%에 불과한 서울·경기 지역에 전 인구의 48.2%가 살고 있고 경제력의 65.0%가 집중돼 있으니 우리나라는 서울공화국이랄 수밖에 없다. 국토의 균형발전으로 농어촌도 살고 인구 집중으로 인한 대도시 문제를 해결할 수 있는 방법은 없을까?

기차마을에서 나는 기차의 기석 소리와 뻐꾸기 소리는 여전한데, 반갑지 않은 황소개구리 소리와 아이들의 웃음소리가 아닌 40대가 돼버린 후배들만의 웃음소리가 내 마음을 우울케 한다.

(09. 06. 09)

오리섬도 없어지고… 낙동강 오리알은 어디서 줍나

농경지 없애고 체육공원 만들다니

"어! 아! 음~!"

지난 2일 찾은 경북 상주보. 그곳을 보고 60여 명의 순례단이 한결같이 내는 소리다. 처음에는 놀란 소리이고 다음은 신음이다.

내가 순진했다. 고향 섬진강가에도 '보'는 있다. 높이 1미터나 될까 싶은 섬진강 보는 농업용수와 모래를 수집하기 위함이다. 물살이 세면 낙차가 생겨 폭포 같은 느낌도 들고 황새나 왜가리가 얕은 물가에 서서 뛰어오르는 고기를 낚아채는 아름다운 모습이다. 언론과 환경단체에서 그렇게 외쳐도 내 고향 섬진강 '보'보다는 약간 높겠지 했는데 이건 아니다.

'강과 습지를 사랑하는 상주 사람들'의 김영대 씨가 강창교 주변에 대해 설명해 줬다. 상주에서 차로 10분여 거리인 강창교는 낙동강에서 가장 낮은 다리이다. 그만큼 물속과 주변의 모습이 잘 보인다. 교각 옆에 난 수초 사이에는 너구리와 왜가리의 발자국이 선명하다. "습지를 탐사할 때는 동물들의 발자국이 너무 많아 미안할 때가 많았다."는 김씨의 설명이다.

상주쪽 강물은 며칠 전 비가 왔어도 맑았지만 건너편으로 갈수록 흙탕물이다. 상류 모래밭에서 거대한 포클레인과 트럭들이 열심히 오간다. 강을 건너자마자 강변둑 옆의 기름진 논밭에 엄청난 양의 모래가 채워져 있었다. 이곳은 원래 강변 옆의 기름진 농경지였으나 모래를 채워 체육공원으로 만들 계획이다.

노인들만 남은 시골 노인들이 모여 체육공원에서 축구를 할까? 참 넓기도 하다. 선글라스를 쓴 경비원들이 불편한 눈으로 쳐다보며 사진을 찍는다. 쳐다보는 나도 불편하다. 왜일까? 삶의 방법이 서로 다른 이유겠지. 세상을 바라보는 프레임이 다르기 때문이다.

내가 어렸을 적 맨눈으로 본 섬진강은 맑음과 탁함, 곡선과 직선, 빠름과 느림, 아름다움과 추함의 생명이 어린 강이다. 세상 모두가 두 가지 모습을 간직하고 있다. 이게 바로 자연스런 모습이고 말 그대로 자연이다.

상주보 현장에 도착했다. 거대한 콘크리트 교각과 삐쭉삐쭉 솟은 철근들. "저게 '보'입니까?"라는 말을 해야 하는데 입이 떨어지지 않는다. 나뿐만이 아니다. 서울에서 온 수유너머N, 생명평화모임, 홍익대 시각디자인과 학생들, 한국예술종합대학 낙동강 순례단 대부분의 모습이다. 엄청난 크기의 철근과 시멘트 교각이 우리를 압도한다.

대한하천학회가 분류한 보와 댐의 규정이다. 보는 작은 수리구조물로서 하천에서 일정한 수위를 유지하기 위해 설치한다. 보를 막으면 농업용수나 생활용수를 취수할 때에 취수구를 보호하기 위하여 보를 설치한다. 보의 특징은 수문이 따로 없고 한쪽 끝이나 중간에 1~2m의 길이로 약간 높이를 낮추어 물이 그쪽으로 흐르도록 설계하여 수문을 만든다. 즉 일정한 수위를 유지하기 위한 목적으로 만드는 게 '보'이다.

댐이란 물을 저류하기 위한 목적으로 인간이 만든 구조물이다. 댐의 특징은 물이 새지 않아야 하고 수압을 견딜 수 있도록 구조적으로 안전해야 하며 홍수를 적절하게 배제할 수 있는 방류시설을 갖추어야 한다.

2008년 12월 25일 국무총리실에서 발표한 보도자료는 1~2m 규모는

1 상주보 공사현장

2 강창교 주변의 수달과 왜가리 발자국. 깃발은 준설 예정지 표시다.

3 낙동강지천인 공덕천. 홍수때 물을 퍼 본류에 흘릴 예정이다. 물은 높은 곳에서 낮은 곳으로 흐르는데 낮은 곳에서 위로?

4 거대한 삽질에 반대한다는 의미의 퍼포먼스. 한 여학생이 조그만 플라스틱 삽으로 땅을 파고 꽃씨를 심고 있다

5 오리섬이 내려다보이는 청룡사 추녀의 목어. 목어는 낙동강 훼손을 바라보며 눈을 감을까?

6 타원형으로 보이는 오리섬. 동식물로 가득했던 이곳을 밀어버리고 생태공원으로 만들 예정이다.

7 강창교 주변의 농경지를 메워 체육공원으로 만들 예정이다.

소형 보, 5~10m는 대형 보로 대운하란 전 구간에서 6.1m수심을 유지하고 5~10m형 보를 쌓는 것을 말하지만 4대강 사업은 2m수심에 1~2m의 소형 보를 설치하는 것이기 때문에 같은 사업이 아니라고 주장했다.

반면 2009년 자료에서는 높이 5~10m는 중소규모 보, 높이 20m이상은 대규모 보라고 하면서 4대강 사업의 보는 5~10m의 중소규모로 운하용이 아니라고 주장했다고 한다. 어느 것이 됐든 강변의 아름다운 백사장은 사라지게 되어 있다.

보를 설치하면 강은 사라지고 저수지가 된다. 낙동강에는 8개의 보로 8개의 저수지가 새로 만들어져서 하구부터 안동댐까지 334㎞ 구간은 모두 호수로 연결된다. 수위는 상승되고 주변의 지하수위가 높아지고 수질이 나빠질 것은 당연지사다. 고인물은 썩게 마련이다. 부유조류가 발생해 부영양화가 나타난다. 수표면적이 늘어나 안개가 빈번해지고 농작물 수확은 감소할 게 뻔하다.

현재 상주보 주변의 농민들에게는 3년간의 수확량을 계산해 보상이 이뤄졌단다. 반발을 무마하기 위해서라고 한다. 일단의 농민들은 소득이 얼마 안 되는 농사보다는 보상금을 반긴다는 소식이다. 찬성과 반대로 갈린 시골인심은 서로를 경계하며 흉흉해졌다.

상주보 조감도만 보면 정말 아름다운 모습이다. 4대강 살리기 추진본부에서는 홍수시에 하천이 범람할 것을 우려해 가동보를 설치했다. 가동보란 물이 부족할 때는 승강식 수문을 닫고 홍수 시에는 수문을 열어 용수공급과 홍수방지라는 상반된 기능을 만족시킬 수 있다는 것이다. 그러나 과연 그럴지는 두고 볼 일이다.

순례단은 무거운 발걸음을 끌고 낙동강이 바라보이는 비봉산을 향해 걸었다. 산 정상에 난 자전거 길. 가파른 곳은 자전거가 아니라 걷기도 힘들다. 정상에 올라서니 아름다운 낙동강이 한눈에 들어온다. 근데 물이 양쪽으로 갈라지는 중심에 타원형의 묘한 그림이 나타났다.

강과 강 사이에 생긴 섬을 하중섬이라고 부른다. 김씨가 말했다.

"동네사람들은 이 섬을 '오리섬'이라고 불렀어요. 전에는 버드나무를 비롯해 숲이 울창했고, 각종 동식물의 보고였죠. 그런데 생태공원을 만든다고 싹 밀어버렸습니다."

서울에서 온 모 대학 2학년 여학생은 조그만 플라스틱 삽으로 땅을 파 가는 곳마다 해바라기와 아주까리 및 호박씨를 심는다.

"저 섬이 없어졌으니 낙동강 오리알은 어디서 줍죠?"

그녀의 우스갯소리다.

"학생, 왜 이렇게 조그만 삽으로 땅을 파서 꽃을 심죠?"

"자연이란 있는 그대로 두는 것이라고 생각해요. 그래서 거대한 삽질에 반대하기 위해 이렇게 조그만 삽질을 하는 겁니다. 저는 공산당이 정말 싫어요. 그런데 제가 거대한 삽질에 반대한다고 해서 공산당으로 몰아 잡아갈까 겁나요."

청룡사에서 만난 수원대학교 국토미래연구소장 이원영 교수의 말이다.

"이명박 씨가 행하는 이 만행이 중단되어야 합니다. 그리고 회룡포에서 신발을 벗고 물속에 들어가 자연의 소리를 들어 보세요."

갈라지고 파헤쳐진 낙동강. 4대강 살리기 운동본부에서는 하천에 토사가 많이 퇴적되어 홍수를 제대로 흘려보내지 못한다며 준설을 하고 있다. 안동댐에서 낙동강 하구둑까지는 323㎞이다. 낙동강에서 준설하려는 4.4억 톤은 안동댐에서 낙동강 하구둑까지 수심 6m 깊이로 모래를 파내는 셈이다. 강변에 쌓인 모래는 불필요한 퇴적물이 아니고 물을 정화시켜 주는 여과지이고 추억의 장소이며 동식물의 삶의 터전이다.

고기는 잘 때도 눈을 뜨고 잔다고 한다. 절의 추녀 끝에 목어를 달아놓은 것도 고기처럼 항상 깨어 있으라는 의미다. 청룡사 처마 밑에 달린 풍경과 목어가 말없이 바람에 흔들리고 있다. 간혹 바람이 세게 불면 뎅그렁 소리를 낸다. 종소리가 폐부를 찌른다. 뭔가를 들킨 느낌이다.

눈뜬 채 낙동강을 바라보고 있는 청룡사 목어는 인간들에 의해 깨어지고 찢어지는 자연을 보고 눈을 감을까?

(10. 05. 08)

개도 막걸리 마셔요?

여수 풀꽃사랑 회원들의 개도 답사

지독하게 더운 날이다. 가만있어도 땀이 줄줄 흐른다. 기상예보에서는 올들어 최고 더운 날씨가 예상된다며 폭염주의보를 내렸다. 이래도 덥고 저래도 더워 짜증만 난다. 그래! 이열치열이다. 여수 풀꽃사랑 회원 십여 명은 토요일인 21일 여수시 화정면에 소재한 개도를 찾았다.

개도는 주위 섬을 거느린다는 뜻으로 덮을 개(蓋)자를 써서 개도(蓋島)라고 하였다. 하지만 <난중일기>에는 개의 귀(耳) 섬이라 표기되어 있다. 인근에서는 자연지명으로 개섬이라 부르며, 여수 방면에서 쳐다보면 봉화산과 천제산이 개의 귀 모양을 하고 있다. 유적으로는 봉화산과 벅수, 목장터가 있다.

오전 9시 반에 여수 교동 선착장을 떠난 배에는 '그 섬에 가고 싶다'라는 글귀가 씌어있다. 항상 공기를 마시고 사는 사람은 공기의 고마움을 잊고 사는 법. 섬의 아름다움을 잊고 살았던 나는 오랜만에 섬이 부르는 곳으로 간다. 인근 섬은 거의 다 둘러 봤는데 하필 개도가 빠졌다. 여름이 막바지라서 그런지 배에는 관광객의 모습이 별로 안 보이고 주민들이 대부분이다.

하얗게 포말을 일으키는 바다와 갈매기를 바라보다가 선실로 들어간다. 어젯밤 더위 때문에 잠을 설친 나에게 깜박 잠은 보약이다. 한 쪽에는 할머니들이 일찌감치 잠이 들고. 그런데 섬 주민들 한 무리가 모여 화투를 치며 시끄럽게 떠든다. 화투는 섬을 오가는 사람들이 지루함을 달래기 위한 방편이다. 떠들거나 말거나 그냥 눈을 감고 가수면 상태에 들어간다.

선착장에 내려 지도를 확인하고 등산로로 방향을 틀자 홍합을 까던 부부가, 이 더위에 등산 복장으로 산에 올라가려는 사람들이 한심하다는 듯이 말을 건다.

"등산 가세요?"

"아니요. 풀꽃구경 왔어요."

"따땃하겠습니다. 하하하."

"지금도 홍합 먹어요?"

"지금이 제일 맛있을 때입니다."

"사진 좀 찍어도 됩니까?"

"아이고! 예쁘게 화장하고 찍어야 헌디."

모자에 수건을 둘러써도 덥기는 마찬가지. 여석리로 향하는 등산로를 따라 올라가자 등과 얼굴에 땀이 범벅이다. 방학 중이라 따라왔던 한 초등학생은 '아직 멀었어요?"하며 벌게진 얼굴로 항의성 질문이다.

나무가 없는 야트막한 평지에 꽃들이 천지다. 한 회원의 "아! 풀냄새" 하는 한 마디가 지친 회원들의 마음을 깨운다. 이들은 매달 한 번씩 여수 인근의 산과 들을 찾아 야생화와 풀들을 찾는다.

전문가인 최상모 교사가 설명한다.

"이것은 며느리 밥풀꽃입니다. 한국에는 꽃며느리밥풀과 애기며느리 밥풀 2종이 자랍니다. 모두 1년생 초로 산과 들 곳곳에서 볼 수 있습니다. 이들 중에서 알며느리밥풀은 2갈래로 나뉜 꽃부리 아래쪽에 밥풀처럼 생

1 여수항을 떠난 배가 돌산대교를 지나자 갈매기가 여객선을 따른다..

2 그늘 속에서 찾은 야생화 '송장풀'.

3 땀 흘린 뒤 느티나무 그늘아래 정자에서 먹는 점심은 꿀맛이다. 먹을 게 20가지나 된다.

4 선착장 옆 가게 홍합까는 주민. 사진 찍겠다고 하니. 아이고! 예쁘게 화장허고 찍어야 헌디!

5 '으아리'에 사마귀 한 마리가 앉아 있다. 사진을 찍자 고개를 돌려 째려본다. 기개가 대단해!

6 수박을 따 주던 아저씨(왼쪽)를 멸치 건조장에서 다시 만났다. 또 술 한 잔 하란다. 참! 시골 인심이다.

긴 동그란 무늬가 있습니다.

이 꽃에는 아픈 이야기가 숨어 있습니다. 남편이 외지로 돈 벌러 나가고 시어머니와 함께 사는 며느리가 어느 날 밥을 하다가 밥이 다 됐나 안 됐나를 확인하기 위해 주걱으로 밥을 떠 맛을 봤습니다. 이것을 본 시어머니가 자신을 놔두고 먼저 밥을 먹는다고 죽였습니다. 이듬해 죽은 며느리의 무덤에서 이 꽃이 자라났습니다."

한 여자 회원이 "야! 이건 비비추다! 산에서 이 꽃을 만나면 수줍은 처녀 같아요." 하며 반가워한다. 조금 더 가자 '으아리'에 사마귀 한 마리가 앉아있다. 사진을 찍자 덤빌 테면 덤벼 봐! 하듯이 고개를 돌리고 째려본다.

'으아리' 꽃은 6~8월에 줄기 끝이나 잎겨드랑이에서 취산(聚散)꽃차례를 이루며 무리지어 하얗게 핀다. 꽃잎은 없고, 4~5장의 하얀색 꽃받침잎이 꽃잎처럼 보이며 수술과 암술은 많다. 열매는 9월에 수과(瘦果)로 익는데, 길이가 2㎝쯤 되는 털이 있는 꼬리가 달린다. 이른 봄에 새순을 삶아 나물로 먹기도 하지만 약간 독성이 있어 주의해야 한다. 봄과 가을에 뿌리를 햇볕에 말려 치풍제·이뇨제·통경제로 쓴다.

그늘진 숲속으로 들어갔다. 송장풀 몇 포기가 보인다. 꽃은 홍색으로 잎겨드랑이에 층층으로 달려있다. 그런데 달려있는 모습이 묘하다 흉측하기도 하고. 왜 하필 이름이 송장풀일까? 어떤 이는 송장 썩는 냄새가 난다고 하여 붙인 이름이라고 한다. 풀 전체는 이뇨제, 강장제, 중풍 치료에 사용한다.

땀을 뻘뻘 흘리고 따라오던 초등학생이 드디어 불만을 터뜨렸다. "나 다시는 이 섬에 안 온다."소리에 모두들 웃는다. 일행은 도둑놈갈고리, 딱지꽃, 익모초, 맥문동, 짚신나물, 닭의장풀 등을 찾고 산을 내려가기로 했다. 금방이라도 돌아갈 기세인 아이를 달래야 한다.

모전리에 도착해 점심을 풀었다. 시멘트로 만들어 놓은 팔각정 옆에는 한 뼘이나 될 만한 느티나무에 싸인 나무 정자가 있다. 포구에 위치한 정자 나무그늘은 시원한 바람과 함께 신선의 놀이터다. 가방을 벗고 도시락을 꺼내는 일행에게 여수에서 살지만 고향에 왔다는 한 분이 수박을 따주겠단다. 자신이 고향에 올 때마다 따 먹기 위해 심었다는 수박은 햇볕을 받아 따뜻했지만 이보다 싱싱한 수박은 없다.

찰밥, 맨밥, 김밥, 집에서 만든 빵 등 20가지나 되는 먹을거리는 힘든 탐사여행을 마친 일행의 또 다른 즐거움. 담은지 몇 년 됐다는 복분자 술을

1 슬픈 전설을 가진 며느리밥풀꽃. 밥풀 모양이 붙어있다.

2 여름철 몽돌해수욕장은 곡식을 건조시키는데 안성마춤이다. 물속에 들어갔다 온 회원도 옷을 말리는데…. 아! 그런데…. 고추 + 고추 말리기 같다

3 유명한 개도막걸리 주조장 안집에서 마시는 막걸리는 일품이다. 주인집 개 '봉봉이'가 쫄랑거리며 오징어 다리를 탐낸다. "아주머니! 저 개도 막걸리 마셔요?"

두 잔 마시니 나른해진다. 여기서 드러누워 자면 신선이 따로 없겠지!

3백여 미터 떨어진 몽돌해수욕장에 가니 멸치 가공집에서 수박을 줬던 아저씨와 식구들이 모여 과일과 술을 마시며 한 잔 하란다. 참! 시골인심이다. 지나가는 사람 그냥 안 보내는 게 시골의 정이다.

마을에서 트럭을 얻어 타고 소재지로 간다. 소재지 옆에는 막걸리로 유명한 개도막걸리 주조장이 있다. 개도막걸리라면 사족을 못 쓰는 이 아무개 기자가 생각난다. 오라고 부를까? 앉을 자리가 없는 회원들은 나무그늘 아래 술판을 깔아 달라고 요청했다. 아주머니가 막걸리 박스를 통째 들고 온다. 뒤이어 가져오는 열무김치와 고추 된장. 아주머니가 젓가락을 가지러 간다. 그 뒤를 이어 '봉봉이'라는 개가 꼬리를 흔들며 따라온다.

"아주머니 젓가락 필요 없어요. 막걸리는 조상들이 주신 젓가락으로 들어야 제 맛이 나죠.

아주머니! 저 '개도 막걸리' 마셔요."

"???…!!! 하하하. 대박이다."

"아주머니, 무엇으로 만들기에 이렇게 소문이 나고 유명해졌어요? 그냥 곡식만 넣고 약을 안 넣죠."

"오전 5시에 만들어 냉장고에 넣어 두었으니 조금 더 두어야 숙성될 텐디…."

회원들은 초등학생에게 "목마르니까 너도 한 잔 할래."하며 한 잔 준다. '맛이 사이다 맛보다 약하다'는 아이가 맛있다며 열무를 손가락으로 덥석 집어 들고 입에 넣는다.

원래 개도막걸리 주조장은 따로 있었다. 지역에서는 드물게 'ㄷ'자 형으로 지어진 집은 고풍이 있었지만 부모가 죽자 현재의 주조장에 판권을 넘겼다. 지방문화재로나 등록해도 될법한 고가옥이지만 복원이 불가능할 정도로 무너졌다.

돌아갈 배를 타기 위해 선착장으로 가다 초등학교에 들렀다. 아름다운 학교와 그야말로 천연 잔디운동장이 한 폭의 그림 같다. 이 아름다운 학교를 살리는 방법은 없을까? 식당과 교실도 깨끗하니 숙소만 갖추면 훌륭한 공간이 된다.

땀을 뻘뻘 흘리고 마을 구경을 하는 회원들의 다리가 약간 느려진다. 개도막걸리 취기가 올라오기 때문이다. 이런저런 사는 얘기를 하며 천천히 걸어가는 이들에게서 소시민의 행복을 본다.

“야! 꼬마야! 정말 이 섬에 다시 안 올래?”

“아니요!”

아! 그 섬에 가고 싶다!

(10. 08. 22)

식물계에서 홀대 받는 '개'

한라식물원에는 '개' 자가 붙은 나무가 있다

제주특별자치도 제주시 수목원길 40에는 한라수목원이 있다. 1993년 12월 20일에 개원한 수목원은 203,249㎡(61,590평)의 광대한 땅에 1,100종 10만여 본의 수목을 보유하고 있다. 이 중 제주도 자생식물은 790종이고 도외수종은 310종이다. 이곳은 도청에서 5㎞, 1,100도로에서 0.9㎞ 밖에 떨어져 있지 않아 주민들의 산책코스로도 사랑받고 있다.

수목원에서는 멸종위기 야생식물 1급인 한란, 풍란, 죽백란, 만년콩, 돌매화나무와 멸종위기 야생식물 2급인 개가시나무, 갯대추, 대흥란, 물부추, 박달목서, 삼백초, 솔잎란, 순채, 제주고사리삼, 죽절초, 지네발란, 파초일엽, 황근, 으름난초, 자주땅귀, 무주나무, 백운란, 솜다리의 17종을 특별 관리하고 있다.

한라수목원은 전국 최초로 환경부지정 '서식지외 보존기관'으로 지정되어 희귀·멸종위기 식물의 안식처가 되고 있으며, 도심 속 자연학습장으로 크게 각광 받고 있다.

해발고도 167m의 주차장에서 죽림원, 약·식용원을 거쳐 삼림욕장으로 들어서면 온갖 새들이 지저귀는 소리에 여기가 천국인가 하는 생각이 들 정도다. 266m의 광이오름정상에는 식물원을 찾는 사람들이 쉬어가도

수목원 온실에는 열대식물을 위한 온도조절 장치가 설치되어 있었다. 나무 모양새와 나무이름을 구경하던 내 눈을 끈 것들이 있어 자세히 살펴봤다

'개꽃'이라는 말이 있다. 먹을 수 없는 철쭉을 일컫는 흔한 말이다. 참꽃이 먹을 수 있는 진달래일 때에 대비되는 말이다.

록 아담한 정자와 운동시설이 갖춰져 있어 관광객이나 아침 운동하러 오는 시민들의 안식처가 되고 있다.

'개가시나무, 개나리, 개족도리, 개톱날고사리, 개갑수, 한라개승마, 산개벚지나무'

한라개승마와 산개벚지나무를 제외한 나머지 이름은, '개'라는 접두어만 빼고 나면 나무와 식물에 붙은 이름이라는 걸 금방 알 수 있다. 왜 하필 좋은 이름을 두고 '개'자가 붙었을까? 예쁘고 영리하며 사람보다 나은 개도 있는데 이렇게 천대받는 느낌을 주는 이름을 지었을까.

민속식물연구소장 송홍선 씨의 '개'자가 들어간 나무에 대한 설명이다. '개'자가 나무이름 앞에 들어간 경우는 '변변하지 못함'의 뜻으로 쓰인 이름이 대부분이다. '개벚지나무'는 장미과(科)에 속한 갈잎 넓은잎 큰키나무로 '개, 벚지, 나무'가 합쳐진 것이며, 벚나무의 열매(버찌)가 맛이 없는 데서 '개'자가 붙은 것으로 볼 수 있다.

오늘날에는 먹을 수 없는 꽃을 총칭해 개꽃이라 쓰는가 보다. 친구들은 어릴 적 산에 진달래가 피었을 때 달짝지근한 진달래꽃을 따먹으며 참꽃이라 불렀고 땅에 착 달라붙어 독해서 씹을 수 없었던 철쭉을 '개꽃'이라 불렀다.

접두사 '개'자는 우리말의 나무이름에 종종 붙여졌다. 송홍선 씨가 조사해 놓은 자료에도 개산초나무, 개오동, 개다래, 개머루, 개비자나무, 개옻나무, 개잎갈나무, 개암나무 등 10가지나 된다.

한편, 나무이름에서 '개'자는 서로 닮은 나무가 있을 때에 이를 구별하기 위한 수단으로도 썼다. 좋지 않은 나무, 즉 크기가 작거나 아름답지 않거나 쓰임이 적은 나무이름의 앞에 붙여졌다. 과연 '개'자가 붙은 나무 모양새는 그리 호감이 가지 않는다.

또한 '개(또는 갯)'자가 명사로 쓰일 때는 접두사로 쓰일 때와는 뜻이 전혀 다르다. 명사의 '개'자는 '바닷물이 드나드는 곳이나 물이 흐르는 강 또는 내의 주변'을 의미한다. 이때의 '개'자는 뒤쪽의 말에 따라 발음상 사이시옷(ㅅ)이 붙여지는 경우가 많다. 때문에 '개'자는 일반적으로 바닷가 주변을 뜻하는 '갯' 자와 동일하다. 갯버들, 갯대추는 '물가'를 뜻해 붙여진 이름이다

때마침 보슬비가 오는 바람에 운동하던 사람들이 광이오름 정상에 있는 정자에 앉아 쉬면서 담소를 나누고 있었다. 대전에서 근무하다 제주도로 발령을 받아 한라수목원 인근에서 근무한다는 장운수 씨와 얘기를 나눴다.

대전에서 근무하다 제주도로 발령을 받아 한라수목원 인근에서 근무한다는 장운수 씨.

– 수목원에 자주 오십니까?

"매일 아침 5시 반에서 7시까지 수목원 주위를 돌며 산책하면서 운동을 합니다. 오늘(24일)은 비가 오고 일요일이라 사람들이 적지만 평일에는 사람이 많습니다."

– 수목원에 오시는 이유와 제주도의 자연에 대해 말씀해주세요.

"말로 얘기할 수가 없죠. 일단 공기가 좋아요. 환경이 좋고 수목원 코스를 오르락내리락 하면서 하루의 설계를 합니다. 제주도 사람들이 의외로 제주에 자생하는 식물에 관심이 적어요. 한라산 정상에 간 사람도 의외로 적고, 올레길을 왜 가는지 모르겠다고 그래요."

– 정년 후 이사오고 싶은 생각은?

"정년하면 오고 싶은 생각이 있어 아내한테 제주도로 이사 가자고 포섭 중이죠. 캐나다에 갔을 때 환경이 너무 좋아 거기도 생각해봤지만 문

화와 삶이 다르기 때문에 생각을 접었고 제주도는 생각 중입니다."

길을 따라 내려오는 도중에 꿩소리에 고개를 들었다. 10여 미터 밖에서 먹이를 찾는 모습이 신기해 직원한테 기르는 것이냐고 했더니, 산에서 스스로 내려와 산다는 것이다. 사람을 극도로 경계하는 꿩이 사는 곳에서 살면 늙지 않을 것 같다.

'참'이란 이름이 붙은 나무면 어떻고, '개'란 이름이 붙으면 어떠랴… 모두가 자연이고 우리도 모두 자연인 걸.

(10. 10. 28)

'카프리섬이 생각난다'는 금오도 비렁길

여수시 남면 금오도 비렁길

여수시 남면 금오도는 '거무섬'이라고 부르던 섬으로 삼림이 울창하여 검게 보였기 때문에 불리게 된 것을 음이 비슷한 한자로 표기하면서 금오도가 되었다. 금오도는 우리나라에서 21번째로 큰 섬이며, 여수시에서 남동쪽으로 떨어진 돌산도・화태도・월호도・대두라도・소두라도・나발도・횡간도 등과 함께 금오열도를 이루는 중심에 있다.

금오도에서 생산되는 농산물로는 쌀·보리·콩·고추·마늘·고구마 등이며 자급자족이 가능한 섬이다. 연안에서는 멸치·삼치·장어 등이 잡히며 미역·김·등의 양식업이 활발하다. 마을은 낮은 평지와 해안 일대에 산재해 있으며, 해안과 능선을 따라 도로가 나있고, 동서 방향으로 포장되어 있다.

1981년 돌산도·안도와 함께 다도해 해상국립공원으로 지정되어 금오도 지구에 속하게 되었다. 지질은 중생대 백악기 화성암인 중성 화산암류가 대부분을 차지하고 있으며, 최고봉은 서쪽에 솟아 있는 대부산(382m)이다. 기후는 대체로 따뜻하며, 비가 많은 해양성 기후를 나타내고 동백나무가 무성하여 남국적 풍경을 이룬다. 토양은 신생대 제4기의 고온 다습한 기후 환경에서 만들어진 적색토가 널리 분포한다.

금오도에 사람이 살기 시작한 것은 신석기시대부터인데, 이를 뒷받침

하는 자료가 남면 유송리 여천 마을 동쪽 바닷가에 있는 금오도 조개더미 유적이다. 금오도는 조선시대부터 기록에 나타나고 있는데, 주로 바닷길과 왜국의 침입, 소나무를 기르던 봉산(封山), 금오도에 닿은 난민, 금오도 개발 등에 관한 내용이다.

조선시대 금오도는 궁궐을 짓거나 보수할 때, 임금의 관을 짜거나 판옥선 등의 전선(戰船)을 만들 재료인 소나무(황장목)를 기르고 가꾸던 황장봉산(黃腸封山)이었다. 때문에 민간인의 출입이 통제되다가 1885년(고종 22)부터 본격적으로 금오도에 사람이 들어와 살기 시작했다.

카프리섬을 닮은 아름다운 비렁길

최근(2010. 05~10) 금오도에 비렁길이 열렸다. 여수시가 6억 원(국비 3억 원, 시비 3억 원)의 예산을 들여 함구미에서 해안선을 따라 직포까지 설치한 약9㎞의 비렁길은 여유 있는 걸음으로 약 4시간 정도 소요된다. 남해안에서 찾아보기 힘든 해안단구의 벼랑을 따라 조성되었기 때문에 그 이름을 <벼랑길>의 여수 탯말인 <비렁길>로 부른다.

1 여수시 남면 금오도는 '거무섬'이라고 부르던 섬으로 삼림이 울창하여 검게 보였기 때문에 불리게 된 것을 음이 비슷한 한자로 표기하면서 금오도가 되었다

2 금오도에 비렁길은 함구미에서 해안선을 따라 직포까지 설치한 약9㎞로 약 4시간 정도 소요된다

3 초포마을은 금오도에 사람이 처음 들어와 살아서 첫개라고 불리며 마을 입구에 불무골이 보인다. 불무골은 경복궁을 만들 때 금오도에서 나무를 베면서 필요한 연장을 만들던 풀무간(대장간)이 있었던 곳이다

4 절터에서 초포까지의 오솔길은 금오도의 원시림 속에서 다양한 식생을 공부할 수 있는 자연 학습장으로 이보다 더 좋을 수 없다

5 굴등 마을은 현재 사람이 살지 않고 폐허가 된 몇 채의 가옥만이 옛 모습을 상상케 한다

6 초분은 우리나라 장례 풍속의 하나로, 사람이 죽으면 주검을 바로 땅에 묻지 않고, 입관한 뒤 돌 축대나 통나무 위에 관을 올려두고 이엉 등으로 덮어서 만든 임시 무덤을 말한다.

울릉도의 절경인 '내수전'길을 꼭 닮았다고나 할까. 멀리 태평양까지 이어지는 파란 바닷물이 끝없이 펼쳐져 바다와 하늘이 맞닿아 있다. 반짝반짝 빛나는 바닷물이 눈부셔 눈이 시리다.

용머리는 50m내외의 절벽을 이루고 있는데 그 벼랑에 길이 만들어졌으니 아름다움은 상상을 불허한다. 마을 어르신들은 그 절벽위에서 배를 깔고 엎어져 상어를 낚았다고 회상한다. 순천에서 왔다는 한 아주머니가 비렁길에서 가장 아름답다는 '미역널바위' 의자에 걸터앉아 하는 말이다.

"야! 너무 좋다. 안 가고 싶다! 또 오고 싶다! 꼭 이태리 카프리섬 같네."

절벽을 돌아가면 절터가 나오는데 이 절터는 고려시대 보조국사 지눌이 세운 송광사라는 절이다. 절터에서 오른쪽으로 눈을 돌리면 신선대, 굴등, 일종고지, 연도까지 이어지는 절벽들이 금오도가 왜 다도해 해상국립공원인가를 말해준다.

아름다운 경치는 사람들의 시선을 끈다. '인어공주' '하늘과 바다' '혈의 누' '김복남 살인사건의 전말' 등의 영화 촬영지가 됐다. 촬영장소가 됐던 길 옆에 밭이 있는 두 부부(배세연 84세, 윤봉엽 81세)를 만나 얘기를 들었다. 사진을 찍겠다고 할머니한테 얘기하자 할머니가 옷매무새를 고친다. 할머니도 영락없는 여자라는 생각에 웃음이 난다.

"할머니 뭐하세요?"

"응, 지금 채소로 쓰이는 '방풍'을 키우고 있어요. 요걸 여수시내 시장에 갔다 폴면 돈이 생겨. 나는 여그서 나서 여그서 죽어야 헌디. 여그가 뭐 볼 것 있다고 이렇게 사람들이 많이 오는 줄 모르겄어. 토요일허고 일요일이면 사람들이 많이 와요"

"할머니 사진 좀 찍을 게요."

"아이고, 늙은 할매를 뭣헐라고 찍어요."

절터에서 초포까지의 오솔길은 조선시대 임금만 허락한 '황장봉산"'이었던 금오도의 원시림 속에서 다양한 식생을 공부할 수 있는 자연 학습장으로 이보다 더 좋을 수 없다. 하늘과 바다가 만나는 비렁길을 따라 걷다 막걸리 한 잔 했다는 할아버지를 만나 할아버지의 얘기를 들었다 "나 금강산도 가봤는데 금강산 못지않게 아름다운 길이요. 하! 정말 좋아요."

초포마을은 금오도에 사람이 처음 들어와 살아서 첫개(初浦)라고 불리며 마을 입구에 불무골이 보인다. 불무골은 경복궁을 만들 때 금오도에서 나무를 베면서 필요한 연장을 만들던 풀무간(대장간)이 있었던 곳이다. 풀무간은 마을길을 넓히면서 길 아래로 들어가 버리고 풀무간에서 쓰던 조그만 옹달샘만 남아 있다.

시원한 바다를 바라보면서 굴등으로 오른다. 굴등은 절벽위에 형성된 독특한 마을로 낮에 보는 경치도 절경이지만 보름달이 뜨는 밤에는 별이 쏟아지는 모습에 절경이라고 한다. 금오도가 고향인 여수지역사회연구소 김병호 이사장은 "엔디 윌리엄즈나 루이 암스트롱의 문리버(Moon Liver)를 연상하면 된다."고 한다. 굴등 마을은 현재 사람이 살지 않고 폐허가 된 몇 채의 가옥만이 옛 모습을 상상케 한다.

면소재지에서 3㎞ 정도 떨어져 있는 직포마을은 동산이 마을을 감싸고 있고, 남쪽 끝에는 매봉산이 우뚝 솟아 있으며, 바닷가에는 아름다운 해식애가 반달해 있다. 바닷가를 따라 오르는 능선에 노송 30여 그루가 아름다운 조화를 이룬다.

직포라는 명칭은 마을 동쪽 옥녀봉의 선녀인 옥녀가 주변 모하, 두포마을에서 목화와 누에고치를 가져와 이곳에서 베를 짰다고 하여 베틀의 바디(보대)의 이름을 따 '보대'라고 부르다가 한자 이름인 '직포'로 바꿨다.

섬 어느 곳에서나 낚싯대를 드리우면 다양한 어종을 잡을 수 있어 낚시꾼들의 천국이자 아름다운 다도해 해상국립공원을 한눈에 바라보며 영화 촬영지를 볼 수 있는 곳. 금오도가 여러분을 기다린다! (11. 02. 21)

아유! 경이롭죠

여수박람회 찾은 호주교포

19일 호주 시드니 사는 교포가 여수박람회장을 방문했다. 좋은 시골 할아버지처럼 생긴 방용석 씨는 올해 나이 72세로 호주 이민 1세대다.

일찍이 개화한 부모님을 두셔서 그런지 그 나이 또래 사람들과는 달리 젊어서 해외로 진출해 일하면서 세계 역사가 소용돌이치는 현장에 섰었다. "공부 잘하고 바르게 커준 1남 1녀를 둔 운이 좋은 사람."이라고 자신을 소개했다. 살아온 역정에 대해서는 나중에 듣기로 하고 해외 교민으로서 박람회를 본 소감에 대해 물었다.

"아유! 경이롭죠 뭐. 우리나라가 이렇게 발전했다는 게. 우리 세대는 배고픈 세대 아닙니까? 해방, 6·25, 보릿고개, 4·19, 5·16 등 많은 어려움을 겪었죠. 여러 나라를 다니면서 대한민국 여권을 보여주면 이제 무시하지 않습니다. 올림픽, 월드컵 4강, G20정상회담 등을 우리나라에서 개최하고 GNP 2만 달러를 달성했다는 소식을 들으면 자부심이 느껴집니다. 고국에 계신 우리 국민들이 많은 땀과 눈물을 흘렸지 않나 생각합니다."

독실한 기독교 신자로 직업전선에서 은퇴해 노후를 즐기는 그는 1주일에 두 번씩 골프를 즐긴다. 호주 골프래야 2만 원이면 실컷 즐길 수 있으니 건강을 지키는 수단이다. 한 살 아래 부인 이영순 씨와 해마다 해외여행을 즐기는 게 노후를 즐기는 방법 중 하나. 그의 집에는 고종의 친필 휘호가 있었던 걸 기억하며 고종과 부친과의 관계, 살아온 이야기를 해달라고 부탁했다.

“조부가 익산에서 천석꾼 정도를 가진 지역 유지로 일찍이 개화하셔서 단발에 망토를 걸치고, 안경과 구두, 신사복을 입고 다니셨어요. 외할아버지가 교회 장로였고 조부도 장로로 1907년에 교회를 세웠어요. 어머니도 권사이셨으니 기독교 집안이죠. 고종과는 군신관계였고 고종께서 아버지에게 ‘추당’이란 호를 지어주고 친필휘호를 하사하셨습니다. 인촌 김성수씨 하고는 고향이 같아 교류하는 관계였습니다.”

대학시절 수의학과를 졸업했지만 전공과는 무관하게 ‘비넬’이라는 미국계회사에 입사했다. 회사는 미국 재산을 관리하고 한수 이북에 주둔하는 모든 미군을 지원하는 회사다. 월남전이 발발하면서 회사는 미군을 지원하기 위해 사이공에 진출했고 1969년에 사이공으로, 1971년에는 캄보디아 프놈펜에 근무하다가 월남이 패망해 마지막 미군이 철수할 때까지 사이공에 남았지만 무사했다.

월남전이 끝나자 사우디로 건너가 사우디국방부에서 1년을 근무하다 1975년에 이란으로 건너가 이란국방부에서 근무했다. 이란 근무 중 호메이니가 이슬람 혁명(1978년)을 일으켜 팔레비 왕조를 무너뜨린 현장을 지켜보며 마음을 졸였다. 당시 팔레비 왕조는 친미정책을 펼쳤고 호메이니가 반기를 들고 이슬람 혁명을 일으켜 오늘에 이르고 있다.

이란 근무를 마치고 한국이 아닌 호주행을 선택한 이유를 물었다. “저는 외국에서 오래 살아서 외국에 익숙해졌고, 어려서부터 미지의 세계에서 살고 싶었어요. 호주는 잘사는 나라이고 복지가 뛰어난 곳이니까요” 1979년 6월 호주에 처음 이민 갈 때 시드니에는 교민이 얼마 되지 않았다. 막상 호주 이민을 선택했지만 특별한 기술이 없던 방씨는 청소를 시작했다. 상황을 지켜보던 그는 앞으로 교민이 많이 올 거라는 판단에 생선유통 사업을 시작했다.

한국인은 생선을 좋아해 자신이 판 조기만 해도 6,800박스란다. "월남 패망 당시 마지막까지 남았고, 이란의 호메이니 혁명이 일어났을 때도 무사히 식구들을 데리고 호주로 와서 이렇게 잘 사는 건 운이 좋기도 하지만 무엇보다도 어머니의 기도가 있었기 때문이라고 생각한다."는 그에게 호주로 이민 오려는 사람들에게 충고를 해달라는 부탁에 대한 답변이다.

1 여수박람회장을 찾은 호주교포. 왼쪽부터 방용석, 이영순 부부와 방수미, 김상균 부부. 오른쪽은 방영석 씨의 딸과 사위다. 입장권 결재하는데 아멕스카드로 결재가 안돼 마스터카드로 결재를 했다. 외국사람들은 아멕스카드를 많이 사용한다. 외국인들은 어떻게 할 것인가? 시정해야할 사항이다.

2 재미있는 퍼포먼스는 어린이들에게 인기만점

3 기념품 미니 선풍기에 오타가 있다. 오른쪽 아래에 써진 영문 글귀를 보면 "Yeony Suny Mini Pan"이라고 씌어있다. "Mini Pan"이 아니라 선풍기이니까 "Fan"으로 고쳐야 한다. "여수세계박람회 조직위원회의 휘장사용 허가에 따라 제작 되었음"이라는 글귀가 있다.

4 괴물 모습 퍼포먼스에 한 아이가 울음을 터뜨리며 아빠의 등을 두드리자 주위 사람들이 웃었다

"호주는 과거 백호주의에서 다문화국가가 됐어요. 호주라는 나라는 성실하면 잘살 수 있습니다. 특히 남을 배려해야지 교만하면 안 됩니다. 그 사람들도 교만한 사람들은 금방 알더라고요. 예전과 달리 많이 열린 곳이에요."

부인 이영순 씨의 영화 속 한 장면 같은 남편 상봉기

부인 이영순(71세) 씨는 남편보다 한 살이 적다. 서울에서 1남 1녀의 아이들을 보살피며 가사를 돌보던 그녀는 남편이 사우디를 거쳐 이란으로 건너가자 애들을 데리고 이란의 테헤란으로 건너갔다. 하지만 이란에서 공부를 시킬 수 없어 애들을 데리고 다시 한국으로 돌아와 친정어머니께 아이들을 맡기고 이란에 있는 남편과 합류했다.

1978년 10월, 시어머니가 돌아가셨다는 전보를 받고 남편과 함께 귀국해 상을 치르고 이란으로 돌아가는데 남편은 상사직원이라 입국허가가 났지만 이씨는 거절당했다. 호메이니 혁명으로 살벌한 분위기였기 때문이었다.

남편과 합류하기 위해 혼자 팬암 비행기를 타고 도착한 곳은 방콕이었다. 혁명으로 미국에 적대적이었던 이란이 비행기 착륙을 허가하지 않았기 때문에 방콕으로 되돌아왔던 것이다. 이때부터 시작한 여정은 27일 동안이나 유럽의 여러 국가를 전전하게 했다.

이란 테헤란 공항이 열렸다는 소식이 오면 비행기를 타고 테헤란 공항 상공에 도착했다가 착륙허가가 나지 않으면 인근 국가로 다시 회항하기를 여러 차례 했다. 태국 – 파키스탄 – 프랑스 – 벨기에 – 이태리 – 스위스 – 또다시 방콕으로의 길고도 험난한 여정이 계속됐다.

처음 테헤란 공항을 목적지로 삼은 사람이 102명이었으나 마지막까지 남은 사람은 12명이었다. 영어도 서투른 나이 40의 한국 사람을 도와 준

은인이 있었다. 당시 미국에서 치대에 다니는 아들을 보러 미국에 갔다 오던 노부부가 손을 꼭 잡으며 "우리 꼭 같이 가자."고 하며 재워주고 말이 안 통하면 제스처를 통해 안내해줬다.

"심지어 터키와 이란 국경선에 있는 높은 산을 넘어 육로로 이란에 들어가자는 젊은 사람들을 따라 만년설로 쌓여있는 국경을 넘으려는데 할머니와 할아버지가 절대 안 된다. 거기로 가면 죽는다고 말렸어요. 그때 저는 조그만 배낭하나에 간단한 옷만 입었으니…. 그때 그분들 말 안 듣고 젊은 사람들 따라갔으면 죽었을 거에요.

그분들은 생명의 은인인데 전화번호나 알아 놓을 걸 지금도 후회돼요. 허긴 뭐 그럴 경황이 없었죠. 마지막 미국인 가족을 소개시키기 위해 미국비행기가 테헤란 공항에 착륙하자 이란 혁명수비대들이 비행기를 두 줄로 포위하고 총구를 들이대는데 앞이 캄캄하고 아무 생각도 안 났죠. 그래도 전화번호는 알아뒀어야 했는데…. 지금 돌아가셨을 거에요."

박람회장을 둘러보며 "참 잘해 놨다"를 연신 말하던 두 노인들은 다리가 아픈지 자주 의자에 걸터앉아 쉬었다. 오늘따라 개장 이래 최대인 5만 명이 박람회장을 찾아와 바다와 최신식 전시장을 둘러보는 모습을 지켜보던 두 노인의 얼굴에 미소가 번진다.

(12. 05. 20)

호랑이가 살았다는 호곡엔 줄배만 남아…

자전거를 타고 만난 섬진강 길 구석구석

전북 남동부와 전남 북동부를 흐르는 섬진강은 길이 212.3㎞, 유역면적은 4896.5㎢에 이른다. 전북 진안군과 장수군의 경계인 팔공산에서 발원해 진안과 임실, 남원, 곡성을 거쳐 압록 근처에서 보성강과 합류한 후 광양만으로 흘러들어간다.

소백산맥 줄기를 따라 강 양안으로 펼쳐진 멋진 산, 맑은 물, 깨끗한 공기가 만들어내는 섬진강변은 드라이브에 최적이다. 복잡한 일상을 벗어나 가족이나 연인과 함께 때묻지 않은 자연의 숨결을 느끼며 자전거하이킹을 하면 삶이 더없이 행복해진다.

지난 22일(토) 고향에 들렀다가 섬진강 자전거길을 따라 자전거여행을 나섰다. 자전거가 없어 곡성기차마을 종착역이 있는 가정역 인근에 주차를 하고 자전거 대여소를 찾았다.

가게에서 마실 물 두 병을 사고 수건을 자전거에 단단히 매단 후 곡성 섬진강천문대가 있는 다리를 건넜다. 하지가 바로 엊그제인데 성급한 아이들은 벌써 섬진강물에 몸을 담그고 수영을 하고 있다. 누가 이들을 말릴 수 있으랴! 넘치는 에너지는 젊음의 특권이다.

도로 아래 새로 생긴 자전거도로 옆 나무그늘 아래에서는 돗자리를 편

여행객들이 굽는 삼겹살 요리 냄새가 진동한다. 시멘트로 된 잠수교를 따라 천천히 강 건너편으로 간다. 잠수교다리 끝 무렵에 가니 은어 낚시꾼이 물속에서 은어를 잡고 있다. 하지만 내 어린 시절만큼 고기가 많지는 않은지, 신통치 않다.

가정리를 떠나 두가리로 가는 길 주변에는 잔디가 깔린 운동장에서 족구를 하는 사람들이 보인다. 직장 동료인 듯한 그들의 깔깔거림을 뒤로하고 두가리에 도착했다. 중학교 다닐 적 이곳에서 통학하던 예쁜 여학생이 생각난다. 그녀도 지금쯤 많이 늙었겠지!

1 물, 자전거, 자동차, 기차가 함께 달리는 섬진강변 모습 . 오른쪽 산자락 밑에 기차가 달리고 바로 아래에는 자동차, 내가 서있는 곳은 자전거 도로이며 제일 낮은 곳은 섬진강 차지다.

2 기차마을이 끝나는 가정역에서 건너편으로 가는 출렁다리 야경

3 2012년 대한민국 한옥건축 대상을 탔다는 신인수 씨의 집. 아름다운 섬진강과 멋진 조화를 이룬다. 펜션으로도 쓰인다.

4 기차마을 종착역인 송정리에는 캠핑장과 래프팅시설이 설치되어 있어 즐거운 한 때를 가질 수 있다

구례쪽 산 아래에 승마체험장이 보인다. 승마는 고급스포츠로 비싸다는데 여기까지 와서 말을 타는 사람들이 있을까 의아해하며 고개를 들어 앞을 보니 멋진 한옥이 보인다. 그런데 어느 동네에서나 볼 수 있는 한옥이 아니라 대감들이나 살았던 위엄을 갖고 있다. 때마침 손님과 이야기하는 한 아주머니의 우아한 모습에 주인이라는 느낌이 들어 남편과 함께 이야기를 나눴다. 남편 신인수 씨가 집에 대한 이야기를 시작했다.

"이 한옥이 작년에 대한민국 한옥건축대상을 받았어요. 서울에서 회사를 다니다 고향에 내려와 사업을 하던 중 찻집을 운영하기 위해 이곳에 한옥을 지었어요. 원래부터 한옥에 관심이 많았습니다. 이 장소를 선택한 이유는 어릴 적 제가 자라던 옥과(면)의 모습과 비슷한 향기가 나서요. 여름에는 친구들과 수영도 하고 낚시질을 하며 다슬기를 잡았고 겨울에는 썰매를 타던 향수가 저를 불렀죠. 누가 그러데요. 한옥을 지으면 한옥에 묻힌다고. 한옥은 그만큼 손이 많이 간다는 뜻입니다. 하지만 저는 묻히지 않고 즐길 참입니다."

셋이 얘기하던 중 다실에서 차를 마시던 아주머니 네 명이 나오며 신씨에게 한마디 한다.

"아니! 곡성에도 이렇게 예쁜 집이 있었나요?"

뭐가 그리 좋은지를 묻자, "가장 좋은 건 공기죠 뭐. 길을 잘못 들어 이곳에 왔는데 나도 이곳에 이런 집을 짓고 싶네요."라고 신씨가 대답한다.

마천목 장군의 전설이 전해 내려오는 도깨비살

대화를 끝내고 상류 쪽으로 백여 미터 올라가니 자전거를 타고는 도저히 올라갈 수 없는 가파른 고갯길이 나온다. 이곳이 말로만 들었던 '빵덕어멈고개'인가 보다. 얼마나 올라가기가 힘들었으면 빵덕어멈일까 실소하며 조금 더 가니 머리에 뿔난 도깨비가 길가에 서 있다.

이곳은 마천목 장군의 전설이 전해 내려오는 곳이다. 어느 날 마천목 장군의 부모님이 고기를 먹고 싶다고 하자 그는 섬진강을 가로질러 어살을 막으려 했다. 하지만 물살이 너무 세 엄두를 못내고 있었는데 강물 속에 푸른 빛을 띤 돌 하나가 눈에 띄었다.

예쁘고 귀한 돌이라는 생각에 집으로 가져와 잠이 들었다. 장군이 잠을 자는데 꿈 속에 도깨비들이 나타나 "대감님께서 주워온 돌은 우리의 대장입니다."며 돌려줄 것을 간청해 돌려줬다. 이에 도깨비들이 은혜를 갚기 위해 어살을 막아줘 고기를 잡았다는 전설이 있다.

때마침 2인승 자전거를 타고 앞서가는 부부를 만났다. 대전에서 왔고 4대강을 자전거로 여행했다는 남편은 "복장을 안 갖췄기 때문에 사진촬영은 곤란하다."며 인터뷰에 응했다.

"한강부터 낙동강, 영산강, 금강의 4대강을 자전거로 여행했지만 섬진강이 최고입니다. 강이 아기자기하고 자연 그대로이며 인위적이지 않아서 좋아요."

그들과 헤어진 후 백여 미터쯤 달리다 옛날 생각이 나 실소를 했다. 중학교 시절 나무하러 다닐 때 이곳 산 중턱에 커다란 동굴이 보였다. 이른바 '굴바우'다. 지금이야 나무가 우거져 안 보이지만 저 속엔 뭔가 숨겨져 있을 거라고 상상하며 다녔다.

<황금박쥐> 동화에 빠져 호기심에 가득차 있었던 나는 100미터에 달하는 밧줄을 가지고 친구와 동굴 탐험에 나섰다. 그 속에는 해적이나 산적이 보물을 숨겨놔 횡재를 할지도 모른다는 생각에 동굴 앞 커다란 나무에 밧줄을 매고 플래시를 비추며 들어간 동굴은 채 십미터도 못 가 막장이 나왔다.

자전거는 시멘트로 잘 포장된 길을 신나게 달린다. 강가 바위에는 해오라기가 물속을 호시탐탐 노려본다. 갑자기 꿩이 놀라 달아난다. 놀란 가

슴을 진정하고 조금 더 가니 이번에는 까치 서너 마리가 빙글빙글 돈다. 한창 사랑을 나누는 그들을 방해했나 보다.

호랑이가 살았다는 호곡엔 줄배만 손님을 기다리고...

드디어 호곡이다. 이곳은 옛날에 호랑이가 살아 범실이라고도 불렀다. 일제강점기 금광이 있었던 침곡에서 호곡마을로 가려면 섬진강을 가로질러 잡아맨 줄을 잡고 강을 건너는 줄배를 타야만 건널 수 있었다. 사람들이 다 떠난 마을에는 손님을 기다리는 줄배만 하품을 한다.

1㎞쯤 달려 도착한 곳은 고달. 어릴 적 일이다. 강을 두고 맞은편에 살던 우리 동네 아이들과 고달리에 사는 아이들은 백중이면 강을 사이에 둔 채 투석전을 벌였다. 특별히 원한 맺힌 것도 없는데 전통이기도 하고 지지 않겠다는 객기였다. 고달리 살던 친구들도 읍내로 중학교를 다니면서부터는 절친한 친구가 됐다.

남북한도 그렇다. 만나지 않으면 서로 객기를 부리고 적으로 여기지만 만나서 정을 나누면 절친한 친구가 될 수 있다. 자존심만 내세운 채 서로를 불신하며 못 만나게 하는 사람들은 반통일 세력이다.

기름진 옥답이 있었던 곳에 설치된 쓰레기 처리장에 유감

목동에서 읍내로 가는 다리를 건너 출발지로 되돌아온다. 그런데 아! 이럴 수가! 들판 한 가운데 쓰레기 처리장이 있다. 이곳은 섬진강이 쓸고 온 고운 퇴적물이 쌓여 이루어진 그야말로 옥토다. 농사가 너무나 잘됐고 4~5m를 파도 돌이 나오지 않을 정도로 옥답이다. 이런 곳에 쓰레기 처리장을 두다니! 이곳은 아니다. 지자체에서는 무엇을 했단 말인가.

내 고향 오지리를 거쳐 강변을 따라 내려간다. 저 멀리 고달로 가는 잠수교 위에서 낚시질하는 모습이 보인다. 가까이 가니 한 노인이 20여 마

1 비옥한 옥토 위에 쓰레기장이라니!

2 고달로 가는 잠수교에서 할아버지가 피라미를 잡고 있다. 예전만 못 하다고 한다

3 마천목 장군의 도깨비살 전설이 서린 동상.

4 호곡에 가려면 줄배를 타야만 한다. 마을 주민이 떠나 버린 강가에 빈 배만 하품을 한다

5 섬진강 유역에 생긴 습지. 생태계의 보고가 됐다.

6 4년전 귀촌한 홍성수 씨가 가게 주변에 자란 풀을 베고 있다. 섬진강가에서 사는 게 행복하다고 한다

리의 피라미를 잡았다.

"고기 많이 잡았어요?"

"조금 잡았어. 옛날만큼 고기가 많지 않아. 옛날에는 은어가 많아서 압록 사람들이 여기까지 와서 은어를 잡았는데 요즘은 그렇지 않아. 가뭄이라 물이 작기도 하지만 남원과 곡성읍에서 내려오는 물들이 옛날처럼 깨끗하지 않아."

내 어린 시절, 이곳에서는 하루 종일 수영을 해도 눈만 충혈된 채 눈병도 걸리지 않을 정도로 깨끗했다. 은어, 쏘가리, 피라미, 잉어, 붕어, 메기, 가물치, 동자개 등이 넘쳐날 정도로 많았던 마음 속 고향의 강.

물속 모래 위에 서 있으면 발밑을 간질이는 것이 있었다. 발끝에 힘을 주고 앉은 자세로 발밑을 파면 팔뚝만한 모래무지가 잡혔다. 그런데 물 색깔을 보니 옛날처럼 맑지가 않다. 친구들과 하루 종일 뛰놀며 물새알을 줍던 옛날 강물이 아니라 서글퍼진다.

500m를 더 가니 오른쪽에 시멘트 전봇대를 생산하던 삼원기업이 나타난다. 군 제대 후 학비가 없어 이곳에서 1년 동안 일해 대학에 진학했다. 감개가 무량하다. 용접 배우던 초기 엄청 눈이 아파 고생했고, 추운 겨울밤 휘몰아치는 강바람을 맞으며 야근하며 용접했던 곳이다. 이 공장은 최고의 품질을 자랑하는 섬진강 은모래를 원료로 한다.

아까부터 먹구름으로 캄캄해진 하늘에서 비가 후두둑 내린다. 비도 내리고 자전거를 반납하기로 약속한 시간이 다 됐다. 속도를 내서 달리는데 기차마을에서 출발한 기차가 소리를 내며 나와 함께 달린다.

천천히 달리는 옛날 기차! 내가 이기나 기차가 이기나 시합해보자며 페달을 밟는다. 그런데 달리는 건 나뿐만 아니다. 강물도, 나도, 자동차도 기차도 함께 달린다. 야! 달려라! 지친 일상에서 벗어나 멋진 추억을 향해!

출발지로 되돌아 왔다. 식당과 자전거 대여점을 하는 구름다리 가든 주인 홍성수 씨는 귀촌을 했다. 종로에서 살다 귀촌한 지 4년 됐는데, 행복하단다. 그에게 귀촌한 이유를 들어봤다.

"50대 초반부터 전원생활을 꿈꾸며 전국을 돌아다니다 이곳을 선택했어요. 도시사람이 농사짓는다며 귀농한다고 하는 것은 농민들을 모독하는 거죠. 알아본 바에 의하면 농사는 아무나 하는 게 아닙니다. 제 것만 어렵고 남의 것은 쉽다고 생각하는 것은 망하는 길입니다. 식구들은 처음에 90% 반대했어요. 지금은 50%는 좋다고 해요. 돈이 많아도, 서울대를 나와도 꼭 행복한 것은 아니에요. 여기 사는 저는 지금 행복합니다."

홍씨 부인은 곡성으로 이사 올 당시에는 3시간밖에 못 잤고 우울증에 걸렸다. 한번도 해본 적 없는 식당 경영이 두려웠고 아는 사람도 없는 것에 적응이 안 됐기 때문이다. "이제 좋은 이웃도 생기고, 서울 있었으면 매일 병원에 다닐 텐데 병원을 안 다니니 좋아요."라고 말하는 그녀에게서 행복을 본다.

3시간여 동안 20여 킬로미터를 달리며 환상 속 동화 나라를 달리다 현실로 돌아간다. 갑자기 배낭여행했던 시절이 생각난다. 유럽 배낭여행할 때 라인강을 달리는 유람선을 타고 로렐라이 전설이 있는 현장을 방문했다. 노래로 유명해진 로렐라이 상을 바라보며 느꼈던 심정이 떠올랐다.

"애걔! 이 정도 가지고 그렇게 호들갑을 떨었네. 곡성 섬진강은 이보다 훨씬 더 아름다운데!

(13. 06. 27)

서씨 남자는 패가망신하거나 죽거나... 묘한 섬이네

고양이를 닮은 섬 묘도... 이순신이 전사한 노량해전의 무대

전남 여수시와 광양시를 구분하는 경계는 광양만이다. 광양만 한 가운데에는 고양이를 닮은 섬, 묘도(猫島, 고양이 섬)가 있다. 묘도는 총면적 9.54㎢의 작은 섬으로 묘읍, 온동, 창촌, 광양포, 도독의 5개 마을이 있다. 이 곳에 처음 사람이 들어온 것은 기원 전으로 추정되나 완전하게 마을을 형성한 것은 약 500~600년 전으로 보인다.

묘도를 소개하는 <묘도동 마을 유래>지에 의하면 묘도 인근에는 서치도, 일명 쥐섬이 있었다. 또 근처에는 우순도라는 섬이 있는데 원래는 '누른밥 섬'이라고 불렸다고 한다. 서치도에서 묘도를 바라보면 마치 고양이가 쥐를 먹기 위하여 입을 벌리고 있는 것 같은 형국이다. 옛부터 전해 오는 전설에 따르면 쥐의 몸(서치도)보다 열 배나 더 큰 누룽지를 가진 섬이 고양이 입(묘도) 앞에 있다고 해 '우순도'라 했다. 묘도는 고양이가 쥐와 누룽지를 놓고 어느 것부터 먹을까 하는 형상이어서 큰 인물은 나지 않더라도 의식주만은 걱정이 없을 것이라는 이야기가 전한다.

헌데 인터넷에서 광양만을 검색하면 묘도 앞에 서치도만 나오고 우순도는 이순신대교 바로 아래에 있는 걸로 나온다. 때문에 우순도와 서치도, 묘도의 위치가 불명확해 전해 내려오는 전설과는 괴리가 있다. 전설의 내용을 확인하기 위해 묘도 출신 향토사학자 심재수 씨를 만났다.

"옛날 지도에는 정확히 나와 있었는데 지도가 개편이 되면서 섬 명칭이 잘못되었어요. 우순도는 소가 누워 있는 형국이라서 우순도라고 불렀고 바로 인근에 조그만 쥐섬이 있었죠. 그런데 지금은 우순도와 쥐섬이 매립이 되어 여수국가산업단지로 편입돼 없어졌어요. 일명 쥐섬이라고 부르는 서치도는 쥐섬이 아니라 황도(누룽지섬)이고 매립된 쥐섬보다 열배 정도 컸으니까 제 설명이 맞아요."

우연의 일치일까? 묘도에는 특이한 전설이 전해 내려온다. 구전에 의하면 이 섬에서 누가 살든 의식주만은 걱정 없이 살 수 있지만 이상하게도 서(鼠, 쥐)씨 성을 가진 사람은 살 수 없다고 하며 실제로 서씨 성은 한 세대도 살지 않고 있다. 이 마을로 시집온 서씨 아낙네는 살아가지만 서씨 성을 가진 남자는 패가망신해 다른 곳으로 이주하거나 아니면 시름시름 아파서 죽거나 아니면 갑자기 사망했다고 전해진다.

네이버 지도를 이용해 새로 편집한 광양만 지도. 묘도는 순천왜성에 갇혀있는 왜수군의 퇴로를 막은 요충지였다. 광양제철쪽은 진린 도독이 지휘하는 명나라 수군이, 여수 국가산업단지쪽은 이순신 장군이 지휘하는 조선수군이 퇴로를 막았다. 조명 연합수군이 임진, 정유의 7년 왜란을 끝낸 노량해전의 마지막 출전지가 묘도다.

또한 이 섬의 꼬리, 남해군 쪽에 있는 고양이 꼬리 부분에 유두라는 지명이 있다. 그래서 일제 시대 일본인들이 석유가 나올 것이라며 답사 작업을 했지만 허사였단다. 그런데 지금은 GS칼텍스의 원유 부두가 설치돼 대형 유조선이 정박한다. 선조들의 선견지명이 예사롭지 않은 대목이다.

남해섬이 남해에서 오는 큰 파도를 막아주고 여수와 광양의 중간에 위치할 뿐만 아니라 남해대교 쪽을 통과해 부산까지 갈 수 있는 요충에 있는 묘도. 예나 지금이나 군사, 교통의 중심이다. 이러한 지리적 이점을 옛날 사람이라고 해서 모를 까닭이 없다.

왜군의 숨통을 틀어막은 요충… 조·명 연합수군의 마지막 출전지

정유재란(1597~1598) 때, 이순신의 명량해전 승리와 조·명 연합군의 사로병진 작전으로 진퇴양란의 위기에 빠진 왜군은 철군의 기회를 엿보고 있었다. 묘도에서 북서쪽으로 12㎞떨어진 곳에는 고니시 유키나가가 왜성(예교성)을 쌓고 퇴로를 엿보고 있었다.

묘도에서 광양제철을 마주보는 해안가에는 도독마을이 있다. 정유재란 시절 이곳 도독마을에는 명나라 진린 도독이 일본 왜군을 치기 위해 주둔했다. 도독마을은 진 도독이 주둔한 것을 기려서 지은 이름이다. 진 도독은 광양제철 쪽 깊은 바다를 지켰고, 이순신 장군이 지휘하는 조선 수군은 묘도의 선장개에 주둔하면서 현재 GS칼텍스 쪽 얕은 바다를 지켰다.

묘도에서 왜군이 주둔한 순천 예교성을 바라볼 수 있는 가장 높은 곳인 봉화산(246m)에는 그 옛날 위급시에 봉화를 올린 생생한 현장이 있다. 하지만 접근성이 떨어져 시민들이 쉽게 접근할 수 있도록 현재 개보수 작업 중이다.

정유재란이 끝나가던 1598년 9월부터 11월까지 조선과 명나라 연합수군은 왜교성 탈환을 위해 10여 차례 격전을 치렀지만 성을 점령하지 못했다. 하지만 일본으로 탈출할 방도가 막힌 왜군을 구하기 위해 무술년(1598년) 11월 18일과 19일, 사천과 남해 등지에 주둔 중인 왜군이 온다는 연락을 받았다. 조·명 연합군은 유키나가의 구원군이 올 경우 앞뒤에서 협공을 받을 염려가 있어 구원군을 먼저 공격하기로 작전을 세우고 묘도에서 14㎞쯤 떨어진 노량해협 근처로 함대를 이동했다.

11월 19일 새벽 2시. 양측 함대가 서로 조우하면서 시작된 전투는 19일 정오경에 연합함대의 대승으로 끝났다. 노량해전에 참전한 일본 측 함대는 500여 척에 달했는데 명나라 수군 300여 척과 조선수군 80여 척이 함께 뒤엉켜 처절한 싸움을 했다. 노량해전은 임진왜란의 대미를 승리로 장식한 역사적인 의미가 있지만 이순신 장군과 수많은 조선수군도 전사했다.

옛날에는 황금바다였으나 지금은 활기를 잃어

도독마을에는 현재 36세대가 살고 있다. 바지락과 고기가 넘쳐나는 황금바다이자 콩, 고구마, 참깨 같은 농산물이 풍부해 살기 좋은 마을이었던 이곳은 현재 활기를 잃었다. 남아있는 주민 대부분이 노인들이기도 하지만 환경변화 탓이 크다.

이곳에서는 간이 상수도가 있지만 염수가 나와 물을 마시지 못한다. 그 흔하던 바지락도 시원치 않고 외항선이나 큰 배가 지나갈 때 사리의 만조시에는 도로에 물이 넘친다. 때마침 바지락 양식장에서 바지락을 채취하고 집으로 돌아가던 박성병(65세)씨를 만나 마을 현황을 들었다.

"식물이 잠을 자야 하는데 광양제철과 컨테이너 부두에서 불을 환히 밝혀 식물이 결실을 못해 재배가 안 돼요. 공해로 노인들이 암에 걸려 돌아가시기도 합니다. 1968년 이전에는 골짜기에 흐르는 물을 마셨죠. 당시

1 2012년 완성된 이순신대교 건너편에 광양제철의 모습이 보인다. 진린도독이 지휘하는 명나라 수군이 앞에 보이는 바다를 막아 왜군의 퇴로를 차단했다.

2 명나라 수군장수 진린도독이 주둔하면서 왜군을 막은 도독마을. 진린도독을 기념해 붙여진 이름이다.

3 조선과 명나라 연합수군과 왜 수군의 동정을 살피고 전투현황을 알렸을 묘도 봉수대(246m). 접근성이 떨어져 현재 개보수 중이다.

4 묘도의 봉화산에서 바라본 여수국가산업단지 모습. 이순신 장군이 지휘하는 조선수군이 앞에 보이는 바다를 막아 왜군의 퇴로를 차단했다.

5 이순신 장군이 지휘하는 조선수군이 주둔했던 선장개 모습.

6 도독마을 이장을 했었다는 박성병 씨가 마을의 유래와 현황에 대해 설명해줬다. 뒤에 논처럼 보이는 것은 바지락 양식장이다.

다슬기, 고동이 있었는데 지금은 찾아볼래야 찾아볼 수가 없어요. 옛날 곡우 때는 개구리 울음소리를 들을 수 있었는데 요즘 참새도 구경할 수 없어요.”

작년 이순신 대교의 개통으로 교통은 더욱 좋아졌지만 공해로 생활환경은 나빠진 묘도. 의식주 걱정은 없다던 옛 전설은 빗나간 것인가? 묘도에서 노량해협까지는 10여㎞, 여수에서 노량해협까지는 20여㎞에 불과하다. 왜군의 숨통을 틀어쥐고 임진·정유의 7년 전쟁을 마무리하는 데 귀중한 역할을 한 묘도의 가치를 뒤돌아 볼 때다.

(13. 10. 11)

우리나라 최초의 당구장인데… 고증할 방법이 없네

전략적 요충지였던 거문도… 일본식 가옥과 테니스장 등 볼거리도

거문도는 고흥반도에서 남쪽으로 약 40㎞ 떨어져 있는 섬이다. 고도(0.83㎢). 동도(3.4㎢), 서도(7.77㎢)의 3섬으로 이루어져 있으며, 주위에 소삼부도와 대삼부도가 있다. 고도는 거문리라고도 부른다.

거문도에는 동도의 망향산(247m)을 비롯해 서도의 음달산(237m), 수월산(128m) 등 비교적 급경사 기복이 심한 산지로 이뤄져 있다. 동도의 남쪽 해안은 높은 해식애가 발달해 있다. 거문도는 1885년 영국 동양함대가 불법점거하며 '해밀턴 항'이라고 불리며 유명해졌다.

'포트 해밀턴(Port Hamilton)', 1845년 당시 2,000여 명이 살고 있던 거문도를 처음 발견한 영국 함내가 붙인 이름이다. 해밀턴은 당시 영국 해군성 차관의 이름이다. 십여 년 뒤인 1854년에는 러시아 해군이, 1867년에는 미국 해군이 거문도에 기항했다.

1885년 4월에는 러시아의 남하를 막는다며 영국 해군 군함 여섯 척과 상선 두 척이 거문도를 무단 점거했다. 이것이 유명한 거문도 사건이다. 지리적으로 거문도는 일본 규슈와 164㎞, 대마도와 168㎞, 부산과 197㎞ 떨어져 있다. 일본이 부산보다 가까운 거리에 있어 일본 어부들이 하룻밤 뱃길로 거문도까지 와서 조업을 했다.

거문도 사람들의 가장 큰 자랑거리는 육지에서 멀리 떨어진 섬인데도 불구하고 옛날부터 주민의 학문 수준이 높았고, 우리나라 어느 곳보다 빨리 전기가 들어왔으며 테니스와 당구도 가장 빨리 보급된 섬이라는 것이다.

거문도라는 명칭에는 내력이 있다. 구한말 청의 북양대신 이홍장 휘하에서 북양수사제독을 지내던 정여창이 영국군이 거문도를 점령하자 사건의 내용을 조사하러 섬에 도착했다. 주민 중에 중국말을 할 줄 아는 사람이 없어 필담으로 주고받는데 정여창이 '국화발(菊花發)'이라는 세 글자를 내밀자 아는 이가 없었다. 이때 주민 중에 김유라는 사람이 곶감 한 상자를 중국 배에 보내도록 해 정여창이 놀랐다. "이런 작은 섬에 거유가 있는 것을 미처 몰랐다."며 "섬의 이름을 거마도라고 부르기보다는 큰 학자가 있는 곳이라는 뜻의 거문도(巨文島)로 바꿔 부르자."고 주장했다.

거문도에 처음으로 정착한 일본인은 고야마 미쯔다사라는 사람이지만 거문도를 어업 전진기지로 만든 이는 기무라 추타로다. 당시(1906년) 35세이던 그는 아내와 셋째 아들을 데리고 거문도로 이주해 정치망으로 대성공을 거뒀다.

그 무렵 조선의 망어법은 달이 없는 밤중에 고기잡이 불을 피워 정어리 등의 고기를 모은 다음 작은 배 2척이 망을 잡고 있으면 요선이 대나무 장대로 수면을 두드리고 돌을 던져 고기를 그물로 몰아넣어 잡는 원시적인 방법이었다.

당시 거문도산 정어리는 교토와 오사카 등 간사이의 요정에서 '기름이 배어나오지 않고 윤기가 좋으며 항상 은색으로 빛나고 맛은 최고'라는 찬사를 받아 다른 정어리의 배 이상의 가격으로 팔렸다.

지난 주말(11월 30일) 거문도를 방문한 길에 거문도가 지닌 수난의 역사 현장을 보고 싶었다. 때마침 여수시의회 의원을 지냈고 현재는 거문리 이장을 맡고 있는 지원영 씨와 연락이 닿아 거문리에 있는 일제 유적과 영국군 유적을 들여다 볼 수 있었다.

"일본 사람들이 거문도에 와서 조업을 하고 거문리를 개발할 때까지는 거문리에는 사람이 살고 있지 않았어요. 일본인들이 살고 정어리 가공 공장이 있어 조선인들이 돈 벌러 거문리에 들어갔었죠. 당시 조선 사람들은 거문리를 왜섬, 또는 이(異)섬이라고 불렀죠. 지금은 거문도의 중심이고 행정기관도 여기 있습니다."

그를 따라 거문리 중심을 돌자 일본식 주택이 보인다. 대부분이 이층 목조 가옥이다. 현재는 개축하거나 리모델링했지만 겉모습은 일본식 구조를 한 가옥이 여럿이다. 현재의 '고도민박'도 일본인 상대 요정이었다. 현재 우체국으로 사용되는 건물은 요정→ 파출소→ 우체국으로 변신해 오늘날 주민들에게 소식을 전하는 행정 기관이 됐다.

삼산면 사무소 옆의 석조 건물은 현재 자료 전시관으로 사용되고 있지만 자유당 시절 삼산면 의사당 건물이다. 현재 '통안(통처럼 생긴 안쪽이라는 뜻)'에는 풍랑이 심할 때면 작은 선박의 피항지다. 이 통안을 끼고도는 도로변에는 일제 강점기 시절 지은 집들이 상가나 민박집으로 사용된다.

'샘물 노래방'은 일제 강점기 시절 가옥의 지붕이 그대로 남아 있다. '황토민박' 집주인의 허락을 받아 이층으로 올라가니 다다미 바닥을 장판으로 바꾼 것 빼고는 옛날 모습이 그대로 남아 있었다. 주인장의 얘기다.

"옛날 이곳에 살았던 일본인 후손들이 거문도를 찾아와 이 방을 보고 환장해부러요. 옛날 일본식 가옥 모습이 그대로 남아있다고요."

일제 강점기 시절 신사터를 둘러싼 난간은 철제 울타리로 보수해 당국에서 관리하고 있다. 안내하던 지원영 이장은 "어린 시절 이 울타리는 대나무로 둘러쳐져 있었어요. 패전 위기에 처한 일제가 철근이 부족해 여기 둘러쳐진 철제 울타리까지 뜯어갔기 때문입니다."라며 어린 시절 모습을 회상했다.

1 불탄봉에서 바라본 거문도 모습. 가운데 보이는 섬이 고도라 불렸던 거문리다. 서도와 동도 다리로 연결돼 아름다운 세 섬을 걸어서 돌아볼 수 있다.

2 주인장은 우리나라 최초의 당구장이라고 하지만 지원영 이장은 확답을 할 수 없다고 한다

3 바로 앞에 보이는 것이 일본의 신사터이고 뒤에 보이는 거문초등학교 자리에는 영국군 막사가 있었다.

4 영국군 묘지. 영국군 주둔 당시 죽었던 수병들이 묻힌 자리다.

5 일본과 청나라를 연결했던 해저 케이블 모습. 거문도는 강대국들이 탐낼 만큼 교통과 전략적 요충이었다.

6 우리나라 최초로 추정되는 테니스장 모습. 사용하지 않아 잡초만 자라고 있다. 고증이 안돼 확답은 못한다는 지원영 이장의 설명이다.

신사 건너편 거문초등학교는 영국군이 주둔했던 자리이고 바로 옆은 테니스장이라는데 고증할 길이 없단다. 다만 신사 바로 아래에 소재한 개인 소유의 테니스장에는 풀만 나뒹굴고 있었다. 이 테니스장을 영국군이 만든 것이라면 우리나라 최초의 테니스장이 된다.

점심을 먹었던 식당 바로 옆에는 당구장이 있다. 주인은 "이 당구장이 우리나라 최초의 당구장입니다"라고 말했지만 고증이 안 됐다고 한다. 골목길을 따라 거문초등학교 앞을 지나면 신선바위가 보인다. 바로 옆에

1 지원영 이장의 뒷편에 일제 강점기 시절 일본식 가옥들이 여러 채 보인다. 대부분 리모델링했지만 겉모습은 당시의 모습을 간직하고 있다.

2 하늘을 향한 채 건조되고 있는 물고기가 어촌임을 실감케 한다.

3 일제 강점기 시절의 방 구조를 간직한 '황토민박' 집 내부. 에어컨과 TV만 설치했다. 이곳에서 잠을 잤던 일본인들은 환호성을 지른다고 한다.

4 불탄봉에 있는 일본군 관측소. 내부에 포탄을 피하기 위해 ㄱ자 넓은 방이 있다. 일본군 군사시설물 17개가 우리의 아픈 역사를 증언한다.

는 영국군이 거문도를 불법 점거할 당시 죽은 아홉 명의 수군 묘비가 있었지만 현재는 두 기의 묘비만 보인다.

일본인들이 만들었다는 방파제를 따라 100여m쯤 가면 쓰레기 소각장 뒤편에 철근을 꼬아 만든 전선줄을 기념해 만든 '거문도 해저케이블 육양 지점'이 나온다. 이곳에서 청국과 일본 등으로 전선을 연결한 곳이니 거문도는 육지의 어떤 곳보다도 더 빨리 근대화의 물결을 맛본 곳이다.

거문도 선착장 건너편에는 '불탄봉'이 있다. 서도를 연결하는 다리를 건너 30분쯤 올라가면 정상 부분이 보인다. 이곳에 서면 태평양을 오가는 모든 선박을 감시할 수 있는 일본군 감시초소가 있었다.

1944년 12월말 일본군총사령부는 연안을 중심으로 방어시설을 구축했다. 당시 일본군이 구축한 시설물로는 동도리 해안가의 동굴 7개, 음달산 군사시설물, 불탄봉 관측시설, 거문리의 참호와 교통호 등 17곳에 달한다.

불탄봉 정상에서 바라본 거문도. 툭 터진 바다와 아름다운 거문도의 모습에 황홀했지만 한편으론 우리의 아픈 역사를 돌아볼 수가 있었다. 저 멀리 동도와 서도를 연결하는 다리 공사가 한창이다. 내년이면 완공된다고 하니 3섬을 걸어서 돌아볼 날도 머지않았다.

거문도에 가면 아름다운 섬 거문도·백도와 우리의 문화유산을 돌아볼 수 있다. (13. 12. 05)

여자가 이겨야 풍년 들어!

고향의 달집태우기 현장에 가다

음력 정월 대보름인 14일(금) 볼일이 있어 고향을 찾았다. 셀 수도 없이 많이 지나다녔던 금천교를 지나다 다리 아래를 보니 커다란 달집이 세워져 있었다. 저녁에 대보름 맞이 달집태우기 행사를 위해서다.

달집이 세워진 개울가는 친구들과 고기도 잡고 헤엄을 치기도 하고 짓궂은 장난도 치며 놀던 현장이다. 어른들로부터 "저 곳은 동네의 아픈 역사를 간직한 현장"이라는 소리도 여러 번 듣고 자랐다.

잘 됐다 싶었다. 그동안 여러 동네에 얽힌 사연을 취재했는데 정작 내가 태어나고 자란 이곳에 대해서는 한마디도 안 했으니 온 김에 동네 이야기를 하기로 작성했다. 내 고향은 전라남도 곡성군 오곡면 오지리 3구(동동)다. 지금이야 곡성역이 읍내로 이사를 갔지만 기차마을로 유명한 곡성역은 원래 우리 동네 가까이 있었다.

장난을 좋아했던 직장 후배들은 "형님! 오지리가 아니고 모지리 아니여? 아니면 얼마나 골짜기 동네였으면 오지리여?"하고 놀렸지만 곡성 평야가 펼쳐지는 평야지대에 있다. 이름만 상상하고 집에 놀러왔던 친구들은 툭 터진 평야지대를 보고 깜짝 놀라기도 했다.

한양 4대문을 본받아 4대문이 있었던 마을

곡성읍에서 구례쪽으로 1.8㎞쯤 가면 고향인 오지리가 있다. 마을 중심부에는 지방도 840호선이 지나가 위 아랫동네가 갈라져 있는 것처럼 보이지만 기실은 6개(동동, 남동, 전동, 후동, 내동, 상동) 마을이 한 곳에 모여 있어 굉장히 큰 동네라는 의미의 대리(大里)라 불렸다. 현재는 내동을 폐지하고 당산, 신동, 창동을 추가해 8개 행정구로 구분한다.

내가 다니던 오곡초등학교는 학생 수가 6백 명이 넘고 학생을 수용할 공간이 없어 2부제 수업까지 했다. 하지만 그런 학교가 지금은 학생이 없어 폐교됐다. 동네 아이들은 읍내로 진학을 하고 있으니 마음이 착잡하다.

1 대보름 달집태우기 행사가 열린 전남 곡성 오곡면 금천천변 모습

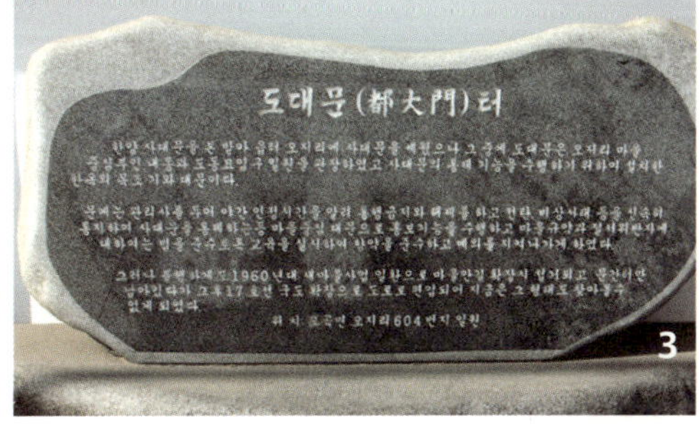

2 한양 4대문을 본따 4대문이 있었던 고향마을의 중심인 도동묘. 주자와 안향을 모시고 매년 제사도 지낸다

3 도동묘로 들어가는 도대문터에 관한 내용이 자세히 기록된 비석

면사무소에 들러 마을 유래를 살펴보았다. 마을 안과 주위에 산재한 고인돌의 분포와 구성 저수지 북쪽에 위치한 금성산성 유적으로 보아 마한시대와 상고시대부터 상당한 규모의 큰 마을이 형성되었을 것으로 추정하지만 기록은 없다. 다만 1446년경 진주강씨인 강우덕이 이주해 정착했다는 기록만 있다.

고인돌이 뭔지 전혀 모르던 시절이다. 우리 동네는 평야지대라 커다란 바위가 마을 가운데 있을 리가 없는데도 몇몇 집에 가면 커다란 바위들이 있었다. 친구들은 "왜 동네 한가운데 이렇게 큰 돌이 있을까? 옛날 기중기 같은 기계가 없어 그냥 그대로 두고 담벼락으로 이용했겠지." 하고 친구들과 추정했었다.

예로부터 큰마을 '대리(大里)'라 불렀던 마을은 일명 '옷갓' 마을이라고 불렀다. 지금도 노인들은 '옷갓댁'이라고 부르는 사람도 있다. 이는 마을의 형세가 옷(衣)과 갓(冠)의 산형지세를 닮았다는 데서 연유됐다. 한편으로는 '의관만 번듯하게 차려입은 양반들이 많이 산다'는 비어에서 비롯됐다고 한다.

'오지(梧枝)'는 곡성의 진산인 동악산의 형세가 풍수지리상 봉황새가 알을 품고 있는 형국인 '비봉포란혈(飛鳳抱卵穴)'이어서 죽동(竹洞), 죽곡(竹谷), 서봉(棲鳳), 유봉(留鳳) 등과 함께 '봉서오지(鳳棲梧枝)' 즉, 봉황은 대나무열매가 아니면 먹지를 않고, 오동나무가 아니면 앉지를 않고 맛좋은 물이 아니면 마시지 않는다' 하여 붙여진 이름이다. 이러한 연유로 곡성에는 오동나무 오(梧)자와 봉황 봉(鳳)자가 들어간 지명이 많다.

실제로 어릴 적에는 동네 곳곳에 오동나무가 많이 자랐고 오동나무 꽃이 피면 그 향기가 마을 전체에 진동했었다. 오지리 모든 마을에는 조선조 중엽부터 도둑을 방지하기 위해 동서남북에 4대문을 달아 아침저녁으로 시간을 정해 열고 닫았다. 이로써 전란에도 방범이 잘 되어 인명과 재산피해를 덜었다.

내 고향집이 있는 동동을 안내하는 표지석에는 임진왜란 시절 모함을 받아 감옥에 갇혔다가 백의종군 명령을 받아 전라좌수영으로 향하던 이순신 장군이 동문으로 들어와 군인들을 모았다는 기록이 있다.

1 다리 옆 어귀에 세워진 충혼탑. 1951년 9월 29일 이현상이 이끄는 빨치산 600여 명이 동네로 쳐들어왔지만 다음날 아침 동네는 함락되고 당시 맞서 싸웠던 청년단원 10명이 전사한 것을 기려 충혼탑을 세웠다. 충혼탑에서 10미터쯤 떨어진 웅덩이에는 그날 죽은 빨치산 7명의 시신들이 나딩구는 걸 형님(당시 초등학교 4년)은 보았다고 전해준다

2 금천농악대의 지신밟기 놀이모습

3 달집태우기 행사가 열리기 전 남자와 여자로 나눠 줄다리기가 열린다. 여자는 동편, 남자는 서편에 서며 여자가 이겨야 풍년이 든다는 전설이 있어 남자들이 져준다고 한다. 뒷편에 보이는 다리위에는 63년전 군경토벌대가 기관총 두대를 거치해놓고 빨치산 협력자 색출작업을 해 억울한 동네주민이 많이 죽었다

4 고향집에서 10미터 쯤 떨어진 마을회관 앞에는 동네 형님들과 백 살이 거의 다된 친구 아버지가 햇빛을 쬐며 담소하고 있었다. 바로 옆에 있는 마을 기념비석에는 백의종군차 전라좌수영으로 내려가던 이순신 장군이 들러 모병했다는 얘기가 적혀있다

동문지기 집 외벽은 총탄을 막기 위해 두께가 1미터쯤 됐다

내가 자랐던 동동에는 이른바 '동문지기' 집이 있었다. 그 집에 들어가면 흙과 돌로 된 바깥쪽 외벽이 거의 1미터쯤 됐다. "다른 집은 별로 안 두꺼운데 이 집만 왜 이렇게 두꺼울까?" 하는 궁금증은 나이를 먹어가면서 풀렸다.

1948년 여순사건이 터지고 1950년 6·25전쟁이 발발했다. 유엔군이 참전하자 여순사건 주동자와 인민군 패잔병들이 지리산으로 숨어들었다. 군경토벌대에 쫓긴 지리산 빨치산들은 식량과 전쟁물자 보급을 위해 지리산 주변 산간마을을 점령해 보급품을 획득하며 군경과 싸웠다.

지리산 주변 산간마을은 낮에는 군경의 세상, 밤에는 빨치산의 세상이었다고 전한다. 그러나 아무리 날고 긴다는 빨치산도 곡성경찰서와 가까운 평야지대인 이 동네를 점령하기는 쉽지 않았을 터다.

6·25전쟁이 한창일 무렵 최전선에서는 국군과 유엔군이 북한 인민군과 중공군에 맞서 물고 물리는 치열한 전쟁이 벌어졌지만 지리산 일대에서도 토벌군과 빨치산간에 혈전이 벌어지고 있었다. 빨치산 본부가 있는 피아골에서 산동을 거쳐 산 하나를 넘고 섬진강만 건너면 우리 마을이다.

1951년 9월 20일 밤 빨치산 사령관 이현상부대 병력 600명이 오곡면 소재지인 오지리에 쳐들어왔다. 제대로 된 무기가 없는 주민들은 청년단원 65명(단장 안학선)을 중심으로 똘똘 뭉쳐 밤새 싸웠지만 이튿날 마을이 점령되고 오전 9시 30분경에 10명의 단원이 전사했다. 당시 마을 주변에는 소나무로 방책을 두르고 수류탄이 날아드는 것을 방지하기 위해 대나무를 높이 꽂아놨었다고 한다.

빨치산에게 마을이 함락된 직후 빨치산들은 동네주민들을 선동해 곡성경찰서를 불태우자고 선동했고 참여하지 않은 사람은 그만큼의 대가를 치러야 했다. 그러나 광주와 남원 구례의 세 방면에서 진압군이 들어오자 이들은 퇴각했고 이번에는 마을 주민들이 또 한 번의 대가를 치러야 했다.

진압군들은 마을의 모든 주민을 다리 아래로 모여 일렬종대로 서게 했다. 다리 위에는 기관총 두 대가 거치되어 있었고 당시 초등학교 4학년이었던 큰형님도 친구들과 모든 과정을 지켜보았다.

"나오라고 했는데 나오지 않고 집에 숨어 있었던 사람들은 총살당했지. 그날 억울한 사람 많이 죽었어. 진압군 중 한 명이 대나무 끝에 가죽 채찍이 달린 채찍을 들고 사람들 사이를 걸어가며 서 있는 주민들 얼굴을 빤히 쳐다보면 죄 있는 사람은 얼굴이 빨개졌나봐. 얼굴색이 변하면 '너 나와!' 하면서 군용차에 싣고 가서 총살해버렸지."

달집태우기 행사의 의미... 주민화합과 풍년기원

달집태우기 행사 준비에 바쁜 오곡면 청년회장 조현종 씨를 만났다. 오곡면 청년회원의 자격은 45세 이하라야 한다. 청년회에서는 5백~7백 명이 참여할 달집태우기 행사를 위해 돼지 10마리를 잡고 음식을 준비했다. 조현종 청년회장과 대화를 나눴다.

"달집을 태우는 것은 주민화합과 건강, 화목, 풍년기원이죠. 행사에 참여한 사람 중 여자는 동편에 서고 남사는 서편에 서서 줄다리기를 합니다. 여자가 이겨야 풍년이 든다는 풍습에 따라 남자들이 여자들에게 져주죠."

어릴 적 시끌벅적하던 동네는 젊은이들이 떠나고 노인들만 남았다. 오곡면 전체에서 45세 이하라야 자격이 된다는 청년회원이 49명이라니 오죽할까. 노령화 공동화 현상을 겪으며 가슴앓이하는 청년회장의 심경을 들어봤다.

"달집태우기와 같은 전통놀이도 젊은이들이 있어야 하는데 자꾸 도시로 나가기만 하니 애터집니다. 교육, 문화, 일자리 등 거의 모든 것들이 도시 중심으로 이뤄지니 시골 젊은이들이 떠나죠. 시골에 사는 젊은이들은 철물점, 제과점, 개인택시, 영세자영업자와 농협 직원 아니면 공무원들이에요. 젊은이들이 농촌에 정착해 살 수 있는 기반을 마련해줘야 합니다."

달집태우기 행사가 무르익어간다. 5시부터는 금천농악터대를 선두로 고줄을 들고 동네를 한바퀴 돌고 축문낭독에 이어 폭죽점화, 달집 점화식 순으로 열렸다. 달집점화는 안행옥 면장, 조현종 청년회장, 조상래 의원, 김경자 의원, 유근창 대동회회장 등이 참여했다.

오늘의 달집태우기 행사는 63년 전 이 자리에서 억울하게 죽어간 영혼들에 대한 해원도 된다. 주민들은 종이에 '액 떠는 송액'이라고 적어 달집과 함께 태웠다. '액과 송액'은 나쁜 일이 일어나지 않기를 기원하는 의미다. 나도 함께 동네의 안녕과 주민의 건강을 기원해본다.

(14. 02. 16)

125명이 총살돼 한 곳에 묻히다니…

화쟁코리아 100일 순례단 참관기… 여순사건의 희생자 추모

지난 2일 오전 10시 반, '화쟁코리아 100일 순례단' 일행 50명이 여순사건 진원지인 여수시 신월동에 모여 화엄생명평화 절명상을 마친 후 여수지역 순례에 나섰다.

여수에 주둔했던 14연대는 제주에서 일어난 4·3사건을 진압하라는 명령에 불복해 반란을 일으켰다. 1948년 10월 19일에 일어난 반란사건은 전남동부 지역 일대와 지리산 일대주민 1만여 명의 목숨을 앗아갔다.

'화'는 '평화, 화해를 이뤄 함께 가자'는 의미이고, '쟁'은 '진실을 드러낸다'는 의미다. 간단히 말하자면 '진실을 드러내기 위해 대화합시다'라는 의미가 '화쟁'이다. 도법 스님을 필두로 지난 3월 3일부터 6월 10일까지 100일간 계속될 화쟁코리아는 제주를 시작으로 서울 광화문공원에서 종료할 예정이다.

100일 동안을 같이할 참가자 외에 지역 참가자는 순례단이 그 지역을 지나갈 때 단기간 참가가 가능하다. 잠은 지역 인근에 있는 사찰에서 자고 사찰에서 제공해 주는 음식을 먹으니 숙식 걱정은 덜었다.

동족상잔의 비극적 전쟁이 끝나고 60여 년이 지났지만 우리는 아직도 친북, 반북, 친미, 반미, 좌우로 갈려 불신하고 대립하고 있다. 개발과 보

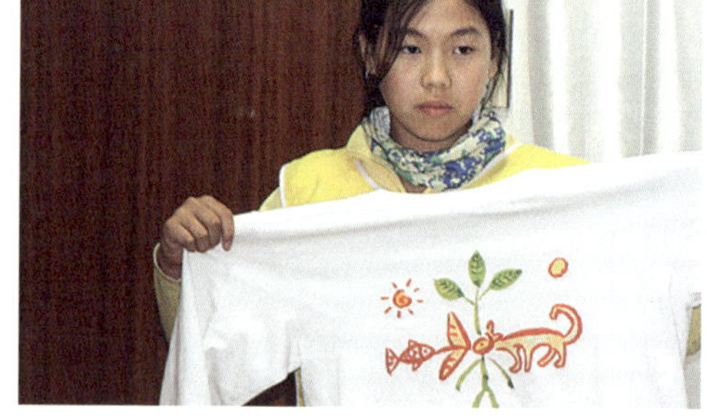

1 여순사건 당시 125명이 함께 묻힌 형제묘.

2 여수지역사회연구소 이영일 소장이 형제묘에 대해 설명하고 있다.

3 우이산호 기름유출사고 때 피해를 입은 신덕마을

4 화쟁코리아 100일 순례단 사랑어린학교 9학년(중3) 학생들.

5 모든 세상의 생명을 존중하고 평화롭게 살자는 의미다.

6 여순사건의 시발지인 신월동에서 절을 하는 순례단

7 우이산호 기름유출사고 현장에서 여수환경운동연합 강흥순 사무국장으로부터 설명을 듣는 순례단

8 광무동 성공회에서 열린 도법 스님의 강의 모습!

존, 자본과 노동, 진보와 보수, 여당과 야당으로 분열하고 대립하는 모습에 국민들은 힘들고 불안해 한다.

진실을 드러내고 대화로 해결하자

삼팔선은 삼팔선에만 있는 게 아니라 도시에, 광장에, 마을에, 골목에 있다. 언제쯤 서로 편 가르고 싸움하는 것을 멈추고 함께 살아갈 수 있을까? 이제 더 이상 갈등과 반목을 멈추고 가슴에 쌓인 불신과 대립의 벽을 허물어야 한다. 서로 대화하고 협력하여 남북갈등, 남남갈등을 해결하자는 의미에서 나선 이들이 '화쟁코리아 100일 순례단'이다.

여수지역사회연구소 이영일 소장으로부터 여순사건에 대한 개요를 들은 일행은 중앙초등학교를 거쳐 만성리에 있는 형제묘에 도착해 이 소장으로부터 형제묘에 대한 내력을 들었다. 형제묘는 여순사건에 가담했다는 혐의로 체포된 125명이 총살돼 한 묘역에 묻힌 곳이다.

총살당한 시신 위에 장작을 놓고 휘발유를 부어 화장한 유골은 재가 되어 커다란 무덤에 묻혔다. 형제묘란 '죽어서나마 형제처럼 지내라'는 의미다. 위령제를 지내며 축문을 읽은 도법 스님의 얘기다.

"좌우대립 여수지역 희생자 영령이시여! 저희들은 3·1정신으로 화쟁과 회통, 진실과 화해의 길을 열어가는 순례 대중들입니다. 공손히 무릎 꿇고 두 손 모아, 여수지역 희생자이신 여러 영령들의 왕림을 청하옵니다.

총성이 멎은 지 60여 년이 훌쩍 넘었습니다. 그 때 우리에겐 함께 살아야 할 이웃과 민족은 안중에 없고 오로지 죽이고 제거해야 할 좌익과 우익만 있었습니다. 좌익을 향한 우익의, 우익을 향한 좌익의 분노, 증오, 원한과 공포가 온 산천을 불살랐습니다. 골골마다 죽음의 통곡소리가 메아리쳤습니다. 영령들이시여! 앞으로의 일은 저희들이 잘 풀어가겠습니다. 그 동안의 무거운 짐 내려놓으시고 저희들이 마련한 조촐한 공양을 받으소서. 그리고 편안하고 평화로우소서."

광주에서 온 전정완(고2) 학생은 "대한민국의 슬픈 역사를 보고 이런 일이 또 다시 일어나면 안 된다는 생각이 들었습니다."

형제묘 방문을 마친 일행은 우이산호 기름유출 현장인 신덕마을을 방문했다. 기름이 유출된 지 두 달이 지났지만 마을 앞 갯벌에서는 주민들의 방제작업이 계속되고 있었다. 일행은 여수환경운동연합 강흥순 사무국장으로부터 기름유출사건 개요를 듣고 환경보호의 중요성에 대해 다시금 주목하게 됐다.

제주를 떠난 순례단이 여수까지 오는 데는 31일이 걸렸다. 그 중에서 가장 막내는 '사랑어린 학교' 9학년(중3)에 다니는 6명의 남녀학생들이다. 발바닥이 부르트고 얼굴이 새까매졌지만 건강한 학생들은 싱싱한 얼굴을 하고 있었다. 그 학생들 중 하나인 박효안 군으로 부터 순례단에 참가해 느낀 소감을 들었다.

"힘들었죠. 새벽 3시에 예불드리고 항상 예외상황이 일어나서 힘들어요. 때론 밤늦게까지 토론하기도 합니다. 비올 때가 가장 힘들었어요. 대구 시내를 걸을 때 공기가 안 좋아 힘들었어요. 하지만 시골길은 좋아요. 앞으로 저를 포함한 모든 사람들을 위해 살겠습니다."

오후 7시 여수 광무동 성공회 강의실에는 순례단 일행과 여수시민들 백여 명이 모여 도법스님의 강의를 들었다. 스님의 강의 내용이다.

낮추고, 비우고, 나누는 삶이어야 행복하다

"그 동안의 삶의 방식으로는 대단히 혼란스럽고 어렵기 때문에 새로운 대안을 모색하다 찾은 것이 생명 평화 운동입니다. 생명이 없는 한 자유, 정의, 국가 등 모든 것이 무의미합니다. 그래서 가장 중요한 것이 생명 살리는 일입니다.

내 생명은 내 안에 있고, 네 생명은 네 안에 있다고 하는데 불교에서는 이를 망상이라고 합니다. 태양이 없다면 내가 존재할 수가 없습니다. 산소가 없으면 누구도 존재할 수 없습니다. 부처도, 예수도 별 수 없습니다. 온 우주는 살아있는 유기체입니다. 온 우주는 그물코처럼 연결돼 있는데 이를 인드라망이라고 합니다. 그런데 '너 없애고 나 혼자 살겠다. 너 죽고 나 살자' 식의 삶을 살아가고 있어요."

도법 스님은 "우리가 아무리 뛰어나도 쌀을 만들 수는 없다."며 "우리는 모두 거지들입니다. 거지는 오만방자해서는 안 됩니다."며 자기를 낮추고, 비우고, 나누는 삶을 살아가면 온 세상이 평화롭다며 강의를 마쳤다.

(14. 04. 03)

제주 4·3 사건 막을 변곡점... 몇 번 있었다

역사에는 가정이 없지만 지도자의 판단 중요

역사에는 가정이 없다. "이랬으면 좋았는데 저렇게 해서 국가가 불행해졌다"는 얘기는 종종 듣는 소리다. 하지만 제주 4·3사건이 발발하기까지 불행한 사건을 막을 몇 번의 변곡점이 있었다.

"만약에… 했었더라면!"이라는 아쉬웠던 상황을 되돌아보는 건 다음에 또 다시 그런 상황이 닥쳐왔을 때 어떻게 대처해야 할지 판단할 중요한 자료가 되기 때문에 사건이 일어나기 전까지 제주가 겪었던 몇 가지 상황을 되돌아본다. 제주 4·3위원회가 제공한 자료에 근거해 몇 가지 변곡점을 재구성해 보았다.

흉흉해진 민심

태평양전쟁이 끝나자 북한에는 소련군이, 남한에는 미군이 들어와 군정을 실시했다. 광복 직후 자주 독립적인 국가를 세우기 위해 건국준비위원회(아래 건준)가 전국적으로 조직되자 제주도에서도 대정면 건준이 결성되었다.

건준은 인민위원회로 개편되고 제주도 인민위원회는 치안활동에 주력했다. 1945년 군정 업무를 담당할 제59군정중대가 제주에 도착한 것은

11월 9일이었다. 미군은 도청과 경찰 요직에 일제 때의 관리나 우익인사를 앉혔다. 미군의 경제정책은 생필품 수급과 물가 안정에 역점을 두었으나 가격이 폭등하고 광복 후에 귀환한 6만 명의 귀환인구는 식량난을 가중시켰다.

1946년 6만 명이 귀환한 가운데 보리농사는 대흉작을 기록하고 도민들은 살아남기 위해 칡뿌리와 바다 것들, 톳과 보릿겨 등을 섞어서 만든 톳밥, 밀범벅 심지어 돼지 사료로 활용되던 전분박까지 먹을거리로 삼았다고 한다. 지긋지긋했던 일제의 공출이 끝났는데도 또다시 공출이 일어났다.

첫 번째 변곡점, 3·1사건과 총파업 제대로 된 진상조사 이뤄졌더라면...

1947년 3월 1일. 미곡수집 정책의 실패와 미군정에 대한 불만이 팽배해져가고 있는데 제주도 좌익진영은 두 번째 3·1절 기념행사를 전도민적으로 열었다. 미군정은 3·1절 행사 때 시위는 절대 불허한다는 방침을 정하고 몇 차례를 협의했으나 합의점을 찾지 못하고 3·1절 행사가 강행됐다.

3·1절 기념대회는 각 읍면별로 치러졌고 제주북초등학교에는 제주읍, 애월면, 조천면, 주민 3만 명이 모여 기념식을 마쳤다. 오후 2시에 행사를 마친 군중들은 곧바로 가두시위에 나섰다. 시위대가 관덕정을 기쳐 서문통으로 빠져나간 뒤 부근에 있던 기마경찰의 말발굽에 어린아이가 다치는 사고가 났다.

이때 다친 어린아이를 그대로 두고 지나가자 흥분한 군중들이 돌을 던지며 항의했고 관덕정 부근에 포진했던 무장경찰들이 발포해 6명의 사상자가 났다. 이 발포사건으로 민심은 극도로 악화됐고 3월 10일에는 제주도청을 시발로 156개 기관 단체 직원들이 파업에 들어갔다. 파업에는 심지어 현직 경찰관까지 동참했다.

1 4.3진상규명위원회가 발굴한 집단매장지 모습. 유골이 너무 많아 유골마다 하얀 종이로 번호를 매겼다고 한다

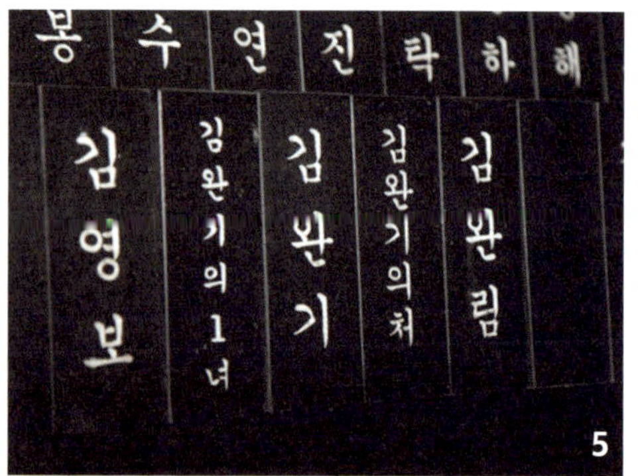

2 제주4.3평화공원을 찾은 여수현대사평화공원 추진위원회 일행들이 참배를 마치고 기념촬영했다

3 여수에도 제주와 같은 평화공원 조성을 위해 4.3평화공원을 찾은 일행들. 국회의원 김성곤, 여수유족회장 황태홍, 여수지역사회연구소이사장 김병호.

4 영령들을 위로하기 위해 만든 조각상과 비석 뒤로 눈덮인 한라산이 보인다. 한라산은 진실을 알고 있을까?

5 기념관 내에 기록된 희생자들의 이름으로 김아무개 씨의 처와 아들 등 일가족의 이름이 적혀있다. 이름이 없는 걸 보면 당시의 사정을 짐작할 수 있다.

미군정은 합동조사반을 파견했으나 공식적인 진상 발표를 하지 않았고, 현장에 온 조병옥 경무부장은 담화문을 발표해(3월 19일) 제주도를 '빨갱이 섬'으로 조작발표하고 주동자와 참가자들을 검거하기 시작했다. 3·1사건이후 다음해 4·3사건이 터지기 직전까지의 1년 동안 2천 5백 명이 검속돼 제주도민의 가슴은 부글부글 끓기 시작했다.

두 번째 변곡점, 김익렬 중령과 무장대 총책 김달삼의 평화협상됐더라면...

1948년 4월 3일 새벽 2시. 한라산 중허리 오름마다 봉화가 타오르고 남로당 제주도당이 주도한 무장봉기의 신호탄이 올랐다. 350명의 무장대는 도내 24개 경찰지서 가운데 12개 지서를 공격했다. 동시에 경찰과 서북청년회 숙소, 독립촉성국민회, 대동청년단 등 우익단체 요인의 집을 습격했다.

이 사건으로 경찰 4명 사망, 부상 6명, 행방불명 2명, 우익인사 등 민간인 사망 8명, 부상 19명, 무장대 사망 2명, 생포 1명의 인명피해가 났다. 미군정청은 무장봉기가 발생하자 4월 5일 전라남도 경찰 100명을 응원대로 제주에 급파하며 서북청년단원들을 증원했다.

일행을 안내하던 4·3사건 진상규명위원회 전 소장이었던 김창후 씨가 최근에 있었던 서북청년단의 활동에 대해 한 마니했다

"박근혜 정부 들어 서북청년단이 다시 활동한다는 보도가 나오자 제주도민들은 경악했습니다. 가장 악랄하게 제주도민들을 학살했던 장본인들이 아닙니까?"

미군정은 4월 17일, 모슬포에 주둔 중인 국방경비대 9연대에게 진압을 명령했다. 그러나 경찰에 비해 민족적 성향이 강했던 9연대는 이 사건을 경찰 및 서청과 같은 극우세력의 횡포로 인해 야기된 것으로 간주해 평화적인 해결 방안을 모색했다.

1948년 4월말 9연대장 김익렬 중령과 연대 정보참모 이윤락 중위 그리고 무장대 측 군사총책 김달삼 등이 만나 "72시간 안의 전투 중지, 무장해제와 하산이 이루어지면 책임을 묻지 않는다."는 등의 평화협상을 성사시켰다.

그러나 4월말 평화협상은 미군정 하지사령관의 무력진압 방침 결정으로 깨졌다. 5월 5일 제주에서 미군정 수뇌부가 참석한 가운데 긴급대책회의가 열렸고 선무귀순공작의 필요성을 역설한 김익렬 연대장은 문책을 받아 해임되고 강경진압이 채택됐다. 당시 평화협상이 성사됐더라면 어찌됐을까?

세 번째 변곡점, 5·10선거 거부 현명하게 행동했더라면…

통일정부의 건설을 바라는 여러 정치세력들의 반대 속에 1948년 5월 10일 남한만의 단독정부를 세우기 위한 총선거가 실시됐다. 총선거에는 김구와 김규식을 비롯한 남북협상 참가 세력과 중도계 인사들이 참가를 거부하고 이승만과 한국민주당, 일부 중도세력만 출마했다.

무장대는 5·10단선에 대한 적극적인 거부 투쟁을 전개했다. 선거사무소를 집중 공격하고 선거관계 공무원을 납치 살해하는 한편 선거인명부를 탈취했다. 결국 전국 200개 선거구 중 제주도 2개 선거구는 투표수 미달로 무효 처리됐다.

5·10선거의 거부를 미군정에 대한 심각한 도전으로 받아들인 미군은 강경진압을 명령했다. 기존의 9연대 1개 대대 외에도 2개대대가 추가로 파견돼 3개대대로 강화됐고 박진경 연대장이 새로 부임했다.

이승만 정부는 11월 17일 제주도에 계엄령을 선포하고 해안선으로부터 5㎞ 이상 들어간 중산간지대를 통행하는 자는 폭도배로 간주하여 총살하겠다는 포고문을 발표했다. 이른바 '초토화작전'이다.

자료에 의하면 초토화작전이 시작되기 전 1948년 9월 말까지 사망자 수는 대략 1,000명 미만으로 알려져 있었다. 제주4·3사건진상규명 및 희생자명예회복위원회(약칭: 4·3위원회)는 2002년 처음으로 희생자 심사를 실시하여 2014년 5월 23일까지 희생자 14,231명과 유족 5만9,225명을 결정했다.

4·3위원회에서 심사하여 확정된 가해자별 통계는 토벌대 84.3%(1만 2,000명) 무장대 12.3%(901명)이다. 특히 10대 이하 어린이 5.4%(770명)와 61세 이상 노인 6.3%(901명)이 전체 희생자의 11.7%를 차지하고, 여성의 희생(21.1% 2,990명)이 컸다는 점에서 남녀노소를 가리지 않은 과도한 진압작전이었음을 알 수 있다.

일제강점기 시절 일본에서 영문학을 전공했던 장인은 94세를 마지막으로 3년 전 돌아가셨다. 제주 4·3사건 당시 민간인 신분으로 미군통역을 했던 장인이 돌아가시기 전 내게 해주신 말이다.

"4·3당시 제주도에서는 애먼 사람들이 많이 죽었네. 학교문턱에도 안 가본 사람들이 공산주의가 무엇이고 민주주의가 무엇인지 어찌 알겠는가? 그 당시 살았던 사람들이 시대를 잘못 만났던 게지."

부질없는 짓이지만 나도 장인이 살아계셨더라면 미군의 역할과 4·3진상규명에도 도움 될 말씀을 많이 해주셨을 텐데라는 가정을 해본다.

(14. 12. 12)

차라리 죽지... 살아나서 큰일인데!

한많은 삶 살다가 간 무명천 할머니 생가 방문기

"차라리 죽지! 살아나서 큰일인데!"

무명천 할머니 진아영 씨 동영상에 나왔던 한 지인이 한 말이다. 주름과 고통스러운 얼굴. 살아있음이 죽음보다 훨씬 고통스러움을 본 진아영 할머니의 지인은 "차라리 죽지 왜 살아났나!"라고 탄식했다.

여수에도 제주 4·3평화공원 같은 공원을 건립하기 위해 제주도를 방문한 여수현대사 평화공원 추진위원단 일행이 방문 이튿날 무명천 할머니로 알려진 '진아영' 할머니 생가를 방문했다. 진 할머니 댁은 제주시 한림읍 월령리에 있다.

제주시를 떠나 진 할머니 댁을 방문하려고 애월읍을 거쳐 한림읍으로 갔다. 일행을 안내한 전임 4·3연구소장 김창후 씨가 애월읍 해안도로를 따라 한림읍으로 가는 버스에서 얘기를 시작했다.

"사람들이 귀촌한다는데, 애월읍은 외지인들이 가장 많이 오는 곳입니다. 이효리 집이 이곳에 있고 박지성도 땅을 샀다는 설이 있습니다. 중국인들이 총 5억 원 이상 투자하면 영주권을 주겠다고 합니다. 해안도로에는 카페와 숙박시설 등이 계속 들어섭니다."

예쁜 해안도로 주변에는 그림 같은 집과 카페들이 들어서고 바다와 어우러진 모습이 평화롭기 그지없다. 외지인들이 귀촌한다는 건 살기 좋고 아름답기 때문이다. 그러나 마음속 평화는 10분도 못 되어 탄식으로 변했다.

진아영 할머니의 동영상은 4·3의 비극이 인간을 어떻게 파괴하고 지도자들의 잘못된 선택이 죄 없는 양민에게 천추의 한을 낳는다는 것을 뼈저리게 느끼도록 했다.

무명천 할머니의 처절한 아픔을 가슴속 깊이 느끼다

진아영 할머니는 4·3사건이 일어난 다음 해인 1949년 1월 북제주군 한

1 제주 4.3사건 당시 턱에 총을 맞아 평생동안 무명천을 둘러매고 살다 돌아가신 진아영 할머니가 살았을 적에 촬영한 동영상을 일행이 보고 있다. 세계적으로 유명한 화가인 에드워드 뭉크의 <절규>가 바로 이곳에 있었다..

2 할머니 집 뒷곁에는 한겨울인데도 예쁜 꽃이 피어있었다. 할머니의 넋일까?.

3 할머니 집에서 20여미터 떨어진 바다에는 세찬 파도가 몰아치고 있었다. 아무것도 모르는 할머니가 시대의 파도를 고스란히 맞아 부서지는 모습이 떠올랐다.

경면 관포리 집 앞에서 무장대로 오인한 경찰이 쏜 총탄에 턱을 맞고 쓰러졌다. 당시 나이 35세였다. 구사일생으로 목숨을 건진 할머니는 제대로 말을 할 수도, 음식을 먹을 수도 없었다.

음식을 제대로 씹을 수 없어 소화장애를 겪으며 진통제와 링거액이 없으면 잠을 잘 수도 없었다. 창피한 모습을 감추기 위해 무명천을 두르고 살던 진 할머니는 후유장해와 심장질환, 골다공증 등으로 혼자 살 수 없게 되자 성 이시돌 요양원으로 들어갔다가 2004년 9월 8일 90세를 일기로 타계했다.

1 월령리는 선인장 재배로 이름난 곳이다. 진아영 할머니 집으로 들어가는 입구의 선인장 농장 모습이다.

2 일행이 진아영 할머니의 살아생전 시절에 촬영한 동영상을 시청하고 있다

3 집앞 돌담에 누군가가 '무명천 할머니 삶터'라는 글귀를 새겼다.

4 누군가가 보낸 시구와 할머니의 영정사진

두 평쯤 되는 안방과 한 평쯤 되는 골방에는 할머니의 삶을 함께 아파하는 사람들이 보낸 시와 그림과 글이 걸려 있었다. 살았을 적 자신이 당한 일을 얘기하며 무명천을 벗은 모습에는 없어진 턱과 몇 개의 이빨만 보였다. 귀 기울여 들어도 턱이 없으니 무슨 말인지 알아들을 수 없었지만 주름진 얼굴에 흘러내리는 눈물을 손등으로 닦는 모습에 일행은 침을 삼키며 숨을 죽였다.

고인의 아픔에 같이 아파하던 일행은 고통의 세상을 잊고 영면하기를 빌며 고인의 영전에 절을 올렸다. 20여 미터쯤 떨어진 바닷가에는 거센 파도가 몰아치고 커다란 바위 하나가 파도를 그대로 맞고 있었다. 부서지는 파도의 하얀 포말 속에서 무명천 할머니의 모습이 오버랩된다.

아무것도 모르던 시골 아낙네가 시대의 파도에 휘말려 55년 동안의 긴 세월을 부서지고, 깨어지고, 망가졌을 텐데… 나도 눈을 감고 두 손을 모았다. 부디 고통 없는 좋은 곳으로 가세요.

(14. 12. 17)

'루시퍼 이펙트'... 당신도 악마가 될 수 있다

[제주4·3유적지 답사] 나쁜 상황에 이르지 않도록 관리해야

작년 연말(2014년) 여수지역에 여수현대사평화공원 추진위원회가 발족됐다. 추진위원회가 가장 먼저 한 사업은 제주4·3유적지 답사(2014. 12.5~7)다. 4·3유적지를 답사한 것은 제주4·3평화공원을 만들기까지의 추진과정과 어려움을 청취해 향후계획에 반영하기 위함이다.

제주4·3연구소가 제공한 자료와 전임 4·3연구소장 김창후 씨의 설명, 유적지 현장을 둘러본 소감은 당시 제주는 한국판 킬링필드였다는 느낌을 지울 수 없었다. 수많은 양민이 총살당하고, 죽창에 찔려죽고, 굶어죽고, 얼어 죽고, 고문당하며 맞아죽었다.

4·3연구소 자료에 의하면 3만여 명의 피해자 중 10세 이하 어린이(5.8% 814명)와 61세 이상 노인(6.1% 860명)이 전체 희생자의 11.9%를 차지하고, 여성의 희생(21.3% 2985명)이 됐다는 점에서 과도한 진압작전이 전개됐다는 걸 보여준다. 저항능력이 없는 양민을 잔학하게 죽인 폭력이 난무했던 곳이 어찌 제주뿐인가?

제주4·3사건 이후 진압군을 지휘하던 제11연대장 암살사건을 계기로 미군정은 숙군을 시작했다. 이러한 영향은 여수에 주둔 중인 제14연대에도 불어 닥쳐 제14연대의 좌익들은 동요하고 있었다. 1948년 10월 15~16

일경 여수우편국 전보로 '제14연대는 10월 19일 20시에 제주도로 출동하라'는 명령이 하달됐다.

갑작스런 제주 출동 명령은 14연대 좌익들에게 '동족상잔'과 '반란' 중 양자 택일을 강요했다. 제주도 출동직전인 10월 19일 밤 한방의 총성으로 시작된 반란은 여수와 순천 및 전남동부권과 지리산 일대 주민 1만여 명의 희생자를 낸 불행의 씨앗이 되었다.

인간이 인간을 잔인하게 학살하는 현장은 세계 어디에서든 볼 수 있다. 히틀러의 유태인 학살, 일본의 난징대학살, 크메르 루즈, 이라크, 아프가니스탄, 아프리카의 보코하람, IS학살 등 이루 다 말할 수 없다. 이러한 인간의 폭력성은 어디에서 연유한 걸까?

인간 내면에 내재된 폭력성을 보여주는 <루시퍼 이펙트>

중국의 사상가 '순자'는 '인간의 본성이 악하다'는 성악설을 주장했고 맹자는 '인간의 본성이 선하다'는 성선설을 주장했다. 인간의 본성이 원래 잔학한 것일까? 아니면 맹자의 말처럼 선할까? 정확한 진단을 못 내렸지만 이에 대한 해답이 될 수도 있는 책이 있다.

스탠포드대학교의 세계적인 사회심리학자 필립 짐바르도는 인간의 내면에 숨어있는 본성을 파악하기 위해 '스탠퍼느 모의 교도소 실험'을 실시했다. 그는 선량하고 평범했던 시민이 악마로 변해가는 과정을 보여주는 실험을 마친 후 인간본성의 어두운 면을 보여주는 <루시퍼 이펙트>를 발간했다. 다음은 <루시퍼 이펙트>에서 일부 인용한 내용이다.

필립 짐바르도 교수는 평범하고 신체 건강한 대학생들을 무작위로 '수감자'와 '교도관'으로 나눈 후 모의 감옥 실험을 시작했다. 일주일도 안 되어 평범한 학생들은 각각 가학적인 교도관 혹은 정신 쇠약 증세를 보이는 죄수로 변해갔고 급기야 실험은 중단되었다.

2004년 이라크 아부그라이부 교도소에서 자행된 포로학대는 전 세계를 경악케 했다. 더욱 충격적인 것은 그들이 고향에서는 더없이 평범한 이웃, 선량한 가족이었다는 사실이다. 미군 병사들은 이라크인 수감자들에게 극도의 모욕과 고통을 주는 고문을 저지르면서 웃고 즐기며 기념촬영을 해 전 세계가 분노했다.

우리 기억 속에 아직도 선명하게 남아있는 한국교민청년 조승희. 착하기만 했던 그는 2007년 4월 19일 버지니아 주 블랙스버그의 버지니아텍 대학교에서 학생과 교수들에게 총을 난사해 32명이 사망하고 25명이 부상했다.

1 에셔가 그린 '루시퍼' 그림. 상층부에는 천사가 하층부에는 뿔난 악마천사의 그림이 보인다. 천사가 악마가 되기도 하고 악마가 천사도 될 수 있다는 인간의 내면을 보여주는 그림이다

2 제주 4.3사건 당시 학살된 시신들을 그린 그림. 제주 4.3평화공원 전시실에서 촬영한 사진이다

3 여수현대사 평화공원 추진위원단 일행에게 제주 4.3사건 희생자 위령비에 관해 설명하는 전 4.3연구소장 김창후 씨.

조승희가 자살하기 직전 NBC텔레비전 뉴스에 보낸 비디오 테이프에는 사람들에게 무시당하고 거부당한 것에 대한 분노로 혼란에 빠져 절망적인 상태인 것을 알 수 있다.

존 밀턴은 <실낙원>에서 "마음은 자리나 때에 따라 변하는 것이 아니라 마음 자체가 곧 그 자리이니, 그 속에서 지옥이 천국이 될 수도 있고, 천국이 지옥이 될 수도 있으리라."고 말했다. 스탠포드 감옥 실험은 수감자나 교도관의 마음속에서 처음에는 상징적 의미의 감옥으로 출발했으나 결국 현실보다 더 현실적인 감옥이 되었다.

선과 악을 바라보는 두 가지 관점... 기질, 상황.

세상 사람들은 선한 사람과 악한 사람의 두 가지 부류가 있다고 생각한다. 히틀러, 폴 포트, 이디 아민, 사담 후세인 등은 악한 사람이고 슈바이처나 테레사 수녀 등은 선한 사람이라고. 일부에서는 사람들이 태어날 때부터 기질적으로 선인과 악인으로 분류되어 있다고 생각한다. 정말 악인은 유전적으로 악인 기질을 가지고만 태어날까?

'빛을 가져오는 자(light bearer)'라는 의미의 루시퍼는 하느님의 권위에 도전해 그를 따르는 타락한 천사들과 함께 지옥으로 떨어지기 전까지는 하느님이 가장 사랑하던 천사였다. 다음에 보여주는 에셔(M.C. Escher)의 그림이 시사하는 바를 보자.

그림 상층부에는 어두운 천국에서 춤추고 있는 수많은 하얀 천사들이 있고, 아래층에는 뿔난 검은 악마들이 있다. 에셔의 그림이 주는 의미는 선과 악이 맞물려 돌아가고 서로 조화를 이루고 있다. 선이 악이 되기도 하고, 악이 선이 되기도 한다. <루시퍼 이펙트>의 저자 필립 짐바르도 교수의 얘기다.

"에셔의 그림은 세 가지의 심리학적 진심을 담고 있다. 첫째, 세계는 선과 악으로 가득하며, 이는 과거에도 그랬고, 현재에도 그러하며, 미래에도 그러할 것이다. 둘째, 선과 악의 경계는 모호하고 불완전하다. 셋째, 천사가 악마가 될 수도 있고, 어쩌면 받아들이기 힘들겠지만 악마가 천사가 될 수도 있다."

사회심리학이 보여주는 수많은 증거들은 주어진 맥락에서 상황의 힘이 개인 힘을 압도한다는 것을 보여준다. 멀리 갈 필요도 없다. 사과 상자 속에 썩은 사과가 있으면 근방의 사과도 썩는다. 수많은 권력엘리트들이 선량한 사람과 군인들을 '썩은 사과상자' 속에 집어넣어 썩게 만든다.

꼭 강력한 권력을 가진 집단뿐일까? 공무원 집단, 기업집단, 사회단체, 학교에도 상자 전체가 썩도록 상황을 끌고 가는 악마가 존재한다. 우리는 이들을 예의주시하고 감시해 건강한 사과상자가 유지되도록 해야 한다.

문제는 썩은 사과상자를 만드는 시스템이다. 시스템을 제대로 만들어야 싱싱한 사과를 온전하게 보전할 수 있다. 제대로 된 시스템을 위해서는 적당한 온도와 관리, 썩지 않도록 주기적으로 지켜보고 관리해야 한다.

개인의 힘, 상황의 힘, 시스템의 힘이 제대로 작동되도록 모두 힘을 합쳐야 한다. (15. 01. 14)

카약 떠 있는 에메랄드 빛 바다... 한국 맞습니다

색다른 즐거움, 여수에서 카약 타기... 해식동굴 탐사도 가능

지난 주말 여수시 남면에 있는 연도와 비렁길 둘레를 따라 도는 카약 체험에 나섰다. 카약에는 문외한이라 전문가들의 안내를 받으며 카약을 즐겼다.

만화영화 <로보트 태권브이> 1편 제작에 참여했고, <더 웨이>를 감독했던 전영식(카누경력 8년) 애니메이션 감독, 자신이 손수 제작한 보트를 타고 서해부터 동해안까지와 수많은 섬들을 돌아 총 종주거리가 8천킬로미터에 달하는 이효웅 씨(카누경력 5년), 순천 청암대학교 김동현 교수(카누경력 2년)와 함께 카누를 즐겼다. 그들에게서 카약에 대한 설명을 들었다.

배를 의미하는 스페인어 "CANOA"에서 온 카누와 카약의 차이점은 패들링(Paddling: 노젓는 행위)을 한쪽으로 하느냐 양쪽으로 하느냐로 카누와 카약을 구분한다. 내가 탈 배는 카약으로 패들이 양쪽으로 달려 있다. 좀 더 세분하면 카약은 선체 윗부분이 덮여 있어 신체일부가 감춰질 수 있는 특징이 있는 반면 카누는 선체만 있고 윗부분은 오픈형이다.

멀리 서울과 강원도 동해시에서 여수까지 온 두 사람은 출발 하루 전인 5월 22일 여수시내의 게스트하우스에서 1박을 하고 23일 아침 일찍 금오도가 가까운 돌산의 신기항으로 갔다. 연휴가 낀 신기항은 주차할 곳이

없을 정도로 차와 사람이 붐볐다.

돌산 신기항과 금오도 여천항은 배로 30분쯤 떨어져 있다. 두 항을 오가는 여객선이 쉴 사이 없이 손님을 실어 날라도 승선할 수 없었다. 비렁길을 즐기려는 등산객들이 전국에서 대형버스를 타고 왔기 때문이다.

날씨가 좋다는 일기예보와는 달리 하늘에 잔뜩 구름이 끼어 비를 걱정하며 배에 오르니 서울에서 왔다는 등산객들이 오랜만에 바다를 보아서인지 들떠있었다. “어떻게 여수까지 왔느냐?”는 물음에 “경치 좋다는 소문을 들었다.”며 연신카메라 셔터를 눌러댔다.

“배로는 못 가는 곳, 카약으로는 갈 수 있어요”

여객선은 연신 손님들을 토해내고, 일행은 목적지인 안도의 이야포해변에 도착했다. 원래 계획은 카약을 타고 안도를 일주하고 다음날 연도를 탐사하기로 했지만 바다 전문가인 이효웅 씨가 첫 방문지로 연도를 택했다.

“날씨가 흐리지만 외해로 나가는 연도는 파도가 세기 때문에 바다가 가장 조용한 오늘이 카약 타기에 가장 좋은 때.”라는 것. 일행은 차에 싣고 온 카약을 조립하거나 카약킹을 할 준비를 하고 있었다. 오랜만에 재미있는 구경을 하게 된 한 주민이 “그것 설치하다 날 새겠습니다.”라며 웃었다. 3대의 카약은 서로 다른 특징을 지니고 있다.

조립을 끝내고 민박식당에서 점심을 먹었다. 깔끔한 반찬이 22가지가 나온 점심 식대가 1인당 9천 원이다. 충청도에서 시집와 남편 고향인 안도에서 식당을 열었다는 주인 아주머니는 “부족하면 말씀하세요, 얼마든지 드릴 테니…”라며 시골 인심을 보여줬다.

카약 복장으로 갈아입고 바닷가로 나가기 전 이야포해변을 의미심장하게 바라보았다. 2006년 여수지역사회연구소 회원들과 이곳을 방문해 6·25 당시 미군기의 민간인 피난선 폭격으로 무고한 희생자가 발생했던 사건을 취재해 <오마이뉴스>와 <오마이뉴스 영문판>에 보도했었다. 당시 기사 안도의 비극, 56년 전 비행기 폭격을 말한다, The Tragedy of Yiyapo를 보도한 후 KBS와 인터뷰도 했었다.

이야포사건은 6·25 당시 민간인 350명을 싣고 부산을 떠나 제주도로 향하던 민간인 피난선이 미군기의 폭격으로 150명이 폭사한 사건이다. 당시 나는 미국방성 문서와 자료를 받아 이 사건을 규명하려고 했으나 여의치 않아 포기했었다.

6·25 시절 이야포사건은 노근리 사건의 재판이라고 볼 수 있었다. 인민군이 이곳까지 오지도 않았고 하얀 무명옷을 입은 피난민들을 비행기

1 연휴라 금오도 비렁길을 찾는 관광객들이 가득하다

2 카약을 타고 바위와 바위사이를 빠져 나가는 것은 색다른 경험이었다. 배는 암초에 좌초될 위험이 있어 바위 가까이 가지 못하지만 카약은 가능하다

3 카약 체험을 출발하기 직전에 동네 할아버지(왼쪽에서 두 번째)와 기념촬영을 했다. 이야포바다에서는 6.25당시 장면을 목격하고 생생히 증언했다..

4 우울증을 치료하기 위해 낚시질에 나섰다는 아주머니, 용인에서 퇴직 후 섬에 귀촌했다는 아저씨가 바다를 바라보고 있었다.

에서 확인할 수 있었기 때문이다. 미군기의 폭격 당시를 목격했던 마을주민 정영완(81세) 할아버지가 당시를 회상했다.

“6·25 당시 연도와 금오도 쪽에서 날아온 호주기(미군기를 오인해서 부른 호칭)가 저기 저 이끼 낀 바위 앞에 서 있던 배에 기관총사격을 하고 폭탄을 떨어뜨렸어. 배에 태극기만 달았더라면 안 때렸을 것인디. 당시 배에 사람을 많이 실었어. 사람도 많이 죽고 피흘린 사람이 많아 자급했제(기겁했지). 당시에는 저 방파제도 없었고 멸치배들과 뗏마들이 부상자를 실어 날랐제”

1 카약이 아니면 불가능한 동굴착륙 체험이다. 50m의 동굴 속에는 박쥐가 살고 있었다.

2 동굴 속 깊숙한 곳까지 들어와 사진을 촬영했다. 밖에서 바라본 모습과는 또 다른 장관을 보여준다.

3 커다란 동굴 속에 상괭이 한 마리가 죽어있었다

4 연도에는 구리성분의 바위들이 많다. 동굴속에서 바라본 빛깔은 환상적이었다.

시곗바늘이 오후 12시 50분을 가리켰다. 이효웅 씨가 "때마침 정조 때라 파도도 없고 바람도 없으니 출발하자."며 앞장섰다. 배로 연도를 방문했을 적에 보면 파도가 상당히 셌지만 오늘은 조용하다. 하지만 조류에 밀려 원하는 목표지점에서 밀려 났다.

TV에서 보았을 때는 재미있을 것 같고 쉬웠던 카약이 의외로 힘들었다. 특히 2인승 카약은 두 명이 보조를 맞추지 않으면 힘들다. 완전초보인 내가 뒤에 앉아 앞에서 방향을 잡고 리드하는 김 교수를 따라 하기에는 요령도 부족하고 힘들었다. 두 명의 전문가가 탄 카약은 속도도 빠르고 운항이 쉽다. 반면 김동현 교수와 내가 탄 2인승 인플레이트 카약은 안전성은 좋지만 속도가 느렸다.

연도에는 수많은 해식동굴이 있었다. 배와 보트로는 이런 동굴 속에 직접 들어갈 수 없다. 위험하기 때문이다. 이효웅 씨가 "카약의 장점은 배로는 상륙이 불가능한 곳에도 상륙이 가능하다."며 커다란 동굴을 탐사하자며 먼저 내린다.

카약이 아니면 맛보기 어려운 '동굴 탐사'

길이 50m쯤 되는 동굴 입구에는 파도에 밀려 동글동글해진 자갈들이 층계를 이뤄 쌓여있다. 동굴을 따라 더 깊이 들어가니 친장에서는 물이 뚝뚝 떨어지고 박쥐들이 날아다닌다. 여성의 생식기처럼 생긴 커다란 동굴 앞까지 들어갔다. 높이 100여 미터 쯤 되는 천장에서는 물이 뚝뚝 떨어지고 물 색깔로 보아서 굉장히 깊은 곳이라는 걸 알 수 있었다.

조금 더 가다 일행이 쉬기로 한 곳은 남부마을이다. 부부처럼 보이는 노인들이 바닷가에 앉아 낚시질을 하고 있었다. 그런데 남자는 구경만 하고 여자가 낚시질을 하고 있었다. 가까이 다가가 부부냐고 물었더니 아니란다.

남자는 경기도 용인에 살며 아내와 함께 섬구경 왔다가 경치가 너무 아름다워 퇴직 후 올 3월초에 귀촌했다. 노래미 한 마리를 잡은 아주머니께 "항상 이렇게 낚시질하세요?" 하고 질문했더니 얼굴 사진은 찍지 말라며 말문을 열었다.

"동네일하다 모함을 받아 우울증으로 병원에 입원했었는데 의사선생님이 낚시질이나 해보라고 해서요. 바다를 바라보며 낚시질하다 보면 분노가 가라앉고 마음이 편안해져요."

소리도 등대(연도를 일명 소리도라고 부름)가 보이는 곳까지 갔다가 돌아오는 시간에 맞추기 위해 서둘렀다. 10㎞ 이상을 왔으니 그만큼의 거리를 노를 저어야 한다. 양팔과 어깨가 힘들다. 생각해보니 팔 힘으로만 20㎞ 이상을 오가니 당연하다. 군대시절 유격훈련 받던 때만큼이나 팔이 아프다. 재미있는 경험이었지만 세상에 쉬운 일은 없다는 생각이 들었다.

(15. 06. 01)

‘착한 아저씨 돌담집’, 이게 집 이름이랍니다

‘명품마을’ 동고지마을…
개발은 돼야 하지만 옛 정취는 지켜야

지난 4월 국립공원 열한 번째 명품마을로 선정된 여수 동고지마을을 방문했다. 여수시 남면 안도 동고지에 있는 이 자그마한 마을은 2013년 4월 MBC 일밤 ‘아빠 어디가’ 프로그램 방영 이후 널리 알려지면서 세간의 이목을 끌기 시작했다.

보트에서 내려 마을로 들어가는 길목에 선 커다란 간판 속 사진과 글들이 이를 증명하고 있었다. 간판에는 ‘MBC, KBS ,EBS 방송 3사 촬영지’라는 글씨가 선명하게 적혀 있었다.

방송이 나간 후 국립공원관리공단이 6억 원, 여수시가 4억 원 등 총 10여억 원의 사업비가 투입돼 낙후된 마을환경개선과 자연보호를 위한 노후 가옥 보수, 석면조사 및 처리, 생태습지를 조성했다. 또한 어가 민박 두 동이 신축되고 기존 마을민박 세 동이 리모델링됨에 따라 외지에서 마을을 찾는 사람들에게 안락한 쉼터를 제공하고 있다.

국립공원관리공단과 여수시의 지원을 받아 집안 살림살이는 개선됐지만 구불구불한 돌담길은 그대로 보존돼 옛 정취를 풍기고 있었다. 명품마을로 지명되기 전 일곱 가구에 불과했던 마을이 유명세를 타면서 외지로

1 2015년 4월 명품마을로 선정된 동고지마을 전경.

2 '시원한 파도 아저씨 민박'이라는 문패가 걸려 있는 집 앞에서 마을 현황을 설명해준 심채성 씨 모습

3 아무리 가물어도 물이 마르지 않는다는 아라우물

4 외지에서 온 관광객들을 위해 현대식 민박집을 지어 마을주민들이 공동관리하고 있다

5 전망이 가장 좋은 곳에 자리한 심명남 시민기자댁

6 '이발사 아저씨 집'이라는 문패가 걸린 돌담길

나갔던 분들이 다시 돌아와 현재 열한 가구가 됐다.

인구도 15명이나 돼 두 배나 늘었으니 성공한 셈이다. 몇 집 되지 않는 마을에는 저마다의 사연이 적힌 예쁜 문패가 달려 있어 친근감을 더한다. 문패만 읽으면 살고 있는 동네주민을 다 알 수 있다.

섬마을 큰 농가 – 섬마을이지만 농사를 가장 많이 지으신 분입니다.

시원한 파도 아저씨 민박 – 유머와 노래가 특기인 시원한 성격의 주인 아저씨가 활기찬 목소리로 맞아주는 곳입니다. 넓은 마당에서 그물 어구 만드는 모습을 볼 수 있고 동고지 마을 한 가운데 자리하여 마을과 바다를 한눈에 즐길 수 있습니다.

토박이 할머니 집 – 동고지 마을 최고령의 인심 좋은 토박이 할머니가 사시는 곳입니다. 동고지가 참 살기 좋은 마을이라 오래오래 사셨다고 하십니다. 무엇이 그렇게 좋았는지 이야기를 청해보세요.

착한 아저씨 돌담집 – 초등학교 시절 절벽다이빙 비공인 신기록을 보유했던 마음 착한 아저씨가 살고 있습니다. 돌담집을 지나며 다정한 인사를 나눠보세요.

배를 닮은 큰집 – 제일 큰 고깃배를 운영하며 나눔도 깊은 인정 많은 부부가 살고 있습니다.

동고지 민박 – 휘휘 만들어도 맛있는 김치와 된장, 젓갈의 달인이신 할머니가 운영하시는 민박입니다. 동고지 바람을 느낄 수 있는 넓은 마당에서 바다와 마을을 만나보세요

바다 한 송이 집 – 김치와 효소를 잘 담그시는 할머니와 동백이 예쁜 집입니다. 동고지 바다와 가장 가까운 집으로 탁 트인 전망이 일품입니다

자연미인 할머니 집 – 돌담과 장독대, 다락 등 옛 어가의 느낌이 살아 있는 집으로 방풍 장아찌를 잘 만드시는 자연미인 할머니가 살고 계십니다. 한번 맛보면 계속 찾게 되는 방풍장아찌 비법을 알려주실까요?

이발사 아저씨집 – 이발사이며 어장관리의 달인이신 아저씨는 물고기를 많이 잡은 날엔 마을과 함께 나누기도 하신답니다.

한창 때는 50가구 300명의 주민 살았던 동고지마을

한창 때 50가구에 200~300명까지 살았던 마을 주민들은 사라호 태풍 이후 도회지로 이사 가기 시작했다. 방풍밭에서 일하던 할머니가 관광객들이 마을을 찾아오는 것에 대해 얘기했다.

"우리는 맨날 여기서 살고 있어 좋은지 모르겄는디 처음 온 사람들이 좋당께 좋소"

"피서철에는 예약 안 하면 방이 없지만 피서철을 피하면 방은 있다."라면서 마을 현황을 설명해주던 심채성 씨는 "사람소리도 들리고 아이들 소리도 들려 이제야 사람 사는 것 같다."라고 말했다.

유명해지고 사람이 많이 찾아오는 것이 반갑지만은 않은 사람도 있다. 서울에서 사업을 하던 중 고향마을에 쉬러 왔다는 K씨의 얘기다.

"명품마을이라고 소문이 나니 사람들이 많이 찾아와요. 고향이라고 며칠 조용히 쉬다가고 싶은데 시끄러워지고 주차 문제로 다투기도 하니 싫을 때가 있어요. 명품마을이면 뭣합니까. 동네로 들어오는 진입로가 좁아 차가 비껴갈 수도 없어요. 혹시 술 먹고 절벽 밑으로 굴러 떨어지는 사람들이 있으면 그때서야 길을 넓혀줄 겁니까?"

K씨의 얘기를 듣자 그의 고민이 현실이 될까 걱정됐다. 소박하고 인심 좋았던 마을이 돈맛을 알면서 반비례로 인심이 각박해지는 걸 종종 봐왔기 때문이다. (15. 09. 08)

집집마다 돌담에 구멍을... "바닷가 마을의 지혜"

금오도에 최초로 사람이 살기 시작한 두포

여수 남쪽 해상 20km쯤 떨어진 해상에는 비렁길로 유명한 아름다운 섬 금오도가 있다. 금오도는 옛부터 황장봉산으로 지정되어 사람의 출입이 금지되다가 고종 22년(1885) 허민회(許民會) 반포로 봉산이 해제되어 민유지가 됨으로써 개척되었다.

조선시대 금오도는 궁궐을 짓거나 보수할 때, 임금의 관을 짜거나 판옥선 등의 전선을 만들 재료인 소나무를 기르고 가꾸던 황장봉산(黃腸封山)이 있었다. 황장봉산으로 지정되면 일반인에 의한 벌채와 입산이 금지된다. 남면 소재지인 금오도 우학리에서 4㎞ 정도 떨어져 있는 두포는 황장봉산과 깊은 관련이 있는 마을이다.

왜구 침입이 잦았던 조선시대 금오도는 지리적 중요성 때문에 왜구의 침입여부를 조사하고 토벌하던 군인까지 배치하고 있었다. 임진왜란 직전 금오도의 지리적 중요성에 대해서 이순신 장군도 크게 관심을 가지고 있었음이 <난중일기>에 나타나 있다.

소나무의 중요성 때문에 민간인 출입이 통제되었던 기록은 조선왕조실록에 자주 나타난다. 세종 30년(1448년)에 발간된 <세종실록> 내용이다.

"병선은 국가의 도둑을 막는 기구이므로 배를 짓는 소나무를 개인적으로 베지 못하도록 이미 일찍이 법으로 정했는데, 무식한 무리들이 가만히 서로 나무를 찍어 베어 개인의 배를 짓고, 혹은 집 재목을 만들어 소나무가 거의 없어졌으니 실로 염려됩니다.

전부터 소나무가 있는 곳에는 나무하는 것을 엄금하고, 나무가 없는 곳에는 그 도의 감사로 하여금 관원을 보내 심게 하고 옆 근처에 수령과 만호로 하여금 감독 관리하고 배양하여 용도가 있을 때에 대비하게 하소서."

개발과정에서 사라진 귀중한 역사 자료

18세기 이전 황장목 관리를 위해 섬 출입을 금지했다가 해금을 명하기도 했던 금오도에 사람이 들어가 살 수 있도록 왕이 정식으로 허락한 해는 1885년이다. 금오도 개척 당시 조정으로부터 권농관이 파견되어 두모리 1367번지에 관사를 짓고 주변 섬사람들을 동원해 방파제를 쌓는 등 이곳이 금오도에서 가장 먼저 개척됐다.

당시 경차사관 산하 도포수였던 박정안이 1885년 정월에 가장 먼저 입주하였고 1889년 6월에 최순익이 초대 금오도 둔장으로 임명받아 본격적으로 마을이 형성됐다. 두포 주민들은 금오도 개척 100주년을 맞아 1985년에 '금오도 개척 100주년 기념비'를 세우고 자축했다.

금오도가 봉산이었을 때 사슴 사냥을 위해 내려오는 관청 소속 포수들이 처음 도착한 포구라 하여 '첫개'라 불린 두포는 마을 뒷산에 있는 옥녀봉과 관련된 전설로 인해 두포라 불렀다.

옥녀봉에 살던 선녀 옥녀가 뽕잎을 이용해 누에를 쳤는데 누에고치가 많아 말(斗)로 되었다. 주변의 모하 마을은 곡창지대였기 때문에 옥녀의 누에와 모하 마을은 곡식을 교환하기 위해 알맞은 도량형 도구인 말(斗)이 필요했으므로 두포라 불렀다.

두포에는 불무골이 있다. 대장간에서 쇠를 달구거나 또는 녹이기 위하여 화덕에 뜨거운 공기를 불어넣는 기구를 풀무라 부른다. 두포에는 판옥선과 조운선을 만드는 데 사용하는 못을 만드는 풀무 3기가 있었다. 하지만 시간이 흐르며 음운변화를 겪어 불무가 됐으리라고 추정된다. 도로가 생기기 전 풀무를 보고 자랐던 이 고장 출신 정순남(76세)씨의 얘기다.

"커다란 바위 아래 풀무 3기가 있었어요. 옛 풀무의 흔적이 잘 보이지 않다가 바닷물이 들어와 주위를 씻어 가면 풀무가 보였어요. 당시 한 사람이 지나다닐 정도로 길이 좁아 도로를 낼 때 부친(정사쇠)께서 풀무를 없애지 말자고 했는데 젊은 사람들이 말을 듣지 않아 아까운 걸 없애 버렸죠."

1 황장봉산이라 입도 허가가 나지 않았지만 1885년에 최초로 입도 허가를 받은 두포마을 모습

2 옥녀봉 아래에는 '두모제'라는 큰 저수지가 있어 금오도와 안도주민의 식수원이다. 하루에 천 톤을 생산하는 저수지로 사계절 내내 물이 마르지 않는다.

3 정순남씨가 2층 돌담의 원리에 대해 설명해줬다. 바닷가 경사진 땅에 돌담을 쌓았다.

4 유두와 백중에 우학리와 소유, 대유, 여천 주민들이 모여 수제비도 해먹고 홍합도 채취했던 '물맞는 통'이다. 금오도 주민의 해수욕장 역할을 했다고 한다.

정순남 씨는 이 동네에서 태어나 1957년 경 도회지로 나갔다가 귀향했다. 옛사람들의 배수로 시설을 볼 요량으로 정씨의 집으로 가다가 몇 그루 남아있는 아름드리 소나무와 2층으로 된 돌담과 돌담에 구멍이 나있는 모습이 신기해 정순남 씨에게 물었다.

"저 소나무요? 황장봉산에 사용됐던 소나무로 조운선을 만드는 데 사용됐다고 그래요. 내가 태어났을 때 이 정도 크기였는데 지금도 그대로 있어요. 2층 돌담을 만드는 이유는 해안가 땅이 경사져 1차로 돌담을 쌓고 흙을 채워 마당과 집터를 만든 후에 그 위에 집을 짓고 돌담을 쌓습니

1 금오도개척 100주년 기념비 옆에 선 최영귀 이장. 뒤에는 황장봉산의 아름드리 소나무가 있다.

2 불무골 마을버스 정류장에는 불무골 대신 분무골이라고 되어 있다. 마을 주민들은 시정을 요구했다.

3 벼농사보다 소득이 높다는 방풍으로 중풍에 효험이 있어 방풍이라 불린다.

4 유리가 없던 시절에 집안에서 바깥 상황을 파악하기 위해 지은 돌담창으로 집집마다 있었다.

다. 경사진 해안가에 사는 사람들의 지혜죠. 돌담에 사각형 구멍이 있는 것은 집안에서 바깥 상황을 보기 위해서입니다. 지금이야 유리창이 있으니 그런 게 필요 없지만 옛날에는 유리가 없었잖아요."

얘기하고 있는 사이 동네 이장인 최영귀(64세)씨가 오셔서 마을 내력에 대해 설명해줬다. 벼농사와 방풍농사가 주요 생산품인 마을에는 52호에 90여 명이 산다. 바닷가에서 수산업보다 농사를 더 많이 짓는다는 게 이상해 상황을 들어보았다.

"예전에는 고대구리와 이각막, 통발을 해서 소득이 괜찮았지만 지금은 단속을 심하게 하니까 살길이 없어 도시로 떠나버렸습니다. 전에는 고구마, 보리농사를 지었지만 지금은 묵혀두거나 방풍농사를 지어요. 노인들에게 쌀보리 농사는 힘들고 방풍이 소득이 높거든요."

섬의 옛 정취를 그대로 간직한 금오도는 <혈의 누> <김복남 살인사건의 전말> <인어공주> <도희야>의 배경이 되었고 '비렁길'이 유명해져 해마다 50만 명의 관광객이 찾는 명소다. 칸 영화제에도 출품했던 <도희야>의 여주인공 배두나는 두포의 한 펜션에 한 달여 머물며 영화를 찍었다.

이장은 "관광객이 많이 들어오지만 식당이나 민박하는 사람들이 혜택을 받지 일반 사람들에게 특별한 혜택은 없고 오히려 쓰레기만 버리고 간다."고 말하며 금오도 개척 100주년 기념비 옆에 서서 황장봉산에 대해 자랑했다.

"옛날엔 숲이 엄청났습니다. 지금 많이 베어 버렸어요. 진남관 기둥을 금오도 소나무를 써서 지었다는 이야기가 있어요."

아름다운 경치에 아름드리 소나무로 가득했던 금오도가 옛모습 그대로를 간직했더라면 얼마나 좋았을까를 상상하며 되살아날 황장봉산을 그려본다. 먼 훗날을 기약하며 노력한다면 아직도 늦지 않았다.

(16. 05. 23)

실미도, 아픔의 흔적이 거의 남아있지 않았다

북파공작원 훈련현장이었던 실미도를 찾아서

지인과 함께 북파공작원 훈련현장이었던 실미도를 방문했다. 실미도는 인천광역시 중구 무의동에 위치한 면적 25만 3594㎡의 무인도이다. 무의도에서 북서쪽으로 약 400m 떨어져 있고, 인천항과 약 21.2km 떨어져 있다. 실미도는 하루 2번 썰물 때 무의도와 연결되어 걸어서 들어갈 수 있다.

물때를 잘 아는 지인과 함께 무의도를 건너 실미도 해변으로 들어가려니 입장료를 받고 있었다. 아니! 무의도가 사유지인가? 아니면 실미도가 사유지인가. 입장료를 왜 받는지 궁금하다. 여름도 아닌 한겨울이라 입장객이 거의 없는 실미도해수욕장 가는데 왜 입장료를 내라는 건지!

기분이 언짢았지만 돈을 내고 400m 건너편에 있는 실미도를 착잡한 심정으로 바라보고 있는데 해변에 영화 <실미도>사진과 함께 영화에 대한 설명이 적혀 있는 안내간판이 눈에 띈다.

강우석 감독이 제작한 영화 <실미도>는 총제작비 110억을 들여 천만 관객이 관람했다. 바닷바람을 맞아 희미해졌지만 주인공들인 안성기, 설경구, 정재영, 허준호의 살기에 찬 눈은 그대로 살아있었다.

실미도 사건은 내 뇌리에 생생하다. 반공교육을 철저히 받고 있던 학생들에게 1968년에 발생했던 1.21사태는 전국을 발칵 뒤집어 놨다. 3년 뒤인 1971년 8월 23일 무더운 여름날, 애초 대간첩대책본부가 무장공비가 나타났다고 발표했기 때문에 전쟁이 난 줄 알았다.

북파공작원들, 혹독한 훈련과 보수 미지급으로 불만 품어

실미도 사건을 다룬 자료는 많다. 다음은 <위키백과사전>에서 발췌해 편집한 내용이다.

684부대(1968.4~1971.8)는 실미도에 있었던 북파목적의 비밀부대였다. 이 부대는 1968년에 일어난 1·21 사태에 대한 보복을 목적으로 같은 해 4월에 총원 31명으로 창설되었다. 684부대원들은 북한에 침투하여 김일성을 암살하기 위해 혹독한 훈련(훈련 과정 중 7명 사망)을 받았으나, 남북화해 분위기가 조성되면서 작전 자체가 불확실해지자 가혹한 훈련과 장기간의 기다림에 불만을 품고 1971년 8월 23일 6시경 교관 및 감시병 18명을 살해하였고 이 과정에서 부대원도 1명 사망하였다.

섬을 빠져나간 23명의 684부대원들은 12시 20분경 인천 옥련동 독부리(옹암) 해안에 상륙한 뒤, 인천시내버스를 탈취하여 청와대 방향으로 향했다. 인천에서 육군과의 총격전으로 타이어가 터져서 버스가 움직일 수 없게 되자 이들은 수원-인천간 시외버스를 다시 탈취하여 오후 2시 15분경 서울 영등포구 대방동(현 동작구 대방동) 유한양행 건물 앞에 도착하였다.

여기서 마지막 총격전을 벌이다 부대원 대부분이 스스로 수류탄을 터뜨려 목숨을 끊었고, 생존자 4명은 군사재판에 회부되어 1972년 3월 10일 사형이 집행되었다.

아픈 역사도 역사인데... 역사적 유물 거의 사라지고 없어

소나무로 둘러싸인 조그만 섬 실미도. 유명한 사건이 없었더라면 바닷가 어디에서나 흔히 볼 수 있는 조그만 섬이다. 실미도에 접근할 수 있는 길은 썰물 때면 나타나는 해안사구다. 너비 10여 미터의 사구 밖으로는 자연산 굴 밭이 널려있어 관광객들의 접근을 막기 위해 모래위에 막대기를 꽂고 줄을 쳐놨다.

저 섬 너머에 있었을 막사는 어떻게 생겼을까? 훈련장은 어떻게 생겼을까 궁금해 하며 길이 있었던 곳으로 다가가니 해골 아래 뼈다귀를 X자로 나타낸 모습위로 실미도란 안내 간판이 보인다. 그나마 뼈 하나는 없어져 누군가 나무 막대기를 꽂아놓았다. 그냥 놔둬도 관광객이 저절로 찾아올 것이라고 생각해서일까 아니면 무감각일까.

1 드론으로 촬영한 실미도 모습(오른쪽 섬). 실미도로 건너가는 유일한 길은 왼쪽에 보이는 무의도와 실미도 중간에 보이는 사구를 이용한다. 하루에 두 번 썰물 때 출입이 가능하다.

2 영화 <실미도>를 안내한 간판 모습. 주인공 안성기, 설경구, 정재영, 허준호의 살기찬 눈이 살아있다..

3 실미도임을 알리는 간판. 샛길을 따라 산정상을 넘으면 막사터가 나온다.

산길을 따라 부대막사가 있었을 고개언덕 너머 뒤쪽으로 가니 사방 100여 미터나 되는 모래사장과 멋지게 생긴 바위들이 나타났다. 지형으로 보아 이곳에 막사흔적이 있지 않을까 생각해 다시 산 쪽으로 올라가보니 역시 막사를 지었던 기초들이 나타났다. 아! 여기구나!

처연한 생각이 들었다. 이곳에서 생사를 가르는 혹독한 훈련과 비극의 씨앗이 잉태되고 있었구나! 실미도 사건은 혹독한 훈련과 열악한 보급 및 보수 미지급에 불만을 품은 공작원 24명이 실미도를 탈출하면서 시작되었다.

1999년 12월 19일에 방영되었던 MBC특별기획 <이제는 말할 수 있다>편을 보면 당시 기간병이었다가 살아남은 7명의 생존자가 현장을 찾아와 인터뷰하는 장면이 나온다. 이들 중 한 분의 증언에 의하면 "엄청난 훈련으로 잘 단련된 훈련병과 함께 밤에 보초를 서러 나갈 때면 훈련병들이 두렵기까지 했다."는 증언이 나왔다.

"구보를 하면 거의 날아다녔다."고 해서 그들이 훈련받았을 능선과 바닷가를 돌아다녀보아도 흔적만 남았지 거의 남아있는 게 없었다. 오히려 입고 있던 잠바가 가시에 찔려 찢길 뻔할 정도로 나무가 우거져 있었다. 능선 정상부위에는 가끔 참호의 흔적만 보였다.

혹시나 또 다른 흔석이 있을까 해서 섬을 일주하는 동안 아름다운 바위들이 널려 있었다. 기기묘묘하게 생긴 바위들은 현장에서 훈련병들이 흘렸을 땀과 피눈물을 감추고 무심한 바다만 바라보고 있었다.

길도 없어 바위를 타고 넘어 무의도가 바라보이는 지점에 왔을 때 한 아주머니가 자연산 굴을 따고 있었다. 아주머니와 대화를 시작했다.

"아주머니, 굴 많이 따셨네요. 혹시 저 건너편 무의도 사세요?

"예! 저 건너편에서 식당을 해요. 자연산 굴이 많아서 물 빠졌을 때 따러왔어요."

1 부대막사가 있었던 바닷가 해변모습. 주변바위가 아름답기만 했다.

2 1999년 12월 19일에 방영, MBC특별기획 <이제는 말할 수 있다> 동영상을 캡쳐한 당시의 훈련장 모습

3 바닷가 해변에는 이렇게 아름다운 바위가 널려 있었다. 그 아래에는 자연산 굴밭이다

4 실미도 해변에 널려있는 기기묘묘한 바위 모습

5 막사가 있었을 걸로 추정되는 터에는 잡초만 무성히 자라고 있었다

6 무위도에서 식당을 한다는 아주머니가 자연산 굴을 따고 있다

“무의도 사시면 실미도 사건 알아요?

“저는 사건 뒤에 이사 왔기 때문에 얘기만 들었지 잘 몰라요. 저기 보이는 바위에 물이 차기 시작하면 못나갑니다. 물 들어오기 전에 빨리 무의도로 건너가세요.”

실미도 사건은 냉전 시대 반공 이데올로기가 강화되어 가던 시기에 국가가 자행한 인권 유린 실태를 적나라하게 보여준 사건이다. 요즘 동북아 군비경쟁이 심화되고 있다. 실미도 사건 발생 45년이 지난 지금, 또 다시 남북 간의 대결분위기도 고조되고 있다. 또 다시 이러한 불행이 일어나서는 안 된다.

(16. 12. 28)

돛단배 타고 울릉도까지 500km 넘게 간 초도 사람들

3천여 명 살았던 초도… 신입생 없어 네 학교 모두 문 닫아

섬 전문가 이재언 씨와 함께 초도를 방문했다. 풀이 많은 섬이라 해서 명칭이 붙은 초도(草島)는 여수시 삼산면에 속하는 섬으로 여수에서 서남쪽으로 약 67㎞ 떨어져 있어 여수와 제주의 중간에 위치한다.

<한국민족문화대백과사전>에 의하면 지질은 중성화산암류와 소량의 화강암으로 형성되어 있다. 중앙에 위치한 상산봉(339m)은 기복이 비교적 큰 산지이지만 경사는 완만하다. 공중에서 바라본 초도 해안은 거북이를 닮아 돌출한 갑(岬)과 깊숙한 만(灣)이 교대해 해안선이 복잡하다. 동쪽과 남쪽의 일부 해안에는 높은 해식애가 발달하였다. 1월 평균기온은 2.1℃, 8월 평균기온은 21.7℃, 연강수량은 1,247㎜이다.

취락은 대동마을을 중심으로 해안가의 만입부에 예미·의성·경촌·진막·정강마을 등이 형성되어 있다. 토지이용 현황은 논 0.16㎢, 밭 1.56㎢, 임야 5.19㎢이다. 주민들은 어업보다 농업에 주로 종사한다. 벼농사는 미약하나 마늘·감자·보리·콩 등의 산출이 많아 식량의 자급률이 높으며, 돼지·닭·염소·소가 많이 사육된다. 근해에는 문어·삼치·방어·감성돔 등이 어획되며 톳과 미역 양식도 활발하다.

한때 3천 명이나 됐던 섬은 요즈음 450여 명이 살고 대부분은 고령자

들이다. 초등학교 3개, 중학교 1개가 있었던 학교는 신입생이 없어 폐교됐다. 취학할 신입생이 아예 없는 건 아니다. 여수시내에 집을 사둔 학부모가 학생 1인당 40만 원의 보조금을 받고 여수시내 학교에 보내는 경우가 있기 때문이다.

1970년대에 주민들 노력으로 수력발전소를 세운 진막마을

섬치고는 물이 많아 논농사까지 지었던 섬마을에는 자그마한 수력발전소까지 있었다. 1976년 6월 23일에 <동아일보> 정기면 기자가 쓴 '삼산면 초도리 낙도를 밝힌 수력발전'이라는 기사에는 진막마을 박정남씨의 노

1 드론으로 촬영한 초도 모습

2 의성리 주민인 이언조(64세) 씨와 부인은 제주출신 해녀로 초도에 왔다가 결혼했다. 맨오른쪽은 섬 전문가 이재언 씨다.

3 수력발전소(1976년)까지 만들어 전기를 공급했던 진막마을 모습.

력으로 수력발전소를 세운 이야기가 자세히 나와 있다.

여느 어촌과 마찬가지로 초라한 진막마을 사람들은 밝은 전기불 밑에서 생활하는 것이 소원이었다. 그러던 중 박정남 (당시 53세)씨가 우연히 마을 뒷산에 올라갔다가 1년 내내 한 번도 끊기지 않고 펑펑 쏟아져 흐르는 계곡물을 보고 이 물을 수력발전에 이용할 수 없을까 하는 생각을 갖게 되었다.

마을회의에서 공동발전소를 세우자고 뜻을 모은 주민들은 기금을 모으고 군의 지원을 받아 2년 만에 시간당 80kw의 전기를 생산했다. 박씨

1 수력발전소자리를 가리키는 진막마을 박우건씨. 이곳에서 200m에 달하는 관을 통해 바닷가 절벽아래로 낙차를 이용해 80kw의 전기를 생산했다고 한다

2 의성리 바닷가에서 돌김을 채취하는 주민

3 의성리 바닷가에 있는 동태샘 모습. 일제강점기 시절 피부병에 걸린 김동태라는 사람이 3년 동안 기거하며 샘물로 목욕한 후 완치됐다고 하여 불린 이름이다.

4 드론으로 본 의성리 모습

의 공로 때문일까? 동네에는 박정남 공적비가 세워져 있다.

지금이야 육지에서 멀리 떨어진 대부분의 섬에 발전소가 설치되었지만 당시에는 대단한 일이었다. 당시를 기억하는 박우건(55세)씨의 얘기에 의하면 "한 집에 전등 2개만 허용되고 밤 11시면 전기공급이 중단되었지만 장마 때면 연장되었다."고 한다.

임진왜란 때 조선수군이 진을 쳐 '진막'이라 불렀다는 진막마을 앞바다에는 사리 때면 걸어 다닐 수 있는 안목섬이 있다. 섬 여행이 주는 또 다른 기쁨은 시골인심이 살아있다는 것. 진막마을을 안내한 박우건 씨는 바쁘다면서도 의성리까지 차를 태워다줬다.

의성리 바닷가에서 돌김을 채취하던 노인 한 분이 동태샘을 가보라고 권한다. 샘 옆에는 동태샘 유래가 기록돼 있었다. 1931년 김동태라는 사람이 일본 명치대학을 다니다 원인을 알 수 없는 피부병에 걸려 일본에서 각종 치료를 받았지만 낫지 않아 찾아온 곳이 이곳 옹달샘이었다.

당시 3년여 동안 이곳에서 거적으로 천막을 치고 옹달샘물로 목욕하며 생활한 뒤에 완쾌되었다고 하여 이 사람 이름을 본따 동태샘이 되었다. 마을주민들은 몸에 부스럼 등 피부병이 발생하면 이 샘물을 마시고 목욕 후 수일 내에 말끔히 병이 완쾌되었다고 한다. 마셔보니 겨울인데도 차갑지 않고 물맛도 좋았다.

개척정신으로 무장하고 독립운동까지 했던 초도주민들

의성리 바닷가에는 귀중한 사료가 적힌 석조기념비가 있었다. 기념비에는 '1882년 임오년 이전부터 목숨 걸고 울릉도와 독도를 개척하여 영토를 확보한 선각자들이 사셨던 흥양현 초도사람들', '일본에 나라를 뺏기지 않으려고 활약하신 김성택, 이병현 의병이 사셨던 초도의성!'이라는 글귀가 적혀 있었다. 흥양현은 고흥을 말한다.

당시 초도와 거문도 사람들은 낡은 풍선을 타고 바람과 해류를 이용해 울릉도까지 가서 새로운 배를 만들어 타고 해산물을 채취한 후 삼산면으로 귀환했다는 기록이 있다. 여수에서 쾌속선을 타고 초도까지 가는데 2시간여가 걸리는데 돛단배를 타고 울릉도까지 목숨 걸고 왕복한 뱃사람들은 얼마나 힘들었을까를 생각하며 고개가 숙여졌다.

1934년 2월 24일에 <동아일보> 송기찬 기자가 쓴 '우산국의 옛자취'란 기사 일부를 발췌했다. 기사내용을 살펴보면 울릉도에 눈이 많이 내려 재앙을 당했던 것 같다. 역사적 의미를 고려해 맞춤법은 현대식으로 고치지

1 울릉도를 오가며 활동한 초도와 거문도 사람들을 기록한 석조기념비. 삼산면 주민 115명을 기록하고 있다. 독도에 대한 고종의 칙령이 있다

2 예미마을 골목길이 옛모습의 정취가 남아있다

3 대동리 인근 예미마을 밭에 서있는 허수아비 모습. 초도가 예뻐 지구별을 떠나지 못한 ET가 서 있는 것일까?

4 예미마을에 있는 문어통발 모습이 정겹다

않고 그대로 게재했다.

“교통상으로는 아조 딴 세상의 느낌을 주고 경제적으로는 거의 파멸에 직면하야 모처럼의 평화향이 무색하게 되는 눈의 울릉도는 과연 어떤 과거를 갖은 곳일까. 이제 묵은 책장에서 뒤져본 이 섬은 신라시대에 ‘울섬’이라 부르는 곳. 일본에서는 죽도, 송도라고도 불린다고도 한다.

신라시대에는 우산국이란 섬나라, 그 후 고려 초기로부터 수백 년간은 북방의 나라 여진, 금 등이 침노한 바 되어 인민이 각지로 피하야 마침내 무인도로 되었고 고려말년부터 이조의 초기까지 해적근거지이던 것을 태종이후 토벌을 하엿섯는데 뜻밖에 일본에서 섬의 소속문제가 일어나 내종에는 조선, 일본, 명의 삼국무역항으로 하자는 일본칙의 제의까지 잇어 이리저리 해결을 짓지 못하고 끄을기 50년 동안 일본 산음 지방의 어민들만이 드나들며 이익을 거두어 왓다는 바.

소속문제가 일어나기 세 번 만에 김옥균 등의 교섭으로 한국정부의 소속이 되고 일본어민이 드나들지 못하게 되었다고 한다. 이리하여 명치 17년에 울릉도 개척령이 발표되고 동시에 판선도장을 두었으며 울진, 경주 등 일곱 고을 사람들이 뒤를 이어 들어왔다. 이보다 먼저 이 섬에 드나들기 시작하기는 전라도 사람들로 초여름에 헌 배를 타고 들어오면 왼여름을 울창한 산림속에서 좋은 재목을 버이어 새 배를 지어 디고나오는 것인데 이 섬의 개척항은 지금의 현포동.

밭도 갈지 못하고 논도 이룰 수 없는 이 섬의 개척에는 바다에서 전복을 따고 산에서 깍새를 잡으며 칙갈을 캐어서 배 채우게 되는 그야말로 ‘호랑이 담배 먹던 시절’의 원시생활이었던 것이다.”

기념비 아래에는 2007년 2월 28일에 발행된 <울릉군지> 내용과 초도와 거문도주민 115명이 울릉도에서 활동했던 기록이 있다. 기념비 왼쪽에는 ‘바위섬, 독섬을 석도라는 명칭으로 광무황제(고종)가 1900년 10월

25일에 발표한 대한제국칙령 제41호가 붙어있었다. 칙령 1·2조 내용이다.

제1조) 울릉도를 울도로 개칭하여 강원도에 부속하고 도감을 군수로 개정하여 관제 중에 편입하고 군등은 5등으로 할 사.

제2조) 군청 위치를 태하동으로 정하고 구역은 울릉전도와 죽도, 석도를 관할할 사.

의성출신 독립유공자인 김성택과 이병현 열사는 일제가 정미 7조약을 체결한 후 대한제국의 군대를 강제해산하자 황준성을 의병장으로 추대하고 의병활동을 했다. 그들은 청산도와 여서도 등지에서 군자금을 거두다 체포되어 3년여의 옥고를 치렀다.

소득사업을 창출해 젊은이들이 돌아오는 섬을 만들어야

초도 섬마을을 돌아다니며 집을 들여다보면 무너져가는 기와집과 살림도구들이 여기저기 굴러다닌다. 지도검색을 통해 초도에서 울릉도까지의 거리를 재보니 500㎞를 훨씬 넘는다. 개척정신으로 무장해 한 때 돛단배를 타고 울릉도까지 왕래하고 독립운동을 했던 섬은 쇠락해가고 있었다. 그야말로 '산천은 의구한데 인걸은 가고 없다'는 말을 실감할 수밖에 없는 현실이 안타깝기만 하다. 진막에서 만났던 박우건 씨의 얘기가 귓가를 맴돈다.

"요즈음은 섬에도 웬만한 기반시설이 되어있어 사는데 큰 문제는 없어요. 소득사업이 있어야 젊은이들이 되돌아옵니다. 젊은이들이 돌아오는 섬을 만들어야 합니다." (17. 01. 17)

험한 파도를 헤치며… 섬이 9남매를 키웠다

7남매에 2명의 조카까지 키운 대두라도 우편배달부 부부

'한 아이를 제대로 키우려면 온 동네가 나서야 한다.'

한 아이를 키우기 위해서는 주위에 있는 모든 이들이 합심해 길러야 한다는 아프리카 속담이다. 여수시 남면 대두라도에는 7남매와 두 조카까지 기르는 우편배달부 부부가 있다. 가난한 집 형편에 이들을 교육하고 돌본다는 건 부부의 힘만으로는 불가능한 일이다. 초등학교가 교육하고 이웃집 할머니 할아버지들이 아이들을 돌봐줬다.

섬 모양이 콩 같이 생겨 '대두(大豆)'라 불린 대두라도는 어떤 섬일까? 동경 127°44′, 북위 34°30′에 위치한 대두라도는 전라남도 여수시 남면에 속한 자그마한 섬이다. 돌산과는 4km 정도 떨어져 있고, 인근의 나발도와는 0.3km 거리를 두고 있다. 면적 1.01㎢, 해안선 길이 7.6km인 섬에는 80명 정도가 살고 있다. 북쪽으로 화태도, 동쪽으로 소두라도, 남쪽으로 금오도 송고 마을이 지척이다.

지난 17일과 18일, 섬을 방문했다. 처음 섬에 도착해 선창에 내리니 금방 잡은 멸치를 말리고 멸치를 마음껏 먹은 고양이가 토실토실하게 살이 쪘다. 어구를 손질하는 어민에게 물으니 동네 이름이 선창이란다.

1 드론으로 촬영한 대두라도 모습

2 우편물을 배달하기 위해 나선 김재연 씨 부부 모습으로 막내인 나일(4살)이가 엄마를 따라 다닌다.

3 봉통마을 골목길 모습

4 화태우체국에서 우편물을 싣고 온 배가 선창에 닿자 익숙한 솜씨로 내리는 부부 옆에 나일이가 앉아있다

5 학교다니느라 섬 밖으로 나간 아이들을 제외한 4명의 아이들이 집에서 올망졸망 놀고 있었다.

6 김재연 씨 가족사진 모습.

당국에서는 섬마을 주민들을 위해 멧돼지 퇴치 대책 마련해야

김재연 씨 부부를 만나기 위해 봉통으로 가는 길에는 화태초등학교 두라분교가 있다. 대부분의 섬학교가 폐교됐는데 이 학교는 어찌 됐는지 알고 싶었다. 들어가 보고 싶었지만 세찬 겨울바람이 불어와 포기했다.

산길을 걸어 봉통마을 입구에 도착하니 모자를 눌러쓰고 두꺼운 옷을 입은 동네 아주머니들이 방풍 가꾸느라 바쁘다. 봉통마을은 마을 형태가 벌통과 같이 생겼다 하여 불린 이름이다.

"안녕하세요? 방풍 재배하시느라 바쁘네요! 방풍보다 고구마 돈벌이가 낫지 않아요?

"모르는 소리하지 마세요. 고구마는 손도 많이 가고 힘들어서 못 해요. 무엇보다도 멧돼지들이 들어와서 고구마 밭을 망쳐놔요. 그래서 고구마보다 손이 덜 가고 돈벌이가 나은 방풍을 재배해요."

여수 인근 섬을 여행하다 보니 멧돼지 피해가 의외로 심각하다. 당국에서는 멧돼지 퇴치를 위한 대책을 마련해야 한다. 방풍 밭을 손질하는 아주머니들 속에 우리가 만나려는 김재연 씨 부인인 서순례 씨가 있었다. 때마침 멸치가 많이 잡혀 멸치가공 작업을 한다는 소리를 듣고 작업과정을 살펴보고 경로당으로 돌아왔다.

"시장할 텐데 반찬은 없지만 맛있게 드시라!"고 말한 할머니들이 따뜻한 밥과 반찬이 차려진 밥상을 내왔다. 할머니들이 담근 젓갈에 밭에서 금방 캐온 배춧속을 찍어 먹으니 맛있다. 밥상을 물리고 커피까지 타주는 인심 좋은 할머니들에게 본격적으로 질문했다.

"할머니, 김재연 씨 7남매는 누가 키워요? 그리고 왜 그렇게 아이를 많이 키워요?"

"아이고! 10명을 낳는다고 그래서 말도 안 되는 소리 하지마라. 일곱 명 키우는 것도 장한데 열 명을 키우면 네 인생은 없다며 말렸지요."

1 대두라도 중심인 선창 항구 모습

2 봉통마을은 벌통을 닮았다 해서 붙여진 이름이다

3 여수화태우체국 모습. 원래는 한 면에 하나의 우체국을 유지하는 게 원칙이지만 여수 남면에는 안도, 연도, 남면, 화태의 4개 우체국이 설치되어 있다. 화태대교 연결로 화태우체국은 3월말에 폐쇄될 예정이다

4 막내와 함께 우편배달에 나선 서순례 씨 모습. 섬마을은 대부분 해안가 가파른 곳에 있어 올라가기 힘들다

5 봉통마을 입구에서 방풍재배하느라 애쓰는 주민들을 만났다. 이재언 연구원이 주민과 대화하고 있다

6 우편물과 심부름 받은 물건들을 싣기 위해 짐을 나르는 부부

섬마을에 우편 배달하는 부부… "아이들 공부시키는 게 가장 힘들어요"

대두라도에 사는 김재연 씨 부부는 자신의 배를 타고 인근에 있는 화태우체국으로 가서 우편물을 받아 나발도와 소두라도, 두라도 주민들에게 우편물을 배달해준다. 이 집의 가장 막내는 4살짜리 김나일 양이다. 부부는 우편물 배달하면서도 나일이를 데리고 다녔다.

가파른 섬마을 동네를 올라가는데 힘들 것 같아 "나일아! 아저씨가 손 잡아 줄게."하고 손을 내밀자 "괜찮아요!"라고 말하며 배시시 웃으며 엄마 손을 잡고 따라다니는 모습이 귀엽다. 그러는 사이 김재연 씨는 자신의 오토바이를 이용해 우편물을 배달한다.

17년째 배달하는 김재연 씨와 우편배달부 13년차인 부인의 배달구역은 다르다. 부인인 서순례 씨는 화요일과 금요일에만 근무해 한 달에 10일 일한다. 정규직이 아니라 월급이 적은 김씨 부부.

섬마을 주민의 대부분은 노인들이다. 해서 거동이 불편한 노인들의 심부름까지 한다. 때로는 물건을 사다 주기도 하고 송금이나 찾아달라는 부탁까지 들어주어야 한다. 선창마을에서 내려 나일이 손을 잡고 우편 배달하는 부인을 따라 1㎞쯤 떨어진 봉통마을로 함께 걸으며 집안 형편을 들었다.

"5년 정도 가두리 양식을 했는데 태풍 때문에 망했어요. 원래 자금이 있어야 하는데 돈이 없어서 회복하지 못하고 빚이 있습니다. 조카와 고등학생 아들이 사는 여수 시내 영세민 아파트에 가서 자려면 비좁아 칼잠을 자야 합니다. 딸이 올해 서울과기대에 합격했는데 기숙사에 못 들어가 걱정입니다."

"아이들 때문에 힘들지 않으냐?"는 질문에 "말썽 피우는 아이들 없이 잘 커준 아이들이 고맙지만 한편으로는 잘해주지 못한 게 가슴 아프다."

고 말한 부인에게 7명의 아이에 2명의 조카까지 키워낸 사연도 들었다.

김재연 씨의 동생이 급성췌장암으로 사망하자 초등학교 1학년이던 큰애와 동생까지 김씨의 집으로 들어왔다. 동생 부인은 재혼해 떠나고 김씨 부부와 시어머니가 9명의 아이들을 키우기에는 벅찼다.

그러자 14가구에 30여 명의 주민이 사는 봉통마을 주민들이 나섰다. 부부가 배달하러 집을 나서면 동네 할머니와 할아버지들이 나서 아이들을 돌보고 교육은 화태초등학교 두라분교에서 맡았다.

2명이 다니는 분교생 중에는 올해 중학교에 진학하는 '민진'이가 있지만 초등학교에 입학하는 '아셀'이가 있어 2명이 그대로 유지된다. 김씨의 집에 들어올 때 초등학생이었던 조카 중 하나는 취직해 돈 벌고 다른 한 명은 군대 갔다.

"바람 불고 파도칠 때 힘들지만 아이들 공부시키는 게 가장 힘들다."고 말하는 김재연 씨 부부. 차를 세워둔 화태도 월전마을까지 배웅을 해주고 수줍은 얼굴로 "안녕히 가시라!"는 말을 하며 대두라도로 돌아가는 김재연 씨의 배가 파도를 가른다.

요즈음 아이 키우기가 힘들어 결혼도 포기하는 세태이다. 험한 파도를 헤치며 9남매를 키운 부부에게 세상의 바다도 뱃길을 열어주길 빈다.

(17. 01. 23)

하화도... 겨울에 이 정도인데 꽃피는 계절이면?

출렁다리를 장구도로 옮겼더라면....

목포대학교 도서문화연구원 이재언 씨와 멀리 동해시에서 온 이효웅 씨와 함께 하화도 여행에 나섰다. 하화도는 송일곤 감독의 영화 <꽃섬>의 촬영지이자 KBS <1박 2일>과 SBS <런닝맨>의 무대이기도 하다.

여수에서 남서쪽으로 22㎞ 밖에 떨어져 있지 않아 인근 바다를 자주 지나다녔지만 이상하리만큼 방문할 기회가 없었던 하화도. 몇 년 전 방문할 기회가 있었지만 무산되고 작년에는 서울에서 온 지인에게 소개만 해주고 말았다. 그런데 3명이 작정하고 나선 철이 하필이면 꽃이 다 떨어진 겨울철이다.

해마를 닮은 섬 하화도

한국학중앙연구원에서 발간한 <향토문화전자대전>에 의하면 하화도는 임진왜란 당시 인동 장씨가 난을 피하기 위하여 이곳을 지나다가 동백꽃과 섬모초꽃이 만발하여 꽃섬이라 불렀으며, 두 개의 꽃섬 중 아래쪽에 있다 하여 하화도라 부르게 되었다.

최고 지점은 118m이다. 지질은 중생대 백악기 화성암인 중성화산암류가 대부분을 차지하고, 섬 모양이 구두 모양을 하고 있다. 남쪽 해안에는

1 드론으로 촬영한 하화도 모습. 하화도 1/4지점에 출렁다리가 보이고 오른쪽 끝부분에 장구도 모습이 약간 보인다.

2 담벽에 그린 그림과 함께 '아랫꽃섬 하화도'란 글귀가 보이는 담벼락 모습

3 하화도 해안 모습

4 마을 뒤 편에 있는 구절초 공원 모습

5 하화도 남쪽해안에는 예쁜 해식애들이 잘 발달되어 절경을 이룬다

높은 해식애가 발달되어 있고 기후는 대체로 온화하고 비가 많이 내린다.

서쪽에는 장구도와 상화도 북쪽에는 백야도가 있다. 면적은 0.71㎢이며, 주요 농산물로는 고구마·보리·콩·마늘·무 등이 생산되며, 연근해에서는 잡어가 많이 잡히고, 김 양식도 이루어진다. 취락은 북서쪽 해안가에 발달해 있고 주민의 대다수가 간이 상수돗물과 우물물을 식수로 이용하고 있다.

상화도를 떠나 하화도 항구에 도착해 길가 담장을 보니 예쁜 꽃그림들이 반긴다. 해안가를 따라 길을 떠났다. 이곳 물살이 세지 않아서일까? 해안가 자갈들이 둥글지 않고 세모 네모로 각진 돌이다. 왼쪽 나지막한 산비탈 앞에 예쁘장한 화장실이 있고 뒤에는 야생화단지가 있다. 봄이면 다시 피어나기 위해 겨울잠을 자는 꽃들 앞에 팻말이 붙어 있다.

출렁다리 공사... 막산전망대에서 장구도로 연결했더라면…

한참을 걸어 멋지게 생긴 출렁다리 공사현장으로 갔다. 23억 7천만 원을 들여 건설 중인 출렁다리 공사개요를 보니 '자연생태환경이 우수한 하화도에 출렁다리를 설치해 관광지로서의 개발여건 조성과 상징성 및 예술성 있는 출렁다리를 설치해 관광자원과 관광객들의 편의를 도모하기 위해 설치했다'고 적혀있다.

출렁다리를 건너 능선을 따라 내려가니 '막산전망대'가 나왔다. 상괭이 출몰지역이라는 표지판 뒤로 개도가 보이고 고흥 나로도우주센터에 이어 사도, 낭도가 한 눈에 들어온다. 파란 바닷물에 햇빛이 쏟아져 반짝거리는 바다가 눈부시다. 전망대에 한국예총 여수지부 소속 이해순 시인이 쓴 <하화도>시가 눈에 띄었다.

"바다의 길에서 만남 섬들. 발길 닿는 발걸음마다 꽃섬입니다.

바위손이며, 쑥부쟁이며, 구절초가 가을 바다로 번져갑니다.

1 하화도 남쪽해안에는 예쁜 절벽길이 있고 데크를 따라 걷는 길은 정말 아름다웠다

2 막산전망대에서 100여미터 떨어진 지점에는 아름다운 장구도가 있다.

3 하화도 곳곳마다 부처손이 자라고 있었다. 부처손은 습도에 따라 가지를 사방으로 펴거나 오므린다.

4 건설 중인 출렁다리 모습

5 하화도 마을 뒤편에 국내 최초로 건설된 태양광발전소가 보인다.

6 한 겨울인데도 하화도 양지쪽 언덕에 피어있는 국화가 눈에 띄었다

바다가 넘쳐 하늘로 번집니다. 하늘이 바다와 하나가 됩니다.

햇살 우르르 달려와 팔딱거려도 파도와 바람은 고요합니다.

사람과 사람이 맑아지는 꽃섬. 한순간 한순간이 고요해지는 꽃섬.

섬에 오면 국화꽃 사이로 사람들이 꽃 피어요."

막산전망대에서 사방을 둘러보다 100여 미터 앞에 있는 아름다운 섬 장구도가 눈에 들어왔다. 거센 파도에 깎여 멋진 절벽을 드러낸 해식애들이 정말 예쁘다. 파도에 깎여 층층계단을 이룬 아치들이 그림 같다. 퍼뜩 떠오른 생각 하나.

"아니! 하화도 본섬에서 막산전망대까지는 돌아가는 길이 있고 막산전망대에서 장구도까지는 길이 없는데 왜 하필 출렁다리를 그곳에 놓았을까? 차라리 그 돈으로 막산전망대에서 장구도를 연결하는 출렁다리를 건설했으면 훨씬 좋았을텐데…"

현재 건설 중인 출렁다리는 남쪽면이 바다에 접해 있고 상화도 쪽은 막혀 있어 걸어 다닐 수 있다. 더군다나 상화도 주민들은 하화도와 장구도, 상화도를 출렁다리로 연결해주길 희망하고 있었기 때문에 아쉬움이 컸다. 목포대학교 도서문화연구원인 이재언 씨가 경험담을 얘기했다.

"통영의 만지도와 연대도 사이에는 출렁다리가 있어요. 이 두 섬을 연결하는 출렁다리 개통으로 하루에 수많은 인파들이 섬을 방문합니다"

잘 만들어놓은 데크를 따라 남쪽해변을 걸으며 섬을 바라보면 그림 같은 절벽길이 곳곳에 펼쳐져 왜 하화도를 꽃섬이라고 했는지 이해할 수 있었다. 그런데 눈에 거슬리는 안내판이 눈에 띄었다.

"임산물(부채손, 구절초 등) 채취금지. 위반 시 산림자원의 조성 및 관리에 관한 법률 제74조에 의거 5년 이하 징역 또는 1,500만 원이하의 벌금에 처함."

하화도는 구절초와 쑥부쟁이가 유명하고 해안절벽에는 부처손이 많이 자라고 있다. 전국에서 수많은 관광객이 찾아오기 때문에 임산물 채취행위가 많겠지만 '부처손'이 '부채손'이 되어서는 안 된다.

산등성이와 해안 절벽 길을 따라 오르락내리락하며 데크를 걷는데 또 한 가지가 눈살을 찌푸리게 한다. 데크로 만든 길 중간에 자라는 소나무를 자르지 않고 살린 것은 잘했지만 소나무 밑둥이 더 자랄 수 있도록 여유 공간을 두지 않고 꽉 조여 있어 제대로 자랄 수 있을까 걱정되었다.

국내 최초로 건설한 태양광발전소

마을 뒷산 정상에도 정성스럽게 야생화단지를 조성해놓고 관광객들이 쉬어갈 수 있도록 팔각정까지 지어놓은 배려가 돋보인다. 좋은 날 또 다시 돌아올 것을 기약하며 마을로 내려오다 우리나라에서 가장 먼저 시공했다는 태양광발전소를 만났다.

하화도, 장구도, 상화도를 출렁다리로 연결하면 환상의 꽃섬이 탄생해!

하화도를 방문하고 돌아오는 배에서 상사화 꽃말이 생각났다. 상사화는 꽃이 필 때 잎은 없고 잎이 자랄 때는 꽃이 피지 않아 서로를 그리워해서 불린 이름이다.

장구도에서 상화도까지의 거리는 불과 530m에 불과하다. 상화도 주민들의 소원인 상화도와 하화도, 장구도를 견우와 직녀가 만나는 오작교인 출렁다리로 연결하면 환상의 꽃섬이 탄생하지 않을까?

(17. 02. 13)

김밥 만들 때 쓰는 그 '김', 이렇게 만듭니다

완도군 일대의 김 양식장과 공장을 방문하다

한국은 세계 7위의 수산양식강국으로 김·다시마·미역 생산량은 4위다. 2월 말과 3월 4일, 5일 연 2주에 걸쳐 완도군 일대 10여 개의 섬과 바다를 돌아보며 양식장 규모에 감탄했다. 어부들이 공들여 바다에 설치한 시설물들이 수십억 개쯤 될 것 같다.

한 때 완도 김 생산량의 60%를 점했던 넙도

배를 빌려 타고 섬을 돌아보기 위해 선창가에 서 있다가 30년째 김공장을 운영하는 김상수(50세) 사장을 만나 넙도 김에 대한 이야기를 들었다. 김의 주산지였던 넙도에는 한 때 김공장이 27개나 돼 완도 김 생산의 60%를 담당했었다. 그러다 전복이 돈이 된다는 소문이 나자 너도나도 전복양식에 나섰고 현재 돌아가는 김공장은 4개뿐이다.

물김을 생산하는 7가구 어민들은 요즈음 얼굴이 밝아졌다. 배에서 크레인으로 퍼 올리는 물김(120kg) 한 마대 값이 작년보다 3만 원 올랐기 때문이다. 완도소안수협 노화지점에 근무하는 이승화 씨의 말에 의하면 2016년 넙도에서 물김을 생산하는 7가구에서 생산한 액수가 11억 원 정도라고 한다. 김발이 많은 가구에서는 연간 3억 정도를 번다. 이승화씨가

1 한 때 27개의 김공장에서 완도 김생산의 60%를 점했던 넙도 방축리. 현재는 물김을 생산하는 7가구와 4개의 공장만 남았다.

2 물김 120킬로그램 한 포대에 13만 8천 원으로 작년보다 3만 원 올랐다고 한다

3 바다에서 들어온 물김은 세척과정을 거쳐 다음공정으로 넘겨진다. 세척과정에서 발생한 이물질 모습

4 OO수산의 김 가공공장 모습. 김 한 속은 100장으로 연간 40만 속을 생산해 해외로 수출하고 있다

5 바다에서 금방 물김을 채취해 수매를 기다리고 있는 배. 척당 700만 원 정도의 물김이 실렸다고 한다

6 다른 지방 김은 엽체가 넓어 구멍이 나지만 넙도 김은 엽체가 넓지 않아 김밥용으로 좋다. 엽체는 김 이파리를 말한다

입을 열었다.

“소득은 높지만 추운겨울에 작업하기 때문에 고생이 많습니다. 넙도요? 김 소득이 높아 옛날에는 지나가는 개도 500원짜리를 물고 다녔다고 했습니다. 엄청났죠.”

물김 실은 배가 하역장으로 들어오기를 기다리던 김상수 사장이 “넙도에서 생산한 김은 대부분 외국으로 수출하거나 김밥 집에 납품한다.”며 넙도 김이 좋은 이유를 자세히 설명해줬다.

“우리나라 김은 대부분 내만에서 생산하지만 넙도 김은 추자도 근방인 외만에서 생산합니다. 넙도에서 한 시간정도를 가지요. 추자도 근방은 수심이 깊으면서도 뻘밭이라 김이 맛있어요. 초기에 김활성제를 한번 밖에 사용하지 않습니다. 다른 지방 김은 엽체가 넓지만 넙도 김은 좁아요. 엽체가 넓으면 구멍이 많아 김밥용으로 적절하지 않습니다.”

넙도 김이 대우받는 비결, 청정수로 가공해

김상수 씨가 넙도 김이 좋은 또 다른 이유를 보여주겠다며 공장으로 초대했다. 그가 공장에서 바가지로 떠준 것은 청정수였다. 공장에서 약 1㎞쯤 떨어진 불등마을에는 맥반석에서 청정수가 나온다. 김공장에서는 파이프를 통해 청정수를 받아 세척과 가공을 한다. 옆에 서있던 지인이 김 사장을 거들었다.

“전에 완도 김을 구매하려던 일본 바이어가 다른 곳 김공장에 들러 수질을 보고 발길을 되돌렸지만 넙도 수질을 점검한 후 ‘오케이’ 했어요.”

물김을 생산하는 어민들이 김 생산을 꺼리는 이유가 있었다. 9월부터 다음해 4월까지의 추운 겨울에 물김을 생산할 뿐만 아니라 위험요소가 도사리고 있기 때문이다. 김상수 씨가 가슴 아픈 사연을 전해줬다.

“물김을 채취하러 갔던 부부가 사망하기도 했고 또 다른 이웃은 남편은 죽고 부인만 살아 돌아오기도 했어요. 힘들고 위험해서 꺼리는 경향이 있습니다."

4억 5천만 원을 들여 전자동 김가공 기계를 설치한 OO수산에 들러 김 가공 현장을 둘러보았다. 깨끗한 외관을 지닌 공장에 들어가 보니 내부도 깨끗할 뿐만 아니라 모든 시설이 자동화되어 사람의 힘이 필요 없을 것 같다.

사람이 필요한 분야는 바다에서 물김을 생산한 후 세척 수조에 넣어주고 생산한 제품을 모아 박스에 담는 일만 담당한다. 공장장인 남점룡(52세)씨가 바다에서 생산한 물김을 수매하여 수출하기까지의 전 과정을 설명해 줬다.

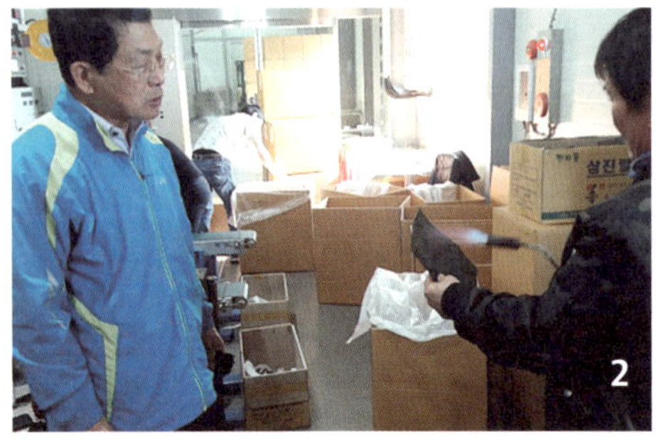

1 완전자동화 시스템을 갖춘 김 가공공장의 생산현장

2김을 맛보라며 OO수산 남점룡 공장장

3 바다에서 생산된 물김을 세척하고 있다

4 건조단계로 들어가기 직전의 김가공 공정 모습

물김수매 – 세척 – 이물질 제거(2회) – 절단 – 숙성 – 조합 – 가공 – 건조 – 포장 – 수출

"전국 물김 생산량의 10%를 완도가 담당한다."고 설명해준 완도군청 해조류담당 고철휴 씨가 특히 넙도 김이 대우받는 이유를 설명해줬다.

"넙도 김이 품질이 좋은 이유는 수질이 좋고 외만에서 생산할 뿐만 아니라 바다에 무기질이 풍부하고 밀식하지 않아 충분한 영양분을 흡수할 수 있는 환경이 조성되어 있기 때문입니다."

사과와 소고기보다 훨씬 많은 비타민 보유한 김

완도군 노화읍에서 밝힌 김의 성분과 효능을 보면 다음과 같다.

단백질, 칼륨, 비타민, 인 등 각종 미네랄이 풍부.

혈중 콜레스테롤 및 동맥경화 위험성 저하. 암 예방. 노화방지.

비타민 C(노화방지) – 사과 10배, 쇠고기 50배

비타민 B1(두뇌발달) – 쇠고기 10배, 조기 30배

칼슘 – 쇠고기 100배.

남성의 정자생산에 필수성분인 아연함유(5.1㎎)

김생산 환경 조건을 보면 어민들이 얼마나 힘든가를 이해할 수 있다. 시설 (9월 하순) – 초벌김(11~12월) – 두벌김(1~2월) – 끝물김(3~4월).

힘들고 춥기 때문에 젊은이들이 기피할 뿐만 아니라 작업인부 관리가 힘들어 부부가 작업에 나서는 복장을 보니 완전무장한 군인 같다.

겹겹이 입은 옷에 방수복을 걸치고 얼굴만 빼고는 두건을 썼다. 배를 빌려 타고 바다에 나가니 경칩이 지났는데도 손이 시리다. 풍랑과 싸우며 차가운 겨울바다에서 맛있는 김을 생산하는 어부들에게 감사드린다.

(17. 03. 09)

전기도 없는 집, 그는 기타를 치며 혼자 산다

소늑도 이강재 씨의 나홀로 섬사랑

목포대학교 이재언 연구원과 함께 광양만에 있는 작은 섬 소늑도를 방문했다. 전라남도 여수시 율촌면 여동리에 있는 소늑도는 면적 0.02㎢의 작은 섬으로 경지 면적은 밭이 0.01㎢, 임야는 0.01㎢이다.

<한국학중앙연구원>의 자료에 의하면 섬의 최고 지점은 20m로 섬 전체의 경사가 비교적 완만하며, 섬 주위에 간석지가 발달하였다. 지질은 중생대 백악기 화성암인 중성화산암류가 대부분을 차지하며, 토양은 신생대 제4기 고온 다습한 기후 환경에서 만들어진 적색토가 넓게 분포한다. 기후는 대체로 온화하고 비가 많이 내린다.

걸어서 10여 분이면 돌아볼 수 있는 작은 섬이지만 10여 년 전까지 11세대가 살았다. 이렇게 작은 섬에 왜 11세대나 살고 작은 분교까지 있었는지에 대한 궁금증은 금방 풀렸다.

섬 주변에 꼬막과 바지락, 굴 껍질이 산더미처럼 쌓여 있었기 때문이다. 썰물 때면 중늑도까지 갯벌이 드러나고 수심 5m 이내인 늑도 주변은 패류서식지로는 최고의 환경을 갖췄다.

1939년 경 기독교 순천교회의 선교사가 섬 일부를 매입하여 기도원으로 활용하면서 신도들이 거주하기 시작하여 마을이 형성되었다. 폐허가

된 마을 뒷산에 올라가니 허물어진 기도원의 모습이 을씨년스럽다.

혼자 살지만 고향이니까 좋다는 이강재 씨... 개발 안 하고 저대로 뒀으면

양식업을 하는 아버지를 따라 6살 때 소늑도로 이사 온 이강재 씨는 이웃한 섬 송도가 고향이다. 순천에서 음악학원을 경영하기도 했던 그는 "열아홉 살 때 태진아, 송대관, 현숙 등 유명가수들이 노래할 때 백밴드를 하기도 했다"고 자랑했다.

폐교된 분교에서 혼자 사는 그의 방에 가보니 기타가 3대나 된다. 전기도 들어오지 않는 집에서 파도와 갈매기소리를 벗 삼아 기타를 치며 음악을 즐기는 그가 섬에서 홀로 사는 이유를 설명했다.

"음악을 좋아하고 축구선수도 해봤어요. 여동생들은 공부를 잘해 잘 살아요. 결혼에 실패하고 혼자 고향에서 열심히 살았습니다. 섬 생활은 잠잘 시간이 없을 정도로 잔일이 많아요. 공단이 들어서기 전까지만 해도 11세대가 살았는데 바다가 오염이 돼서 바지락이 싹 까져버려요. 혼자 살아도 고향이니까 좋아요. 그냥 개발 안하고 저 상태로 뒀으면 좋겠습니다"

방수복을 입고 두건을 쓴 채 조그만 배를 끌고 고향바다를 묵묵히 지키는 그는 고독을 숙명처럼 여기는 자유인이었다. 하지만 이씨의 섬 생활도 몇 년이나 계속될지 모른다.

주변으로는 율촌지방산단과 여수국가산단, 광양국가산단이 들어서며 어업권 보상이 끝나고 양식업이 금지되었기 때문이다. 머잖아 근방의 섬들도 매립이 되어 공장이 들어설 예정이다.

섬을 돌아보니 농촌보다 어촌이 소득이 높고 잘 산다는 판단이 들었다. 농민은 씨를 뿌리고 수확할 때까지 기다려야 하지만 어민은 호미 하나만 들고 바닷가에 나가면 돈이 되기 때문이다. 여수로 돌아오며 고민에 빠졌다. 경제를 위해 산단 개발이 옳을까, 보전해야 할까? (17. 01. 26)

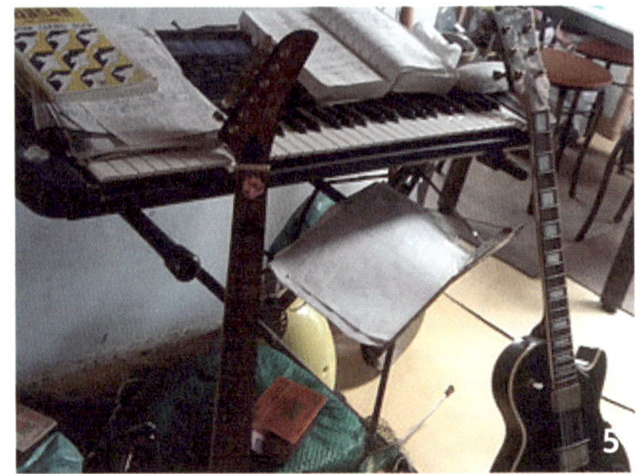

1 드론으로 촬영한 소늑도 모습. 10여 채의 집이 보이지만 이강재 씨 혼자 산다

2 송도에서 소늑도로 우리를 태워준 이강재(왼쪽)씨와 이재언 씨가 대화하고 있다

3 분교였다가 폐교가 된 집을 손질해 이강재 씨 혼자 살고 있다

4 소늑도에는 고롱골나무 20여 그루가 자라고 있었다

5 음악을 사랑하는 이강재 씨 방에 있는 기타가 3개나 됐다. 파도와 갈매기소리가 어우러진 이씨의 음악을 듣고 싶었지만 잠잘 시간도 없다고 하소연했다

6 이씨가 사는 집에는 우물도 있다. 이재언 연구원이 우물물을 길어 보고 있다

일곱 집 사는 섬에 모노레일과 케이블카가?

넓다는 뜻을 가진 섬, 전남 유일한 케이블카와 모노레일 설치

목포대학교 도서문화연구원 이재언 씨와 함께 여수에서 멀리 떨어진 광도를 방문했다. 북위 34°15′, 동경 127°32′에 위치한 섬은 면적 0.66㎢, 해안선 길이 5.1km의 작은 섬이다.

광도는 여수에서 80km, 손죽도에서 남동쪽으로 17.6km 떨어진 곳에 있는 삼산면에 딸린 섬으로 옛날에는 넓은 곳이라는 뜻의 '너프리'라고 불렀다. 본래는 '병풍도'라고 했는데, 1914년 고흥군에서 여수군으로 행정 구역이 개편되면서 주위 섬들에 비하여 넓다고 하여 넓을 광(廣) 자를 써서 '광도'라는 이름을 갖게 되었다.

먼 바다를 갈 때는 특히 날씨에 주의해야 한다. 연안에서 잔잔하던 바다가 먼 바다에 나가면 큰 파도로 돌변할 수가 있기 때문이다. 일기예보를 들으니 며칠간 날씨가 좋다는 소식이 들려왔다.

여수 국동항을 떠난 배가 백야도 등대를 지나 꽃섬인 하화도를 지나자 아스라이 광도가 보인다. 바람은 거의 없지만 큰 배가 지나갈 때마다 커다란 너울이 다가와 뱃전을 때린다. 멀리 반원을 그리며 보이는 섬들 사이에 바다안개를 두른 채 뾰족 솟아오른 광도가 점차 모습을 드러낸다.

고깔모자처럼 우뚝 솟아 오른 섬이 정체를 드러내자 필자는 두 번 놀랐

1 드론으로 촬영한 광도 모습

2 가파른 산중턱에 있는 마을까지 짐을 운반하기 위해 모노레일과 케이블카까지 설치된 광도 마을 모습

3 강풍에 날아가는 걸 막기 위해 밧줄이 드리워진 집

4 강한 태풍으로 선착장 인근 모노레일이 부서졌다.

5 마을과 이어진 산자락 모습.

6 동행한 이재언 연구원이 케이블카 앞에서 포즈를 취했다, 방파제에서 마을까지 운반수단이다

7 고단한 섬생활을 말해주는 집안 모습

8 광도 바닷가에 예쁜 꽃이 피었다

다. 깎아지른 듯한 바위가 섬을 둘러싸 예쁜 경치를 뽐내는 점과 이런 가파른 섬에서도 사람이 살고 있다는 점이다.

섬의 최고봉은 243m로 정상에 소규모 능선이 발달했고 남서쪽으로는 완경사면 지대가 산록에 나타난다. 농토라고는 가파른 경사지에 있는 약간의 밭이 전부여서, 해초 채취가 주민들의 주 소득원이다. 또한 해안 주위에 발달한 암석 해안과 갯바위에 좋은 낚시터들이 있어 낚시꾼이 많이 찾는다.

선착장에 배를 매고 높은 돌담을 친 동네로 올라가려니 숨이 가쁘다. 경사가 45도쯤 되는 마을로 올라가는 길에는 모노레일과 케이블카가 있었지만 선착장까지 연결된 모노레일 하단 부분은 파도에 휩쓸려 나가 없어지거나 구부러졌다.

"주민이 많을 때는 28세대에 6~70명까지 됐습니다. 제 어릴 적에는 학교가 없어 한문을 배웠고 한글은 초빙교사한테 배웠습니다. 동네 주민들이 돈을 갹출해 아이들 눈 틔운다며 교사를 특별히 모셔왔죠. 나중에 분교가 생겨 학생수가 30명에 달하기도 했어요. 광도 초등학생들은 1~2학년 때부터 지게지고 나무하러 다녔습니다. 광도 앞바다에서 해초도 뜯었는데 광도 미역이 제일 맛있어요."

육지와 멀리 떨어진 광도는 여수부근으로 진로를 향한 태풍 위력을 온몸으로 맞는 지점이어서일까? 대부분 섬마을은 바닷가에 있지만 광도는 가파른 섬 중간 부분에 마을이 있고 부서진 모노레일이 태풍의 무서움을 말해주고 있었다. 송강복 씨는 11살 때부터 아버지 뗏목을 타고 고기 잡으러 다녔다.

"당시 뗏목타고 바다에 나가면 팔뚝만한 조기가 많이 잡혔어요. 한번 나가면 고기를 한 배 가득 싣고 왔지요."

지금도 일곱 집이 살고 있는데 노인들이라 몸이 아파 여수시내 병원으로 왔다 갔다 한다. 몇 척 있었던 전마선은 태풍 사라호 때 대부분 부서졌다. 정기여객선이 다니지 않기 때문에 주민들의 애로사항이 많다. 송씨가 사라호 태풍 때 겪었던 아픈 기억을 말하며 눈시울을 적셨다.

"경상도에서 고기 잡으러 온 부자가 사라호 태풍 때 배를 육지로 끌어올리는 순간 큰 파도가 덮쳐 바다로 떠밀려가며 '사람 살려!'라고 외치는데 아버지가 먼저 파도 속으로 휩쓸려 들어갔어요. 뱃전을 잡고 있던 아들도 다음번 파도가 치니까 파도 속으로 사라져 버렸어요. 동네사람들과 경찰은 마을에서 그저 바라보기만 하며 눈물을 흘리면서 가슴이 터졌어요."

"광도 자랑 좀 해달라"고 요청하자 "자랑할 게 없어요."라고 말한 그가 힘주어 주장하는 게 있었다.

"현재 노인들만 남은 광도는 앞으로 몇 년 있으면 무인도 됩니다. 태양열발전기와 풍력발전기가 있어 그나마 문명의 혜택을 받고 사는데 풍력발전기 2기중 1기가 고장 났어요. 방파제 시설이 제대로 안 돼 짜증이 나버려요. 제대로 된 시설이 있으면 섬에 들어가기를 원하는 젊은이들이 있어요. 우리는 대한민국 국민이 아닙니까?"

"광도에 가면 밥맛이 좋고 산에 가면 건강에도 좋다."는 송강복 씨는 대한민국 국민이면 누릴 수 있는 복지시설을 광도주민도 누릴 수 있기를 바랐다. (17. 04. 18)

부부 단 둘이 사는 섬, "우리 죽으면… 무인도 될 거여"

완도군 금일읍 장도, 아름답지만 운반수단은 지게뿐인 섬

목포대학교 도서문화연구원 이재언 씨와 함께 완도군 금일읍에 딸린 장도를 다녀왔다. 북위 34°12′, 동경 127°10′, 면적 1.109㎢, 해안선길이 5km의 작은 섬으로 3명이 살지만 한 분은 도시로 왔다 갔다 하기 때문에 실제론 부부만 사는 외로운 섬이다.

전국 섬을 다니다 보면 '장도'라는 이름을 가진 섬이 여러 개 있다. 장도는 섬모양이 대부분 '—'자 형으로 길게 뻗은 섬을 일컫는다. 완도군 금일읍에 있는 장도는 섬이 비교적 높고 험한 산줄기가 동서 방향으로 길게 늘어진 모양을 하고 있으며, 무인도인 대마도·소마도·흰여를 거느리고 있다.

장도는 주섬인 평일도에서 동남방향으로 20km, 완도와는 35.6km 이지만 생활권은 여수이다. 완도군에서 가장 멀리 떨어진 섬으로 여수와 경계에 있는 섬이다. 완도에서도 갈 수 있지만 여수에 생활 근거지를 두고 있기 때문에 여수항 여객선 터미널에서 초도까지 가는 여객선을 타고 초도에 와서 장도에 연락하면 장도까지는 현지 주민의 배가 있다.

<네이버 지식백과사전>에 의하면 장도는 기암절벽으로 이루어져 있고 남쪽은 급경사, 북쪽은 완만한 경사를 이루며 남동쪽 해안에는 해식애가 발달하여 경관이 수려하다. 또한 아열대 활엽 상록수림이 온 섬을 뒤덮고

1 드론으로 촬영한 장도 모습

2 바다에서 바라본 마을 모습을 보고 처음엔 별장인 줄 알았다.

3 태풍에 선착장이 무너져 바윗돌에 뾰족한 돌을 세워 배를 묶었다. 괜찮다고 했지만 몇번 뒤돌아 봤다.

4 태풍때문에 죽은 나무들 뒤로 마을주민들과 부부교사가 힘써 지은 학교가 문을 닫았다. 8부능선 쯤에 폐교가 아스라히 보인다

5 40년 전 장도에 부임한 후 마을 발전을 위해 헌신한 김귀근, 김정자 부부교사를 기리기 위한 공덕비.

있어 아름다운 섬이다.

식물 경관과 아울러 다도해해상국립공원의 일부에 속하는 장도의 매력은 무엇보다도 사철 감성돔을 낚을 수 있다. 장도의 최국남(80세) 변종례(78세) 부부가 하는 일은 산채를 수집하거나 낚시꾼들에게 고기가 잡히는 포인트를 안내하거나 통발을 한다.

소거문도를 떠나며 최국남 씨에게 미리 전화연락을 하고 장도 선착장에 당도해 마을을 살펴보니 기암괴석과 활엽상록수들이 우거진 숲속에 몇 채의 집이 보인다. "부자들이 멋진 섬에 별장을 마련했을까?" 궁금해하는 동안 한 노인이 손짓하며 조심히 자신이 서있는 곳 인근까지 와서 밧줄을 던지란다. 배를 조심스럽게 몰아 바위 옆에서 밧줄을 던진 후 바닷가 바위에 내려 수인사를 하며 대화를 나눴다.

"어르신, 선착장은 어디고 밧줄은 왜 돌 위에 묶어요?"

"선착장이 태풍에 부서져서 이곳 바위에 임시로 이렇게 뾰족한 돌을 세워 배가 떠나가지 않도록 묶어놔요."

100여 섬을 돌아봤지만 돌 위에 밧줄을 동여매기는 처음이라 불안했다. 섬주민이 괜찮다고 했지만 마을로 올라가며 불안해 자꾸 뒤돌아봤다. 우리가 타고 왔던 배가 떠내려가면 다른 배를 타고가 잡아올 배도 없기 때문이다.

"어르신 배가 떠나가지 않을까요?"

"꽁꽁 묶으면 잠시 머물기에는 괜찮아요."

최씨를 따라 가파른 골목길을 따라 올라가니 계곡물을 가로지르는 구름다리 옆에 비석하나가 나타났다. '김귀근 부부교사 공덕비'다. 최국남 씨가 비석 유래에 대해 설명해줬다.

"이 마을에 제대로 된 학교를 세우고 마을길을 만들며 장도 발전을 위해 헌신적으로 일한 김귀근, 김정자 부부교사의 공덕을 기려 마을에서 세

1 태양열과 풍력을 이용해 발전하는 모습

2 최국남 씨의 1톤 짜리 배를 갯가에 올리려면 기계의 힘을 빌려야 한다. 태풍에 방파제가 무너졌다

3 최국남(80세) 변종례(78세) 부부와 나란히 앉은 이재언 씨 모습

4 이 장사라는 소리를 들었지만 인공관절을 넣은 최국남(80세)씨는 장작불로 난방과 취사를 한다

5 태풍 때 부서진 선착장 때문에 최국남 씨의 배가 움직일 수가 없다고 한다. 부서진 선착장 모습

6 영화속에나 나올법한 아름다운 마을 모습이지만 비좁고 가파르기 때문에 지게가 운반수단이다

워준 공덕비입니다. 새마을운동의 본보기를 보여준 분들이죠."

40년 전 마을에 부임한 부부교사가 헌신적으로 일하자 마을주민들이 나서서 시멘트와 모래를 날라 학교를 세우고 마을길도 포장했다.

"당시 학교 지을 때 시멘트 세 포대를 가볍게 지고 다녔는데 나이든께 이렇게 힘도 없어지고 기억력도 떨어지네요. 태풍 때 방파제가 무너졌는데 둘 밖에 없다고 그런지 방파제를 만들어주지 않네요."

최씨 부부는 1T짜리 배를 이용해 면소재지인 평일도에 가서 시장도 보고, 우편물도 찾으러 갔었다. 인구가 워낙 적은 관계로 여객선과 우체부도 들어오지 않기 때문이다. 공덕비를 지나 왼쪽으로 난 경사진 길을 올라가니 폐가가 몇 채 보이고 그 뒤로 태양열 발전 시설과 풍력 발전 시설이 보인다. 둘만 사는 섬에 충분한 전기를 생산하지만 가스통 나를 사람이 없어 장작불을 태워 취사와 난방을 한다.

고개 넘어가면 천 평이 넘는 밭이 있어 소가 쟁기질까지 하고 나무와 물이 좋은 섬이었는데 태풍 때문에 좋은 나무들이 죽어버렸다. 경치가 좋아서인지 "육지 사는 사람들이 집을 짖겠다며 땅을 사달라고 부탁하기도 한다."는 최씨가 한탄조로 말을 이었다.

"한때 34호에 100명이 넘는 주민이 사는 섬이었는데 다 떠나고 둘만 남았어요. 젊었을 적에는 힘이 장사라는 소리도 들었는데 무릎에 인공관절을 넣고 아내도 대상포진에 걸려 3년 동안 병원에 있다 퇴원했어요. 낚싯배와 통발로 먹고 살지만 우리 부부 죽으면 무인도가 될 거여."

최씨를 따라 선착장 구경을 갔다. 선착장 안쪽에는 최씨의 배 한척이 육지에 올려져 있고 10m 정도의 방파제 한쪽이 무너져 배가 오갈 수가 없었다. 힘없는 노인 둘만 살기 때문에 배를 갯가로 들어 올리려면 기계의 힘을 빌려 와이어 케이블로 배를 묶어서 육지로 올린다.

해가 저물고 날이 어두워지며 떠날 준비를 하자 "여기까지 오셨는데 대접할 게 없다."며 음료수를 내놓는 부부의 친절에 감사하며 뱃전으로 되돌아오는 동안 살펴본 마을은 영화 속에나 나올 것 같다.

길이 좁고 구불구불할 뿐만 아니라 가파르기까지 해 경운기하나 들여놓을 수 없는 길이다. 운반수단은 오직 지게와 등짐뿐이다. 한국에 아직도 이런 마을이 있다는 게 신기할 뿐이다. 바닷가에 나와 우리가 탄 배가 안 보일 때까지 손을 흔드는 부부의 건강과 장수를 빌었다.

(17. 04. 30)

이 섬이 항일운동 1번지였다는 증거는?

사립소안학교에서 교육의 중요성을 깨닫다

민족의 섬! 항일운동의 1번지! 항일의 성지로 불리는 소안도를 방문했다. 소안도는 완도에서 남쪽으로 20.8㎞ 떨어진 섬으로 동쪽에 청산도, 서쪽에는 노화도와 보길도에 인접해 있고 남쪽으로는 멀리 제주도를 바라보고 있다.

<소안면 홈페이지>에 의하면 소안도는 1592년 임진왜란 때 피난민들이 이주하기 시작하여 섬이름을 달목도라 칭하고 영암군에 배속되었다가 1896년 완도군 설군으로 소안면이라 개칭되어 오늘에 이르고 있다.

완도군의 최남단에 위치해 총면적 28.7㎢(여의도의 3배)의 작은 섬으로 체도를 포함한 4개의 유인도와 12개의 무인도로 형성되어 있다. 기후가 온화하고 지형이 남북으로 길게 뻗어 장구형태(오뚝이 형태)을 이루며 산지가 많고 농수산업을 겸하고 있으나 주 소득원은 수산업이다.

해안은 동쪽에 반도처럼 돌출되고 곳곳에 소규모 돌출부가 있다. 동쪽과 남쪽 해안은 암석해안이 대부분이며 중앙의 사주와 북쪽 해안에는 간석지가 펼쳐져 있다. 대체로 해양성기후를 나타내며 1월 평균기온 2.5°C 내외, 8월 평균기온 25°C 내외, 연강수량 1,322mm 정도이다.

주민들은 대부분 농업과 어업을 겸하고 있다. 농산물로는 쌀, 보리, 콩,

1 드론으로 촬영한 소안도 모습

2 '항일의 섬, 해방의 섬 소안도'라고 씌어진 표지석. 항구에 서있다.

3 소안 항일운동의 정신을 기리기 위해 2003년에 개관한 소안항일운동기념관 모습. 드론으로 촬영했다

4 토지소유권반환투쟁 승리기념비 모습

5 소안도 항일운동의 싹을 티운 사립소안학교 모습. 2005년에 복원했다

고구마 등을 재배하며, 근해에서는 멸치, 방어, 민어, 도미, 가오리, 고등어 등이 잡히고 김, 굴, 전복, 미역 등의 양식이 활발하다.

항일 선열들의 산교육장인 소안항일운동기념관과 더불어 진산리, 미라리, 부상리 등 3개소의 갯돌 해수욕장과 미라리 상록수림(천연기념물 339호), 맹선리 상록수림(천연기념물 340호) 등이 있어 관광객들이 찾고 있다.

69명의 독립운동가, 20명의 독립유공자를 배출

섬 이름이 '소안'인 연유는 1627년 '이진'진에서 제주를 왕래할 때에는 반드시 소안도 월항리를 거쳐 오가도록 했다. 이진에서 소안 사이는 내해라서 바다가 잔잔했으나 제주와 소안 사이는 큰 바다로 평상시에도 파도가 일고 물결이 거칠어 바다를 처음 접한 관원들은 공포에 시달리다가 소안도에 상륙하면 안심한 곳 즉, 소안(所安)이라고 외쳤다.

또한 섬주민들이 다른 지역에 비해 기개가 용맹함으로 외부인들로 부터 침범을 받지 않게 되었고 이로 인해서 사람들이 100세까지 살기 좋은 곳이라 여겨 '바' 소(所), '편안' 안(安) '섬' 도(島)를 써 '소안도'라 불렀다.

<완도향교>지에 의하면 소안도는 대일항쟁시절 함경도 북청, 부산 동래와 함께 거세게 항일운동을 펼쳤던 곳이다. 일제강점기 시설 항일구국운동을 펼치고 독립군자금 모금과 노동자, 농민운동을 전개하는 한편 소안학교를 세워 후학을 양성하고 조국독립을 위해 목숨 바쳤던 곳이다.

소안도 항일운동의 주역은 송내호와 김경천, 정난국 등이다. 이들이 조직한 수의위친계, 배달청년회, 소안노농대성회, 살자회, 일심단 등의 항일운동 조직이 소안도와 완도 일대의 항일 운동을 이끌었다.

1894년 동학혁명이 일어나자 동학의 접주 나성대가 이끄는 동학군이 소안도로 들어와 군사훈련을 시켰다. 이 때 소안도 출신 이준화, 이순보,

1 당사도에 설치한 등대를 습격해 일본인 4명을 타살하고 시설물을 파괴한 사건은 소안도 민중항쟁의 시발점이다. 기념관에 있는 당사도등대 습격사건 모형

2 섬사랑 1호 오른쪽에 소안농협에서 운영하는 '대한호'가 보인다. 소안농협에서는 '대한호'와 '민국호'외에 '만세호'도 운영한다.

3 소안항일운동 주역인 송내호, 송기호 형제와 부친을 모신 묘역 모습

4 소안항일운동기념탑 뒤편에 사립소안학교가 보인다.

5 이대욱 기념사업회장이 노란무궁화를 가리키고 있다. 노란무궁화는 소안도가 원산지로 바닷물에 뿌리가 닿아도 죽지 않고 병충해에 강하다.

6 소안도 주민들은 항일정신을 계승하기 위해 365일 나라사랑운동을 실천하고 있다. 소안도에서는 가정은 물론 거리, 공원 등에 1,100여 개의 태극기가 365일 휘날리고 있다.

이강락 등이 동학군에 합류했고 주민들은 동학군들의 식량을 조달했다.

소안도 항일운동의 씨앗은 '중화학원'과 사립소안학교'

동학혁명이 실패해 몇몇 주민이 청산도로 끌려가 총살당했고 이순찬, 이준화는 도피했다. 1876년 병자수호조약 이후 일본이 인근 당사도에 등대를 설치하자 1909년 이준화 외 5명이 등대를 습격해 일본인 4명을 타살하고 시설물을 파괴했다. 당사도 등대사건은 소안도 민중항쟁의 시발점이고 소안의 교육과 정신이 항일과 구국에 있었음을 보여주는 증거다.

동학의 영향과 함께 소안도 항일운동의 기반은 '중화학원'과 '사립소안학교'였다. 중화학원은 송내호, 김경천 등이 설립했는데 사립소안학교의 모태가 되었다.

소안도 주민들은 1905년 궁납전이던 소안도의 토지를 강탈해 사유화한 매국노 이기용으로부터 토지를 되찾기 위해 13년 동안이나 법정투쟁을 벌였다. 1922년 2월 토지를 되찾은 소안도 사람들은 성금을 모아 사립소안학교를 세웠다. 소안학교는 인근의 노화, 청산은 물론이고 해남 제주도에서까지 유학생이 몰려왔다고 한다.

소안이라는 작은 섬에서 항일운동이 일어난 이유가 궁금해 소안항일운동기념사업회장인 이대욱 씨에게 이유를 들어보았다. 그가 설명해준 내용을 요약했다.

▲인근섬인 거문도로부터 신식학교의 영향 받음 ▲양반과 지주층이 없어 주민 상호간 갈등소지 적음 ▲한말 토지회수 투쟁을 통한 단결력 강화 ▲일찍 신교육을 시작해 의식수준 향상 ▲지리적으로 중요한 항로에 위치해 외부정보와 근대문명에 일찍 눈뜸

1924년 2차 소안 노농대성회 사건을 시작으로 많은 소안도 주민들이 경찰에 체포돼 감옥에 갇혔다. 1920~1930년 소안도 관련기사만 200건

이 넘고 기사에 등장한 인물도 수백 명에 달했다.

감옥에 있는 사람들 생각해 추운 겨울에 이불도 덮지 않은 주민들

주민들은 일제경찰에 말하지 않는 '불언동맹'이나 일장기 걸지 않기, 일본 국경일 행사 거부 등 일제 폭압에 맞섰다. 각종 행사 때 일본 경찰의 입회를 허락하지 않았다. 강렬한 항일운동을 기록이 말해준다.

1920년 6천여 명의 주민 중 800명 이상이 불령선인으로 낙인찍혀 일제의 감시와 통제를 받았다. 불령선인(不逞鮮人)은 불온하고 불량한 조선 사람을 일컫는다. 일제는 결국 1927년 소안학교를 폐쇄해버렸다.

해방 후에도 소안도 항일운동의 역사는 오랫동안 잊혀 있었다. 친일파가 득세한 해방조국에서 독립운동과 민족해방운동에 참여한 수많은 항일운동가들은 숨죽이고 있어야만 했기 때문이다. 소안도 항일운동의 역사는 1990년 소안면 비자리에 항일 독립운동기념탑이 세워지면서 복권됐고 최근에야 독립운동기념관이 들어섰다.

소안면은 일제 강점기에 치열하게 항일운동을 전개했던 선열들을 추모하고 항일정신을 계승하고자 365일 나라사랑운동을 실천하고 있다. 각 가정은 물론 거리, 공원 등에는 1,100여개의 태극기가 365일 휘날리고 있다.

소안농협이 운영하고 있는 화흥포, 노화, 소안 간을 운항하는 여객선 이름도 유별나다. 소안항일운동기념사업회장인 이대욱 씨가 제안한 것을 받아들여 '대한호', '민국호', '만세호'는 현재도 태극기를 휘날리며 남해바다를 항해하고 있다.

전국 섬을 돌아다녀보면 거의 모든 학교가 사라지고 통폐합되고 있다. 젊은이들이 섬에 들어오는 걸 꺼리는 이유 중 하나는 교육문제다. 사립소안학교가 소안도 주민을 각성시킨 것을 타산지석으로 삼아야 한다.

(17. 05. 07)

우리가 다시 알아야 할 '독도의 진실'

김문길 교수 "일본이 자꾸 독도를 이슈화하려는 이유는..."

4강에 둘러싸인 한반도의 운명이 요동치는 요즈음 한 치의 땅이라도 지키기 위해 애쓴 선열들의 발자취를 따라가며 그 분들의 고귀한 희생정신과 나라사랑 정신을 본받으려는 모임이 있다. 해양영토는 육지의 5배나 된다. 삼면이 바다인 한반도 바다를 지키기 위해 애쓴 선열로는 남해의 이순신 장군과 동해의 이사부 장군을 들 수 있다. 기자는 국내유일범선인 코리아나호를 타고 이사부기념사업회원들과 함께 울릉도와 독도를 방문한 내용을 기록하고 있다.

지난 3일 오전 10시, 이사부기념사업회가 주최한 '2017 제10회 삼척 - 울릉도·독도 이사부 항로 탐사 안전기원제 및 출항식'을 마친 울릉도 독도 탐사대는 오후에 시범항해에 나섰다.

목적지는 삼척에서 10여 ㎞ 떨어진 앞바다. 여수에 선적을 둔 코리아나호는 정채호 선장이 운전한다. 여수에서 3일 동안 배를 타고온 필자를 포함한 몇 명을 제외하면 대부분은 범선 여행이 처음인지라 들떠있었다.

삼척 앞바다 날씨는 가을하늘처럼 맑고 시원한 바람이 불어와 항해하기엔 더없이 좋은 날씨지만 대부분의 마음속에는 일말의 불안이 깃들어 있었다. 저 멀리 남태평양에 태풍 '노루'가 이리저리 돌아다닌다는 소식이 들려왔기 때문이다.

"독도가 한국 땅이라는 문서 있는데도 일본이 이슈화하는 이유는…"

폭염에 시달리다 바다에 나와 시원한 바닷바람을 맞은 일행은 태풍 걱정을 내일로 미루고 예정된 선상강의를 시작했다. 독도 강의를 맡은 이는 부산외국어대학에서 일본어를 강의했었던 김문길 교수. 일본 국립교토대학과 고베대학원에서 한일관계사를 전공한 분으로 일본어가 능통하다. 그의 손에는 일본에서 발행한 고지도와 고문서가 여러 장 들려있었다.

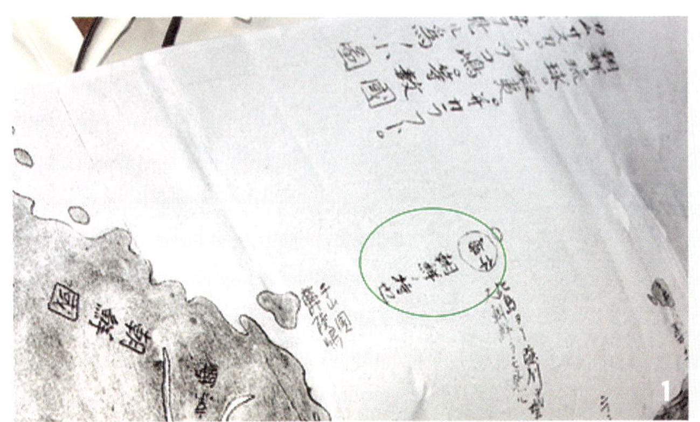

1 김문길 교수가 발견한 일본 고지도로 원안에 적힌 일본어는 "죽도는 조선노 모찌"라고 적혀 있다. 김문길 교수는 '모찌'는 '몫'이라는 뜻이라고 설명해줬다. 일본인들이 독도를 죽도로 부르기 때문에 독도는 조선 땅이 된다

2 코리아나호에서 울릉도,독도 탐사대원들에게 독도의 진실에 대해서 강의하고 있는 김문길 교수. 일본대학과 대학원에서 한일관계사를 전공하고 수많은 일본 자료를 발굴한 한일관계 전문가다

3 김문길 교수가 독도 강의를 위해 만든 안용복, 박어둔 그림. 아래 설명이 적혀있다

"신라 지증왕 13년에 우산국을 정복한 이사부는 울릉도와 독도의 시조입니다. 그가 없었더라면 울릉도와 독도는 누구 땅이 됐을까요? 요즈음 독도를 지키는 국민의식이 날로 높아져가고 독도 연구와 강의를 하는 분이 더러 있습니다.

하지만 독도를 연구하는 분들은 주로 우리나라 사료를 가지고 연구하고 가르칩니다. 우리나라 사료는 일본인들이 믿으려하지 않고 세계인들도 마찬가지입니다. 일본인들이 만든 고지도와 고문서는 일본인들도 높게 평가하고 있습니다."

김문길 교수는 20여 년간 일본에서 독도를 연구했고 일본인이 제작한 고지도와 고문서를 발견·연구해 일본인들에게 "독도는 조선땅."이라고 강연하고 있다. 공로를 인정한 보훈청에서는 그를 독도를 강연하는 국가 교수로 임명하기도 했다.

"독도에 사람이 살지 않은 건 공도정책 때문"

"울릉도와 독도에 사람이 살지 않은 건 섬에 사람이 살지 못하도록 지시한 공도정책(1417년) 때문"이라고 주장한 김 교수는 "왜구들이 들어와 식량과 물건을 훔쳐가고 조선인들을 죽이고 생포해갔기 때문."이라고 덧붙였다.

그는 "우리나라 문화재를 일본에 많이 방출한 시기는 왜구들이 난립한 고려시대부터 임진왜란과 일제강점기이며 일본이 소장한 우리 문화재가 7만4,434점이나 된다."라고 주장했다.

안용복은 부산수영성 노군으로 일본어가 능통했다. 한편, 울산 출신 박어둔은 염전을 운영하는 소금장수였다. 두 사람은 1693년 울릉도 독도에 가서 일본인을 쫓아내려 했으나 일본인이 너무 많아 오히려 일본에 납치됐다.

일본에 간 두 사람은 인슈국(현 시마네현) 통치자 마쓰타이라 신타로에게 독도는 조선 땅이라고 했다. 마쓰타이라는 두 사람의 말이 거짓 없는 말이라 여겨 일본 어선이 못 들어가도록 금지령을 내렸다. 김문길 교수는 300여년 만에 금지령을 발견해 세상에 알렸다. 시마네현 통치자의 독도 출입금지령을 어긴 일본 어부 '하치우에몬'이 사형당한 기록도 김 교수가 발견했다.

"국력이 약한 일본이 대국인 러시아를 이긴 것은 독도를 먼저 침탈했기 때문."이라고 주장한 그는 "일본이 독도를 침탈한 것은 러·일전쟁 때부터."라고 주장하며 국제법적 효력이 없는 이유를 들었다.

"1905년 2월 12일 일본외무성이 '독도를 죽도라 하고 일본시마네현 오

1 김문길 교수가 일본에서 발견한 한국관련자료 설명

2 독도는 우리땅임을 증명할 일본 자료가 많다.

3 코리아나호에서 선상강의를 하고 있는 김문길 교수

4 강의를 열심히 듣고 있는 일행들

끼섬 소관으로 하라'는 훈령을 내렸어요. 훈령이 무엇입니까? 일본 내각들이 의논하고 외무성이 내린 것입니다. 훈령은 관보에는 없어요. 관보에 없는 것은 국제법적 효력이 없습니다."

김문길 교수, '독도 편입은 1939년 4월 24일' 문서 발견해

일제강점기 시절 대한제국은 속국이 돼 역사에서 사라졌다. 김 교수는 '오끼섬 도의원들이 시마네현장과 의논해서 소화 14년(1939년) 4월 24일 만장일치로 편입했다'는 문서를 발견했다.

편입할 때 오끼섬 주민들은 장차 일본이 패전해도 독도는 돌려줄 수 없다는 예측을 했다는 것. 편입이 1939년이라면 일제강점기로 1945년 일본이 패전해 한국식민지를 돌려줄 때 당연히 독도도 돌려줘야 한다. 그러나 일본은 "1910년 한일합병전에 독도(죽도)는 일본영토로 했으니 돌려줄 수 없다."라고 주장하고 있다.

"일본해군사령부에 독도란 이름이 아직도 보관돼 있어"

김 교수는 재미있는 사실도 알려줬다. 제2차 세계대전시 일본은 모든 국유지를 해군진수부(사령부)로 편입시켰다. 1940년 해군사령부는 오끼섬 주민들이 편입시킨 독도(죽도)를 받을 때 토지명을 죽도가 아니고 독도로 받아 지금도 외무성 문서에는 독도로 명시돼 있다. 이미 원보를 입수하고 있던 김 교수가 요청하자 독도를 사인펜으로 지운 문서를 받았다고 설명했다. 김문길 교수가 힘줘 말했다.

"이렇게 독도가 우리 땅이라는 일본 정부의 문서가 있는데도 한결같이 독도가 일본 땅이라 하는 의도는 보수정권을 유지하기 위해 일본국민들의 애국심을 자극하는 것입니다. 또한 패전이후 나약해진 일본 2세들에게 일본정신을 다시 심어주고 영토를 빼앗자는 것입니다." (17. 08. 12)

동해 고래, 한미관계 뿐 아니라 독도 역사와도 연결

고래들이 뛰노는 동해에서 한반도의 평화를 꿈꿔

4강에 둘러싸인 한반도의 운명이 요동치는 요즈음 한 치의 땅이라도 지키기 위해 애쓴 선열들의 발자취를 따라가며 그 분들의 고귀한 희생정신과 나라사랑 정신을 본받으려는 모임이 있다. 해양영토는 육지의 5배나 된다. 삼면이 바다인 한반도 바다를 지키기 위해 애쓴 선열로는 남해의 이순신 장군과 동해의 이사부 장군을 들 수 있다. 기자는 국내유일범선인 코리아나호를 타고 이사부기념사업회원들과 함께 울릉도와 독도를 방문한 내용을 기록하였다.

코리아나호를 타고 독도와 울릉도를 돌아본 52명의 이사부항로탐사대원들은 신이 났다. 태풍 '노루'도 일본 규슈로 갔다는 소식도 들려오고 푸른하늘과 함께 바다가 너무나 평온했기 때문이다.

코리아나호를 운전하는 정채호 선장이 마이크를 들고 "뱃사람들은 이렇게 평온하고 잔잔한 바다 모습을 보고 방바닥에 까는 장판에 빗대어 '장판'이라고 불러요."라고 말하며 분위기를 띄웠다.

걱정했던 태풍이 일본으로 빠졌는지 코리아나호 선수에 걸린 돛 '제노아'를 올렸는데도 바람이 거의 없다. 태양은 눈부시게 빛나고 동해바다가 끝없이 펼쳐졌다. 평화로운 바다다. 가끔씩 멀리 지나가는 무역선과 어선만 지나갈 뿐이다.

평화로운 동해바다가 유지되기를 빌어!

문득 이렇게 넓고 평화로운 바다가 6·25때는 전쟁의 중심에 섰다는 생각이 들며 4강에 휘둘리고 북한 김정은 변수까지 발생해 한반도위기설이 돈다는 생각이 들어 슬픔과 함께 분노가 떠올랐다. 러시아 공사를 역임했던 박종수 씨가 현상황에 대해 이야기했다.

"최근 미국 트럼프와 북한 김정은 간에 막말폭탄이 오가고, 미국과 중국간에도 '미국이 북한을 공격하면 점령 이후의 상황을 미·중이 논의해

1 아름다운 독도모습으로 고래잡으러 온 서구 열강 포경선원들이 공식적으로 세계에 알렸다.

2 독도에 정박한 코리아나호 앞에서 독도주권선포식을 마친 일행이 기념촬영하고 있다

3 전직 러시아 공사였던 박종수 씨가 독도 전망대에서 "우리는 111년전의 카쓰라 태프트밀약을 잊지 않는다"라는 글을 들고 있다. 영토수호의지를 나타낸 것이다

야 한다'는 얘기들이 노골적으로 개진되고 있습니다. 한반도의 운명이 주변강국에 의해 결정되는 소위 코리아패싱(한국왕따) 또는 제2의 카스라 태프트밀약이 반복될 수 있어요. 1905년 7월 29일 미국이 일본의 한반도 점령을 비밀리에 인정하는 카스라 태프트밀약의 역사적 사례를 반면교사로 삼아야 할 것입니다."

동해바다에 해류병 투하한 해양탐험가 이효웅

이효웅 씨는 해양탐험가이다. 혼자서 3년간 만든 배(코스모스호)를 타고

1 이효웅 씨가 3년에 걸쳐 혼자서 제작한 코스모스를 타고 독도에 기항(2002년)한 모습

2 이효웅 씨가 제작한 250개의 해류병을 바다에 투하하는 이사부항로탐사대원일들. "양양군 일대 바닷가에서 두 개를 발견했다"는 연락이 왔다고 한다.

3 이효웅 씨가 해류병을 동해바다에 던지고 있다. 현재까지 동해바다에 투하한 해류병은 910개로 17일 현재까지 회수된 것은 17개다

4 이효웅 씨가 카약을 타고 독도를 탐사하고 있다

대한민국바다 8,000㎞를 항해하고 지금은 카약으로 전국바다를 돌며 해식동굴을 탐사한다. 동해해류를 연구하는 그는 코리아나호가 독도를 향할 때 250개의 해류병을 제작해 대원들과 함께 동해바다에 투하했다.

17일 그와 통화하던 중 "지난 3일 삼척앞바다에 투하했던 해류병 중 양양군 인근 바다주민이 두 개를 발견해 연락이 왔다."고 했다. 2014년부터 2016년까지 그가 동해바다에 투하한 해류병 910개 중 15개가 회수됐다. 외국에서 회수된 것은 4개로 러시아 블라디보스톡 1개, 일본 3개이다.

동해 고래 때문에 한미관계도 시작됐다

코리아나호 선수에서 장해물이 없는가를 살피던 해양탐험가 이효웅 씨가 삼척앞바다 30마일쯤에서 마이크를 잡고 강의를 시작했다.

"이곳은 조경수역으로 한류와 난류가 만나는 지점입니다. 조경수역은 계절마다 이동하는데 동해에서는 중심이 울릉도이고 울릉도와 독도 사이에는 해산(해저산맥)이 있어 바닷물 흐름을 변화시키는 소용돌이 해류가 발생합니다. 삼척 앞바다에 던진 해류병이 울진근방으로 되돌아오는 걸 보면 소용돌이가 발생한다는 걸 증명합니다. 조경수역에는 고래먹이가 풍부해 고래가 많이 삽니다. 저기를 보세요. 고래가 등을 보이고 갈매기들이 날죠? 곧 돌고래떼가 나타날 것입니다."

과연 그랬다! 고래 몇 마리가 물속으로 들어갔다 나왔다를 반복한 후 몇 분 지나지 않아 돌고래떼가 배 주위에 바짝 붙어 함께 달린다. 하얀 배를 드러내고 돌기도하고, 뛰어오르기도 하는 수백마리의 돌고래떼가 장관이다. 여기저기서 와! 와!하는 함성이 일어나고 선장을 제외한 모두가 카메라를 들고 뱃전을 맴돌며 촬영하느라 정신이 없었다. 일행 중 한 명이 "와! 너무 예쁘네. 물속에 들어가 안아주고 싶네!"라며 감탄사를 연발했다.

동해 고래에 대해 잘 아는 울산시 대곡박물관장 신형석 씨는 "동해 고래가 한미관계뿐만 아니라 독도 역사와도 연결되어 있다"고 말했다. 신형석 관장의 설명에 의하면 "1848년경 동해에 왔던 미국 포경선 가운데 배 이름이 확인된 것은 54척으로 프랑스·독일 포경선을 합하면 60척에 달한다"고 말했다.

당시 동해에서 고래를 잡던 포경선 '체러키'(Cherokee)는 그 해 4월 16일 독도를 발견해 항해일지에 "우리 해도에 실려 있지 않은 2개의 작은 섬이 20내지 25마일 떨어진 동남쪽에 위치하고 있는 것을 보았다."라는

1 이사부항로탐사대가 독도와 울릉도 탐사를 마치고 삼척 정라항으로 귀항하던 중 만난 고래 모습

2 코리아나호가 삼척에서 30마일 떨어진 해상에 이르렀을 때 몇 마리의 고래와 수백 마리의 돌고래떼가 나타나자 선장을 제외한 모든 대원들이 카메라를 들고 사진찍기에 여념이 없다

3 코리아나호 옆에 붙어서 경주를 벌이는 돌고래들이 귀여웠다. 누군가 "너무 예뻐 바다로 뛰어들어 안아주고 싶다"고 말했다

4 코리아나호를 따라오며 물위로 솟아오르는 돌고래떼들 모습. 수백 마리가 헤엄치는 모습이 장관이었다.

기록을 남겼다.

체러키호는 기록상으로 볼 때 서양 배로는 최초로 독도를 발견한 배로 프랑스 포경선 '리앙쿠르'(Liancourt)가 독도를 발견한 것보다 1년 정도 앞서는 것이었다. 신형석 관장이 "한미관계에 관한 중요한 대목이 있다."며 추가로 설명했다.

"한미관계에 대해 주목할 사항이 있어요. 한국과 미국이 관계를 맺기 시작한 사건을 지금까지는 대동강에서 일어났던 제너럴셔먼호 사건(1866년)과 신미양요사건(1871년)으로 알고 있지만 이미 그전부터 포경을 통해 동해어부들과 접촉이 있었습니다.

포경선 '플라리더'의 선원은 1857년 4월 독도에 내려 독도에서 호박 17개를 얻었다고 했습니다. 이들은 독도를 '다즐레 락'(Dagelet Rock)이라 불렀어요. 울릉도가 '다즐레 섬'(Dagelet Island)이라 불린 것을 볼 때, 독도를 울릉도와 모자(母子) 관계에 있는 섬으로 간주하고 그렇게 이름을 붙였던 것입니다."

울릉도주민들은 독도를 울릉도의 새끼섬으로 여긴다. 한일관계사를 연구하는 김문길 교수가 전하는 이야기에 의하면 "일본 고지도에도 독도를 울릉도의 새끼섬인 '자도(子島)'라고 기록한 것을 본 적이 있다"고 했다. 영토개념이 없던 당시의 미국인도 독도를 울릉도의 새끼섬으로 여긴 것 같아 흥미롭다. (17. 08. 18)

“공화국 서류를 더럽혔다” 북한에 한 시간 억류되다

DMZ 평화누리길 걷기여행 2코스 – 용양보 탐방기

지난 19일 오후 2시, ‘DMZ 생태평화공원 생태탐방로 걷기여행’ 팀 32명은 제2코스인 용양보 탐방로를 향했다. 환경부와 국방부가 60여 년 만에 개방한 생태평화공원인 철원 생창리 일대의 십자탑과 용양보 생태 탐방로를 연계한 ‘체류형 걷기여행’이다.

제2코스는 화강(옛 남대천) 상류 생태계 탐방이 주축을 이룬다. 용양보 수변과 습지탐방은 물론 번성했던 옛 김화군의 역사와 금강산전철에 얽힌 사연도 담겨있다. 용양보 탐방로는 약 10km이며, 3시간 반 정도 걸린다.

옛 금강산 철교가 용양보로 재탄생

용양보는 철책선 인근에 위치해 각종 희귀 동식물이 가득하다. 용양보로부터 화강 남쪽 탐방로 구간은 겨울철새인 두루미 월동지이다. 군검문소만 없으면 용양보 탐방로로 가는 길 주변의 농가 모습은 평화로운 농촌과 다를 바 없다. 병풍처럼 드리워진 주변산과 비옥한 논에서 익어가는 벼들이 한가로이 고개를 숙이고 있었다.

1970년대 인근 부대 수색중대에 근무했지만 철책선 근무는 해본 적이 없어서 그런지 통문을 열고 군인들이 근무하는 남방한계선까지 들어가는 순간 약간 긴장감이 엄습해온다.

무장공비 침투를 막기 위해 철저하게 막은 철조망 사이로 북한 김화군에서 흘러온 물이 남쪽으로 시원하게 흐른다. 오락가락하는 빗줄기 때문인지 수량이 많았지만 수중보를 넘지 않은 깨끗한 물이 쌩쌩 흐른다. 북에서 남으로 흐르는 물줄기를 바라보던 가이드가 입을 열었다.

"여러분 고기가 많은 이곳에서 낚시가 가능할까요? 군사 지역에서는 낚시를 금지합니다. 그런데 며칠 전 비가 많이 올 때 군인들이 이 수중보 위에서 뜰채를 가지고 서 있었어요. 왜 그런 줄 아세요? 북에서 떠내려 오

1 용양보에 물이 고여 작은 저수지가 됐다. 오른쪽 다리가 금강산전기철도가 다녔던 철교다.

2 금강산전기철도를 이용해 보를 막은 용양보 모습. 현존하는 최북단 보다.

3 DMZ생태탐방단이 수중보 위에서 설명을 듣고 있다. 이곳은 남방한계선에서 5m도 떨어져 있지 않다. 북한 김화군에서 발원한 화강이 남쪽으로 흐르고 있다. 물이 많으면 북한의 목함지뢰가 떠내려 오기도 한다.

는 목함 지뢰를 건지기 위해서였어요."

100여 미터 아래로 내려갔다. 철교 같은 게 보이고 작은 저수지가 보였다. 이곳이 현존하는 최전방 농업용 보인 용양보다. 보 밑에 갈대와 수초가 무성하고 가마우지가 있는 걸 보면 고기가 많다는 걸 짐작할 수 있다.

용양보는 일제강점기시절에 건설된 금강산철교 교각을 이용해 지었다. 협궤인 금강산철로는 몇 년 전 돌아가신 장인도 서울에서 금강산으로 수학여행갈 때 이용한 적 있다.

금강산전기철도는 1919년 착공해 1924년에 철원~김화구간, 1931년에 철원~내금강 구간 116.6km를 개통했다. 태평양전쟁물자를 수송하고 서울에서 금강산을 찾는 관광객들의 편의를 도모하기 위해 만든 철원역은 항상 붐볐다고 한다.

용양보는 60년간 사람의 발길이 닿지 않아 희귀한 생태습지환경이 그대로 유지되고 있는 곳이다. 전망대에서 북쪽으로 15m쯤 떨어진 보의 중간에는 묘한 모습이 연출되고 있었다. 수복직후 DMZ 경계근무를 섰던 병사들이 오가던 출렁다리가 녹슬어 낡아 떨어지고 남아 있는 지지대 줄에 가마우지가 올라앉아 몸을 말리고 있었기 때문이다.

화강 상류에는 멧새류, 되새류, 뻐꾸기류, 백로, 두루미, 쇠기러기 등의 조류가 산다. 강에는 버들치, 피라미, 갈겨니, 모래무지, 어름치, 쉬리, 붕어, 누치, 잉어 등 49종에 이르는 어류가 서식한다.

"동무는 남아 있으라요" 숨 막혔던 1시간

가이드가 "물이 많아서 신발을 벗어야 할 겁니다. 물에 젖어도 괜찮다면 그냥 신고 건너가도 돼요."라고 말하는 수중보는 발목 부분까지 물이 넘쳐흐르고 있었다. 그때였다. 수중보에 앉아 물장난을 치는 일행 한 분이 내 시선을 끌었다. 사진을 찍고 "무슨 생각을 하며 물장난을 치셨습니

1 용양보내에 있는 갈대 숲 모습. 원시의 모습을 그대로 간직한 채 물 그림자를 드리운 갈대들이 예쁘다.

2 용양보 주변 들판에 벼가 익어가고 있는 모습이 평화로웠다.

3 화강의 두루미 쉼터 바로 아래 징검다리를 건너다 물이 너무 시원하고 맑아 발을 담그고 있는 일행들. 통일돼 남북한 주민들이 징검다리에 앉아 도란도란 이야기할 날은 언제일까?

4 수복직후 DMZ경계근무를 섰던 병사들이 오가던 무너진 다리 위에서 몸을 말리고 있는 가마우지 모습들이 이채롭다. 용양보 내에 있다.

5 두루미 쉼터가 있는 화강을 건너는 일행들

6 북한에서 내려온 물로 물장난하는 아주머니를 보고 수학여행단을 이끌고 금강산관광을 마친 후 북측출입국관리소에 억류됐던 아픔이 떠올랐다. 아주머니는 20달러도 안 내고 북한물을 사용한 셈이다.

까?" 하고 묻자 "어릴 적 시골에서 물장난하던 시절이 생각나서요."라는 답변이 돌아왔다.

북한 쪽에서 내려온 물로 장난치는 그녀를 본 순간 내 머릿속은 금강산에서 한 시간 동안 억류당했던 시절로 되돌아갔다. 금강산에서 피살당한 고 박왕자씨 사건이 일어나기 1년 전, 교사였던 필자는 중학교 2학년 학생들과 함께 금강산으로 수학여행을 갔다.

"우리 빨리 통일하자!"는 금강산 북측 안내원의 말에 기쁜 마음으로 화답하고 돌아오는 길이었다. 그런데 문제가 생겼다. 북측 군사분계선에서 입출국을 담당하는 군인이 나를 한쪽에 억류한 것이다.

"선생 동무는 남아 있으라요."

"아니! 왜요? 내가 뭘 잘못했는데요?"

"신성한 공화국 서류를 더럽혔잖아요. 보시라요. 입국증에 물이 묻어 있잖아요."

"아! 그래요? 어제 금강산물이 좋아 세수하면서 몇 방울 들어간 것 같은데. 뭘 그걸 가지고 그래요."

"잔말 말라요."

목에 걸었던 방문증에 물이 들어간 줄도 모르고 있었다. 경위를 생각해봤다. 한 동료교사가 내게 "금강산까지 왔으니 물에 손이나 담그고 갑시다."라고 제안했고, 그와 함께 징검다리에 앉아 세수하면서 물이 몇 방울 들어간 게 분명했다.

화가 났지만 어찌할 방법이 없어 기다리고 있는데 여학생 한 명이 사색된어 북한 군인에게 끌려와 내 옆에 섰다.

둘이 서로 얼굴만 쳐다보고 있을 때, 마침 가이드가 찾아와 북측 군인에게 사정하며 1인당 10달러씩 총 20달러를 건넸고, 우리는 풀려났다. 교사와 학생이 한 시간 정도 북한에 억류되자, 북측 출입국관리소에서 발이 묶인 수학여행단은 숨소리마저 죽이고 사태 추이를 지켜보고 있었다.

차로 돌아와 옆에 앉은 동료 교사에게 여학생이 잡혀온 이유를 물었다. "차 밖에 서있는 북한군인을 손가락으로 가리키며 웃었다."는 게 억류 원인이었다. 당시 보초를 서고 있던 북한군인 역시 고등학생 같은 앳된 얼굴에 키도 작았다.

한 시간 동안 억류됐다가 풀려난 우리를 향해 북측 군관은 "선생 동무, 화내지 말고 잘 가라요."라고 말했다. 화가 난 상태라 대답이 나오질 않았다. 한편으로는 확연히 다른 국가 체제를 실감했다. 한국군인 같으면 그 정도 가지고 억류할까?

북측 출입국관리소를 떠난 버스는 몇 분 지나지 않아 남측 출입국관리소에 도착했다. 국군이 환하게 웃으며 건넨 "어서 오세요!"라는 한 마디에 학생들은 안도의 한숨을 쉬었다. 나를 보호해줄 대한민국 국군이 그렇게 반가울 수가 없었다. (17. 08. 23)

수많은 총탄과 포탄자국, 전쟁의 참상을 드러내다

한국전쟁 전 북한이 노동당사로 이용한 건물,
전쟁이 다시는 일어나선 안 됩니다

20일 오전 9시, DMZ생태평화공원 탐방로 걷기여행에 참가한 32명의 목적지는 한탄강 주변과 노동당사 방문이다. 생창리 숙소를 출발한 버스는 한탄강을 향하고 있었다.

아침부터 비가 내렸지만 대부분은 개의치 않는다. 장마철이라 비 맞을 각오를 한 것이겠지만 차창을 타고 흘러내리는 빗방울 속에 북한 오성산이 어렴풋하게 보인다.

식사를 마치고 한탄강으로 이동하는 버스 속에서 깜박 잠이 들려다 어젯밤 일행 중 한분이 들려줬던 이야기가 나를 깨웠다. 그는 일행이 하루 전에 방문했던 십자탑 전망대 부근 GP에서 40여 년 전 분대장으로 근무했었다고 한다. 십자탑전망대 바로 앞에는 6·25전쟁 중 최대의 희생자가 발생했던 오성산이 눈앞에 있었다.

"40여 년 전 근무했던 부대로 다시 돌아와 현장을 보니까 감개무량하죠. 제가 근무했던 당시와는 비교가 안 되게 시설이 현대화되었네요. CCTV가 곳곳에 설치되어 있어 '꼼짝 마라!'일 것 같아요.

국군초소와 가장 가까운 북한군 초소의 거리가 630m밖에 떨어져 있지 않아 망원경으로 보면 상대방 얼굴도 보입니다. 북쪽에다 대고 오줌을 누면 '야 인마! 너 어디다 대고 오줌 누냐?'며 욕을 하기도 했어요. 한번은 초소 밖에서 비스킷을 먹었더니 자신이 김일성대학 나왔다고 소개한 김영철이 '야! 너 분대장놈 새끼! 졸병 것 뺏어먹었지?'하며 욕하는 거예요. 저쪽에서 '똥돼지 같은 놈아! 이 호로 자식 같은 놈아! 그러면 우리도 같이 욕합니다. 이 곳에 근무하면서 상욕을 배웠습니다."

관광공사가 추천한 도보여행 코스 한탄강 유역

1 암정교 모습. 화천과 김화, 평강, 금정을 오가는 인마의 길목이었고 김화 일대에서 가장 웅대하며 멋진 다리였다는 암정교가 무너져가고 있었다. 6.25전란 때 진격과 패퇴의 통로이자 피난민들의 애환이 서린 다리이다. 금강산 전철이 통과하는 교통요충지였다.

2 생창리 인근에 펼쳐진 비닐하우스 뒤쪽 멀리 북한에 위치한 오성산이 보인다. 6.25전쟁 중 최대의 사상자가 발생했던 격전지 중 하나이다

3 지상 3층 규모의 노동당사 모습. 한국전쟁 전에 북한이 노동당사로 이용한 건물로 수많은 총탄자국이 남아있어 전쟁의 참상을 말해준다

4 도선국사가 세운 도피안사 모습. '깨달음의 언덕으로 건너간다'는 뜻이다. 광복 후 공산당치하에서 수복 후 육군 제15사단에서 복원했다. 국보 제63호 철조비로자나불좌상, 보물 제223호 삼층석탑이 있다

남북통일에 대한 해법은 없을까 상념에 빠져있는데 가이드가 한탄강에 도착했음을 알린다. 양쪽에 큰 산이 없는데도 평야지대를 가로지르며 흐르는 한탄강 모습이 이채롭다. 북한 평강 쪽에서 시작해 철원, 포천, 연천 지역을 흘러 임진강과 합류되는 한탄강은 계곡이 장쾌하고 좌우 절벽이 진귀한 바위들로 이뤄져 곳곳에 경치 좋은 곳이 많다.

때문일까? 강 주변에는 잘 가꿔진 위락시설이 들어서 있었다. 위락시설도 좋지만 내가 찾는 건 분단의 아픔을 간직한 철원군농산물검사소, 철원제2금융조합, 승일교와 노동당사 건물이다.

'깨달음의 언덕으로 건너간다'는 뜻의 도피안사

시간이 많으면 강바닥이 보이는 곳까지 내려가 보고 싶었지만 전망대에서 바라보는 한탄강으로 대신하고 '깨달음의 언덕으로 건너간다'는 뜻의 '도피안사'를 방문했다. 대한불교조계종 제3교구 본사인 신흥사 말사인 도피안사는 국보 제63호인 철조비로자나불좌상이 모셔져 있고 보물 제223호인 삼층석탑이 있다.

통일신라 제48대왕인 경문왕 5년(865년)에 도선국사가 철원에 세운 절은 광복 후에 공산당치하에 있었다가 수복 후 육군 제15사단에서 복원했다. 정문을 거쳐 본당으로 올라가는 길 옆 연못에는 연꽃이 피어있고 연잎이 비스듬히 고개를 숙이고 있었다. 연꽃과 연잎에 맺힌 빗방울을 촬영하다가 법정 스님의 말씀이 생각났다.

"연잎은 자신이 감당할 만한 무게만 싣고 있다가 그 이상이 되면 버린다"

내 자신 속에 또아리 틀고 있는 과한 욕심도 버려야 한다. 이틀간 DMZ 지역을 돌아본 남북대치상황도 그렇다. 남북한이 서로를 무력으로 통일하려는 욕심도 버려야 한다. 며칠 전 TV에 나온 90세 할머니 이야기가 생각난다.

1 상공을 나는 헬기에게 군사분계선이 가까워졌음을 알리기 위해 세워진 표지판.

2 철원은 오대쌀로 유명하다. 한탄강 주변 논에 우렁이가 기어다니고 벼가 익어가고 있었다.

3 치열한 전투 현장을 간직한 노동당사 모습

4 한탄강 모습

5 도피안사 연못에 피어있는 연꽃과 연잎 모습. 법정 스님은 '연잎은 자신이 감당할 만한 무게만 싣고 있다가 그 이상이 되면 버린다'고 했다.

6 총탄 자국이 선명한 노동당사

"나는 일본이 시작한 대동아전쟁부터 6·25전쟁까지 다 겪었어요. 전쟁은 적이 죽지 않으면 내가 죽어야 해요. 전쟁은 절대 안 됩니다."

착잡한 심정으로 비 오는 차창 밖을 내다보고 있는데 노동당사에 도착했다는 안내방송이 나온다. 뉴스에서 여러 번 보았던 노동당사. 지상 3층 규모의 노동당사는 말 그대로 한국전쟁 전에 북한이 노동당사로 이용한 건물이다. 지역 주민들의 돈과 노동력을 강제로 동원해 만든 것으로 무철근 콘크리트 방식으로 지었다.

당시 반공 활동을 하던 많은 사람들이 이곳에 잡혀와 죽었다. 그을린 흔적과 포탄 자국, 탱크가 지나가며 부순 외벽 등 건물의 틀만 아슬아슬하게 남아 전쟁의 참상을 고스란히 보여줬다.

수많은 총탄과 포탄자국을 보며 이 땅에 다시는 전쟁이 일어나서는 안 된다는 다짐을 했다.

(17. 08. 25)

너무 많이 잡힌 물고기 바다에 버리던 섬, 아 옛날이여!

전국 최고 어획량 기록했던 욕지도 어업조합... 고등어회가 별미

통영항에서 뱃길로 32㎞ 거리에 있는 욕지도 여행에 나섰다. 욕지도를 한문으로 풀어보면 '하고자 할 욕(欲)' '알 지(知)'의 뜻을 지닌 섬으로 '알고자 하는 열정이 가득한 섬'이라는 뜻이다.

면적 12.74㎢로 우리나라에서 48번째 크기의 섬인 욕지도는 부산과 제주 항로의 일직선상에 놓여 있다. 삼도수군통제영 당시 욕지도에 입도 허가가 난 것으로 기록된 섬은 1970년대까지 남해안의 어업 전진기지로 파시를 이뤘으며 생활권은 부산이었다.

연중 파시가 열렸다는 욕지도... 근대 어촌의 발상지

코리아나호를 타고 욕지도에 도착해 버스를 타고 섬을 일주하면서 돌아보니 욕지항은 천혜의 양항이다. 지도를 펴놓고 욕지도를 살펴보니 날다람쥐가 하늘을 날다 한쪽으로 꼬리를 말아 생긴 공간에 항구가 있다.

"항구 모습이 한반도를 닮았다."는 욕지항은 태평양에서 태풍이 몰려와도 별로 피해가 없을 것 같다. 마을 뒷산 169m 호랑바위(虎岩)가 마을의 수호신으로 산마루에 우뚝 솟아 있다. 산줄기 아래 두 마을을 감싸고 있는 동미산은 동촌 마을과 경계를 이루며 곰비산 줄기에서 시작된 커다란 방파제가 밀려오는 파도를 막아주고 있다.

욕지도 인근에서는 고기가 많이 잡혔다. 겨울에서 봄을 잇는 계절에는 도다리, 감성돔, 참돔, 가자미, 가오리, 쑤기미, 낭태. 여름 가을에는 고등어, 전갱이, 삼치, 갈치가 주로 잡혔다. 계절과 관계없이 온 바다에는 멸치 떼가 장관을 이뤄 철마다 전국 어선들이 선단을 이뤄 이곳으로 몰려왔다. 잡은 물고기가 너무 많아 다 처리하지 못해 바다에 버리기도 했다.

어업이 성시를 이루자 경제도 활성화됐다. 좌부랑개 어업조합에서 동촌까지 400m 해안가에서는 나무를 팔기도 하고 삶은 고구마, 호박, 남새 등 물물교환이 이뤄지기도 했다.

천혜의 양항과 엄청난 어획량. 마산, 통영, 부산 같은 도시와 가까운 지리적 이점은 욕지도를 우리나라 최초의 근대화된 어촌으로 변모시켰다. 욕지도에서는 연중 파시가 열렸다.

파시를 통해 교환된 물고기는 수집상에게 넘기기도 하고 간독에 염장했다. 일제 패망 후에도 계속되던 파시는 고등어가 고갈되고 1970년대 삼치 파시를 끝으로 막을 내렸다.

근대어촌 발상지 좌부랑개라는 푯말이 붙어있는 골목에 들어가니 제명수(86세) 할머니가 "거기서 조금만 더 가면 간독이 있는디."라는 말을 해 "간독이 무슨 말인지 모르겠다."고 하자 필자를 데리고 갔다.

골목길 옆에는 '간독'이란 팻말과 안내문이 씌어있고 할머니가 실물모형을 보여주며 설명했다. '간독'은 사방 3m쯤 되는 넓이에 어른 키만 한 깊이다. 수건을 둘러쓴 아주머니들이 고등어에 소금을 뿌려 염장을 하고 있었다.

"아버지가 고기 사가지고 오시면 내가 인부 데리고 고등어 염장을 했어요. 바람불면 배가 못 나가니까 간고등어를 만들고 바람 자면 안동 같은 육지로 나가 팔았어요. 이게 자반고등어의 시작이었죠."

1 한 때 전국 최고의 어획고를 올렸던 욕지항 모습으로 천혜의 양항이다.

2 일출 장면을 바라보고 있는 동료 모습

3 근대 어촌 발상지인 '좌부랑개' 모습으로 다방뿐만 아니라 술집이 40여 개나 됐다고 한다.

4 출렁다리를 건너 일출을 기다리다가 멋진 풍경을 잡았다.

5 고등어를 염장하는 간독 모형

6 명월관 모습

1 횟감 고등어는 욕지도에서만 생산한다고 한다. 둥근 원통형 양식장에서 고등어를 키우고 있는 현장 모습.

2 비탈진 황토밭에서 풍부한 일조량과 해풍을 머금어 그 어느 지역보다 당도가 높다는 욕지도 고구마를 말리고 있는 현장.

3 욕지도의 대표적 비경인 삼여 모습

4 비옥한 토질에서 추운 겨울철 바닷바람을 맞고 자라 당도가 높고 향이 좋을 뿐만 아니라 저장성도 좋다는 욕지감귤 앞에서 기념촬영하는 일행들

5 욕지도 비렁길 출렁다리 모습. 이 다리를 건너 태평양을 바라보면 갯바위에 부딪히는 파도소리가 귓전을 때리며 수평선 바다가 심신을 정화한다.

일제강점기 시절 욕지바다는 고등어 주산지였다. 여름철이면 고등어잡이 배들이 항구에 겹겹이 정박했다. 잡은 고등어는 얼음 냉장해 일본으로 보내고 나머지는 염장을 했다.

어업조합과 중매인, 마을 주민들도 크고 작은 간독을 갖고 있었다. 간고등어는 큰 화물선이 들어와 장정들을 동원해 담불(배의 화물칸)에 실었다. 주로 마산항을 통해 열차로 국내 각지와 중국, 만주, 북경, 대련 등지로 팔려나갔다.

일제강점기인 1910년대부터 욕지도는 '좌부랑개(座富浪浦)'가 중심이 돼 어촌근대화를 이뤘다. 많은 어선과 어부들이 욕지항으로 몰려오자 어부들을 상대로 술집과 식당, 여관, 다방이 생겨났다.

한 집에 4~5명씩 접대 직원을 둔 술집 40여 개가 줄지어 성업이었다. 부산옥, 마산관, 고성집, 청도집, 포항집, 낙원옥 등 술집뿐만 아니라 명월관이라는 일본선술집도 있었다.

욕지도는 태평양에 서식하던 고래가 봄철이면 동해안으로, 겨울철이면 다시 태평양으로 회유하는 길목이라 방어진 구룡포의 고래잡이배가 많은 고래를 잡기도 했다. 참고래, 밍크고래, 상괭이 등으로 집채만 한 고래를 잡아 항안에서 해체할 때는 좋은 구경거리가 돼 장관을 이뤘다고 한다.

한때 전국최고의 어획량을 올렸던 욕지어업조합

1924년 욕지 사람 전내화, 김상천, 일본인 소네히로요시, 야마구찌 등이 협의해 설립한 동향리 어업조합은 새벽부터 점심때까지 매일 경매해 전국최고의 매출을 올리기도 했다.

1928년에는 위판물량을 감당할 수 없어 청사를 이전하고 직원 30여 명을 채용하기도 했다. 섬 주위를 돌다 보면 '좌부랑개'라는 이름과 '자부랑개'라는 안내문이 여기저기 붙어 있어 궁금해 면사무소에 들러 담당자에게 “어느 것이 맞는가?”를 묻자 “두 가지 다 사용합니다”라는 대답이 돌아왔다. 선창가에서 열심히 일하고 있던 주민에게 “어느 것이 맞습니까?”하고 물었더니 설득력 있는 답변이 돌아왔다.

“제 아버지가 101세로 일제강점기 시절부터 살았고 옛날 수협조합장을 지냈어요. 아마 욕지도 역사를 가장 잘 아실 거예요. 연세가 많으셔서 인터뷰하기는 곤란하지만 부친한테 들은 얘기를 전해드릴게요.

‘자부랑개’가 맞아요. ‘스스로 자(自)’, ‘재산이 많다는 부(富)’, ‘파도 랑(浪)’, ‘물가, 바닷가를 의미하는 포(浦)’, 포구를 일명 ‘개’라고 부르잖아요. 그래서 ‘스스로 노력해 부자가 된 포구’라는 의미죠.”

욕지도 하면 자랑할 게 두 가지가 더 있다. 고구마와 고등어다. 욕지도 고구마는 비탈진 황토밭에서 풍부한 일조량과 해풍을 머금고 자라 전국 어떤 지역 고구마보다 당도가 높다. 해상에는 욕지도에서만 생산한다는 횟감 고등어 양식장이 둥그렇게 자리 잡고 있었다.

잘 나갈 때는 주민 1만 3천 명이 살았다는 욕지도에 지금은 간신히 2천 명 정도만 산다. 통영을 향해 떠나는 배에서 욕지도를 보며 인생무상을 느꼈다.

“산천은 의구한데 인걸은 간데없네!”

(17. 11. 25)

임실 덕치면, 한국전쟁 당시 불이 안 난 마을이 없었다

부흥리 폐광에서는 집단학살 당하기도

한국전쟁을 전후해 빨치산과 국군토벌대에 의해 수많은 인명피해를 입은 전라북도 임실을 방문했다. 임실은 지리적 취약점이 많은 지역으로 지리산과 연계된 회문산, 백련산, 성수산이 많은 빨치산들의 은신처가 되었다.

따라서 지역민들 가운데 빨치산뿐만 아니라 경찰과 국군의 소탕작전에 희생된 이들이 많다. 국방부 군사편찬연구소 자료에 의하면 임실군에서 677명의 희생자가 나왔다.

또한 2008년 전북대학교에서 조사한 한국전쟁 전후 민간인 집단희생 관련 자료조사에 의하면 969명의 희생자가 나왔다. 임실문화원 최성미 원장은 "두 기관에서 밝힌 희생자를 합치면 1,646명이지만 중복된 숫자가 상당수 있어 약 1,200명 정도 희생됐다"고 밝혔다.

특히 빨치산 전북도당 사령부가 있었던 회문산과 가까운 임실 덕치면의 경우는 집단학살지가 제일 많고 마을마다 불이 안 난 마을이 없었다고 한다. 마을을 방문한 김에 당시 초등학교 3학년으로 현장을 생생히 기억하고 증언해줄 조종래(83세)씨를 만나 자세한 전말을 들었다. 조종래씨는 임실군에서 면장을 하다 퇴직했다.

"아버님도 6·25때 회문산에 끌려가 학살당했어요. 농사짓고 계셨지만 함안 조씨들이 지역유지라는 핑계였죠. 여순사건 당시 2/3는 군인들이었고 1/3은 사상이 불순한 자들이 입산했죠. 회문산은 명산으로 골이 깊고 물이 안 떨어졌어요. 빨치산들이 회문산에 가까운 성미산에서 명감나무로 밥해 먹고 있었는데 다래끼봉에 주둔했던 군인들한테 들켰나 봐요.

군인들이 포위해서 죽은 놈 목을 잘라가지고 오기도 하고 부상당한 사람은 부축해오기도 했어요. 심지어 말하지 않으려고 혀를 잘라버린 사람

1 왼쪽에 덕치파출소가 보이고 조종래 씨 오른쪽에 보루대가 보인다.

2 1948년 4월, 군인들이 물러나고 빨치산들이 습격하자 마을과 지서를 보호하기 위해 대한청년단원과 경찰들이 합동으로 보초를 섰던 보루대 뒤로 덕치파출소가 보인다. 당시 초등학교 3학년으로 목격담을 증언해준 조종래 씨가 포즈를 취했다.

3 저 멀리 회문산이 보인다. 5대 명산으로 알려져 있지만 조선말기엔 동학군, 일제강점기엔 항일의병, 한국전쟁 전후에는 빨치산 전라북도당이 있던 곳으로 아픈 역사가 서린 산이다.

4 전라북도 임실군 강진면 부흥리에 있는 부흥광산 모습. 폐광이었던 이 금광은 빨치산과 군경토벌대간의 전쟁으로 인해 숨을 곳을 찾았던 주민 300명~500명 정도가 집단학살당한 곳이다. 굴 입구에 달랑 간판 하나만 서있다.

까지 데리고 오더라고요. 끌려오던 사람 중에 국군이 '야들 오늘 저녁에 다 죽이겠다'는 소리를 듣고 밤에 높은 데서 뛰어내려 물속에 숨었다 살아난 사람이 6·25가 터지고 인민군이 들어오니까 인민위원장 감투를 썼어요. 호주기가 정찰을 하고 3일간 폭격한 후 드럼통에 휘발유를 채워 산을 태웠는데 산이 일주일 정도 불탔어요. 한 사람도 살아남지 못했을 걸로 생각했는데 살아남은 사람들이 북치고, 장구 치는 것도 목격했습니다."

군인들의 소탕작전이 끝난 후 한 사람도 없을 줄 알았던 빨치산들이 밤이면 출몰해 지서와 동네를 습격하자 대한청년단과 경찰은 보루대를 세워 마을을 보호했다.

호주기는 미군기를 잘못알고 부른 말이다. 한국전쟁이 끝난 후 태어난 필자의 어린 시절에도 하늘에 하얀 궤적을 그리며 지나가는 전투기를 보면 "야! 호주기 간다."며 좋아했던 기억이 난다.

하지만 그것은 시쳇말로 웃픈 이야기다. 한국인들은 소음이 큰 이 비행기를 '쌕쌕이'라고 불렀다. 개중에는 '호주기'라고 부르는 사람도 있었다. 그것은 슬프고도 우스꽝스러운 추측이었다. 이승만 대통령 부인 프란체스카의 국적이 '오스트리아'인데, 그것을 '오스트레일리아'와 구별하지 못한 사람들이 대통령 처갓집이 있는 오스트레일리아 즉 호주에서 비행기를 보낸 것이라고 생각했기 때문이었다.

근대문화유산 덕치 보루대... 근대사의 아픈 현장

조종래 씨가 덕치파출소 앞에 있는 보루대에 관해 설명해줬다. 1948년 임실에서 일어난 2·26사건에 이어 제주 4·3사건이 일어났고 연이어 여순사건이 일어났다. 그 후 6·25전쟁과 더불어 만들어졌던 보루대는 현재 임실군에 두 곳만 남아 있다. 보루대는 해방과 동시에 치안이 절박한 상황에서 자체적인 지역방위 차원에서 설치했다.

덕치파출소 앞에 있는 보루대는 1948년 4월에 8개 마을에서 모금운동을 통해 설치했다. 당초에는 높이 5.6m, 둘레 14.9m로 1층에는 총과 탄환 기타 장비를 보관했다. 2층은 숙직실로 이용했고 3층은 기관총과 다른 장비를 이용해 사격할 수 있는 체제를 갖췄으며 경찰과 대원들이 교대로 주야간 근무를 했다.

폐금광에 숨었던 주민 300~500명 집단학살 당해

전라북도 임실군 강진면 부흥리에 있는 부흥광산에는 아픈 역사가 있다. 빨치산 토벌작전에 나섰던 군인과 경찰이 부흥광산에 숨었던 주민들을 집단학살했기 때문이다. 부흥광산은 일제강점기인 1933년 4월부터 1943년 말까지 11년간 채굴했던 금·은 광산이다.

매장량은 1만8,000톤에 달할 것으로 추정된다. 이 광산에서 생산된 금은 총 254톤으로 번창할 때는 하루에 광부 200명씩 투입되던 중요한 광산이었다. 광산은 제2차 세계대전과 6·25전쟁으로 문을 닫았다.

이념 갈등의 비극은 이 지역까지 닥쳐왔다. 낮에는 군경, 밤에는 빨치산으로부터 피해를 당해 불안해진 근방 주민(300~500명)들이 폐광으로 피난을 갔다. 이 사실을 안 군경토벌대는 고추대를 태워 굴 안으로 던졌다. 고추대 연기가 매워 밖으로 나오면 군경이 죽이고 안에 있던 사람들은 질식해 죽었다.

조그만 굴 입구에는 '부흥광산'이라는 간판 하나만 달랑 붙어있었다. 매운 연기에 울부짖다 밖으로 나오면 총 맞아 죽고 안에 있어도 질식해 죽었을 사람들. 굴속에는 민주주의가 뭔지, 공산주의가 뭔지도 모르는 선량한 백성들이 묻혀 있었다. 굴을 바라보며 마음속으로 빌었다. 또 다시 이 땅에 전쟁이라는 미친 광풍이 몰아닥치면 안 된다.

(18. 03. 30)

독도 갈매기와의 대화… 환상적이었다

야생동물도 감정적으로 통할 수 있을까

아무리 큰 배를 타고 가도 독도에 상륙하기는 쉽지 않다. 날씨가 허락해야 하기 때문이다. 오죽했으면 3대가 덕을 쌓아야 한다는 우스갯소리가 나올까.

아픈 기억도 있다. 수 년 전 지인과 함께 독도와 울릉도 방문을 한 달간 계획한 후 어렵게 감행해 울릉도에 도착했다. 하지만 여객선사로부터 독도 날씨가 나빠서 배가 뜰 수 없다는 통보를 받고 허탈해 했다.

호시탐탐(?) 노렸던 독도 방문 기회는 '이사부 축제(2017)' 행사 일환으로 국내유일범선 코리아나호를 타고 독도에 상륙한 게 전부다. 그것도 독도경비대까지만 올라갈 수 있었다. 한 달 전 동아지도 안동립 대표로부터 독도방문계획이 있으니 동참할 수 있겠느냐는 전화가 왔다. 무조건 오케이였다.

지난 주 영토학회 회원들과 함께 울릉도에서 1박한 뒤 독도행 여객선을 타고 독도에 상륙했다. "3대가 덕을 쌓아야 독도에 상륙할 수 있다는데 독도에 내렸네. 만세!"를 외치던 아주머니. 여기저기서 플래카드를 내걸고 사진을 찍거나 셀카 찍기에 바쁘다.

겨우 30분 동안이지만 독도 관광을 마치고 귀환하는 사람들은 행운아라고 할 수 있다. 독도까지 왔지만 풍랑 때문에 상륙을 못하고 배에 탄채 독도를 빙 한 바퀴 돌고 가는 사람도 부지기수이기 때문이다.

울릉군청에서 제공한 자료(2017년)를 보면 작년 한 해 동안 울릉도를 방문한 인원이 34만 6,000명이다. 한편 독도를 방문한 인원은 내외국인을 포함해 20만 6,000명이다.

독도를 방문했어도 상륙하지 못한 인원수는 모른다. 물론 울릉도만 방문을 원하는 관광객도 있겠지만 울릉도 방문 인원과 독도방문 인원수에는 14만 명의 차이가 난다.

일행은 계단을 따라 망양대를 거쳐 독도경비대 건물 인근 바위에 '한국령'이라고 적힌 바위에서 기념촬영을 하고 헬기장에서 지참해온 빵으로 점심을 해결했다. 털북숭이 삽살개 두 마리가 꼬리를 살랑대며 따라온다. 삽살개는 오래전부터 한반도에 널리 서식한 한국의 토종개다. 피어난 꽃봉오리처럼 생긴 천장굴 저쪽에 푸른 나무 더미가 보이는 곳을 가리키며 안동립 대표가 설명했다.

"천장굴 반대편에 보이는 저 나무들이 130년 된 사철나무입니다. 높이 0.5m, 뿌리 굵기 0.25m, 수관둘레 7m로 독도의 강한 해풍과 바람에 적응한 토종나무죠. 저 사철나무가 왜 중요하냐면 일본인과 한국인 중 일부가 '누군가가 심었다'고 그래요.

그런데 저렇게 위험하고 경사진 부분까지 가서 사철나무를 심을 사람이 누가 있겠습니까? 새들이 씨를 물어와 자연스럽게 자란거죠. 섬을 정의할 때 가장 중요한 것은 사람, 물, 나무에요. 사람으로는 김성도 부부, 서도의 물골, 사철나무가 있으니 독도는 섬인 것입니다."

천장굴 위에서 사진을 찍으며 아래를 내려다 본 순간 오금이 저린다. 그런데 저런 곳까지 사람이 올라가 사철나무를 심는다는 건 말이 안 된다.

일행이 수천 마리 괭이갈매기들의 군무와 우는 소리를 들으며 한반도

바위로 내려가니 놀란 괭이갈매기들이 위협비행을 하며 날아오른다. 마땅히 무기가 없는 갈매기들의 무기는 갈매기 배설물이다. 모자는 물론 카메라까지 갈매기 배설물 세례를 받으며 독립문 바위로 쪽으로 내려가는데 놀라운 걸 봤다.

2~3일전에 죽은 걸로 보이는 쥐다. 작년에 안동립 대표한테서 들은 적이 있었지만 어떻게 이런 곳까지 쥐가 와서 살까? 필시 배에 숨어있던 쥐가 사람들 모르게 상륙한 걸로 추정된다. 안동립 대표의 말에 의하면 동서도에 여러 마리 쥐가 산다고 한다.

1 괭이갈매기와 무언의 대화. 서도 정상에서 두 시간 동안 괭이갈매기와 지내는 사이에 친해졌다. 가까이 가도 도망가지 않고 지그시 눈을 감으며 알을 품었다. 자기를 해치지 않는 사람인 줄 아는 동물과 대화도 가능하다는 생각이 들었다. 환상적인 경험이었다

2 동행한 동아지도 안동립 대표. 14년간 18번 독도를 방문해 김성도 씨 댁에서 80일간 머물며 독도지도와 독도식생 지도 80만 부를 완성해 배부하는 독도지킴이다.

3 물골로 가는 계단 곳곳에 갈매기가 알을 낳아 조심스러웠다

동도 방문을 마친 일행은 서도 주민숙소에 여장을 풀었다. 그런데 문제가 생겼다. 일정이 바빠 하루만 더 머물고 육지로 돌아가야 하는 일행들에게 독도 관리소 직원이 “내일 아침에 독도를 떠나지 않으면 풍랑이 심해 배가 선착장에 접안할 수 없다.”는 얘기를 해준다.

마음에 갈등이 생겼다. 어렵게 이곳까지 왔는데 나도 저분들과 함께 독도를 떠나야 할까? 아니면 날씨가 좋아질 때까지 기다리며 독도 탐방을 계속할까? 남으려니 또 다른 고민이 있었다. 주민숙소 뒤에서 대한봉과 물골로 가는 길에 놓인 80도쯤 돼 보이는 계단을 올라간다고 생각하니 아찔하다. 저녁을 지어먹고 김성도씨 방으로 건너가 질문을 했다.

“어르신, 물골로 건너가는 저 계단 괜찮은 거죠. 무너질 것 같아 불안해서요.”

“에이! 무슨 소리야! 나는 밤에 슬리퍼신고 저 계단을 올라가 술 한 잔 하고 돌아왔어요. 걱정 말아요.”

김성도 씨 얘기를 듣고 안도가 돼 바다가 잔잔해질 때까지 숙소에 남아 독도탐방을 계속하기로 했다. 다음날 4명의 회원들이 육지로 돌아간 뒤 안전모를 쓰고 안동립 대표를 따라 대한봉 능선을 향해 올라가기 시작했다.

바람은 왜 그렇게나 센지. 계단 곳곳에 돌들이 굴러 떨어져 있어 돌아올 때를 대비해 흙더미와 돌들을 제거하며 한 발 한 발 발걸음을 뗐다. 그런데 앞서가던 안동립 대표가 이쪽저쪽을 가리키며 말을 건다.

“이건 해국이고요. 가을에 천만송이 해국이 필 때면 독도가 그렇게 아름다울 수가 없어요. 저건 왕호장근이고 저건 땅채송화입니다.”

나는 떨고 있는데 웬수가 따로 없다. “아! 시끄러워! 나는 무서워 죽겠는데 지금 내 귀에 그 말이 들려. 빨리 올라가!” 껄껄 웃던 그는 “알겠습니다.”라고 말하며 흙자갈을 밀쳐내면서 올라간다. 드디어 정상에 올랐다. “휴우!” 하고 한 숨을 쉰 다음 반반한 곳에 주저앉아 동도를 바라보니 서도뿐만 아니라 동도 또한 절경이다.

누가 아름다운 이 땅을 자기네 땅이라고 했나? 문재인 대통령이 야인 시절에 묵었던(2016. 7. 25) 방에서 우리는 남북정상회담 생중계를 보며 감개무량했다. 부산에서 50㎞ 떨어진 대마도를 방문해 부산 시내 아파트가 보였을 때 몹시 속상했다. 우리가 힘이 없어 빼앗긴 땅이라는 생각이 들었기 때문이다. 대마도가 우리 땅이었다는 사료를 여러 번 읽었기 때문이기도 하다.

1 활짝핀 꽃잎처럼 생긴 천장굴 모습. 오른쪽에 브이자(V)처럼 파인 왼쪽에 사철나무 더미가 보인다.

2 서도에 올라 동도 사진을 촬영 중인데 놀란 갈매기들이 배설물을 쏟으며 공격했다. 안전모와 등, 심지어 카메라까지 갈매기들의 배설물 공격을 받았다

3 동도 천장굴에 있는 사철나무를 망원렌즈로 클로즈업했다. 130년 된 자생 사철나무로 독도에서 나무가 자랄 수 있는 중요한 지표가 되는 나무다

4 서도 주민숙소 뒤에는 대한봉 정상과 물골로 넘어가는 80도쯤 되는 급경사계단이 있다. 앞서가던 동아지도 안동립 대표가 "이것은 해국이고요. 저건 왕호장근이고, 저건 땅채송화…. 나는 떨고 있는데 웬수가 따로 없다. "아! 빨리 올라가~"들

울릉도에서 독도까지의 거리는 87.4㎞이고 일본 오키섬까지의 거리는 157.5㎞이다. 그들은 러일전쟁 당시 독도를 군사 거점으로 삼았다. 문재인 대통령은 "독도 도발에 대해 결코 타협하지 않겠다"고 했다. 맞는 얘기다. 6·25 전쟁으로 수백 만이 죽었고 지금도 남북으로 갈라져 전쟁위협에 시달리게 한 원인제공자가 누군데.

엉금엉금 기다시피 해서 물골까지 갖다온 계단이 998계단이라고 한다. 다음날에도 날씨가 좋아질 생각을 하지 않는다. 우두커니 숙소에만 앉아

1 괭이갈매기 새끼 모습

2 일행이 한반도바위를 탐방하자 놀란 괭이갈매기들이 날고 있다

3 두 시간 동안 갈매기 앞에서 놀자 경계를 푼 갈매기가 손을 내밀어도 도망가지 않고 물끄러미 쳐다보고 있었다. 심지어 눈을 지그시 감고 알을 품는 모습에서 인간과 대화도 가능하지 않을까 생각해 보았다

있고 싶지 않다. 옆에 있던 안동립 대표가 "물골까지 다시 한 번 가보자." 고 제안했다. 동의를 한 필자가 주민숙소 쪽 급경사진 274계단을 올라서자 "급할 것 없으니 이곳에서 놀고 가자."고 제안했다.

사진을 찍다가 농담하고 눕기도 하며 보낸 시간이 두 시간이 지났다. 우리에게 익숙해진 갈매기는 아예 둥지에 주저앉아서 눈을 감고 있다. 손을 내밀어도 가만히 있다. 갈매기와 손이 10㎝ 거리인데도 쳐다보고만 있다.

옆에 있던 안동립 대표가 "물리면 파상풍 걸릴지 모르니까 손을 뒤로 빼라."고 한다. 턱을 괴고 50㎝쯤 가까이 다가가 갈매기 눈을 쳐다보니 수정같이 맑다. 처음 본 빨간 눈자위. 부리가 의외로 날카롭다.

눈을 마주친 갈매기를 보며 상념에 잠겼다. 야생동물과 대화가 가능할까? 펜실베니아대 수의학과 교수 제임스 서필은 저서인 <동물, 인간의 동반자>에서 "기본적인 심리적 기제와 반응이 동일하다면 동물도 인간과 유사한 고통과 불쾌감을 경험할 가능성이 있다."고 주장했다. 그렇다. 저 갈매기는 우리가 자신을 해치지 않을 것이라는 확신이 선 것 같다.

혼자서는 죽어도 못 올라갈 것 같은 급경사계단을 멋진 동반자와 두 번이나 오간 나는 하산한 후 안동립 대표와 악수를 청했다. 불가능할 것 같은 급경사 계단과 절벽길을 두 번이나 오갔고 꿈에도 시도해보지 않았던 갈매기와 무언의 대화를 가능하도록 도와줬기 때문이다.

(18. 05. 12)

윷판에 이런 심오한 뜻이 숨어 있다니

한국 윷판암각화 최대유적지 임실 상가마을에 가다

지난 주말 임실문화원 최성미 원장과 임실군문화해설사 강명자 씨와 함께 윷판형암각화가 있는 전라북도 임실군 신평면 가덕리 상가마을 산 36번지를 방문했다. 상가 윷판유적은 상가마을에서 잠두산으로 들어가는 길 아래에 넓게 형성된 자연암반 위에 있다.

가덕저수지와 맞닿아 있는 유적 입구는 좁지만 아래로 내려갈수록 서서히 넓어지는 호리병 형태를 하고 있다. 유적을 구성하는 암반은 가로 9m, 세로 3.5m 바위로 12°~14° 정도 경사진 동고서저의 지형이다.

임실문화원 최성미 원장과 함께 윷판형암각화 유적지 탐방이 의미가 있는 것은 그가 유적지를 맨 먼저 학계에 알리고 학술발표회(2014. 10. 24)를 열었다는 데 있다. 문화재에 조예가 깊은 그는 면장재직 시절 지역민으로부터 "윷판을 새긴 윷판바위가 있다."는 보고를 받고 이를 학계에 알렸다. 이후 한국암각화학회와 임실문화원이 6개월간 공동조사를 마친 후 상가마을 윷판형암각화가 세상 밖으로 나왔다.

조사결과 임실 상가윷판유적은 단일 바위에 가장 많은 윷판그림을 새긴 국내 최대 유적지로 평가받았다. 윷판은 39점으로 판명되었고 고누판 1점과 80여 점의 바위구멍 및 삼우정(三友停) 암각명문이 확인됐다.

임실군청에서 열렸던 한국암각화학회 학술발표지 <임실상가윷판유적>지에는 윷판의 유래가 잘 나와 있다. 한국학중앙연구원 김일권 교수의 발표 내용이다.

"단재 신채호 선생이 쓴 <조선상고사>에서 우리의 중요한 세시풍속인 윷놀이가 고대 부여의 지방조직인 사출도(四出道) 또는 고구려의 오부족 전통에서 윷놀이가 시작되었다."

신채호의 사출도(四出道)를 보면 부여에는 나라의 왕이 있고, 모두 가축의 이름으로 관직명을 정하여 저가(猪-돼지), 구가(狗-개), 우가(牛-소), 마가(馬-말) 등이 있다는 기록이 전한다. 윷놀이에서 도는 돼지, 개는 개, 윷은 소, 모는 말을 가리킨다.

김일권 교수는 윷말의 기원을 부여와 고구려의 오가 전통에서 유래했다고 추측하고 있다. 김일권 교수가 신채호의 <조선상고문화사>, <후한서>, <한원>을 종합해 만든 <고구려의 5부 제도와 5방위사상>을 보면 윷말의 기원이 일리가 있어 보인다.

김일권 교수의 설명을 부연설명하면 돼지, 개, 소, 말의 사축도(四畜道)가 각 부족을 지칭하고 중앙에는 그들을 통합하는 중심세력이라는 의미에서 가축이름을 쓰지 않고 대가(大加)로 썼다. '걸'은 중심부를 의미하는 '골' 및 우리말로 삶의 터전인 '고을' 등 여러 음상을 유추해 '크다 > 가운데 > 계루 > 구루 > 고을 > 골 > 걸'의 음운변화를 거쳤을 걸로 추측하고 있다.

최근에는 신채호의 주장보다 북극성을 중심으로 1년 사계절 동안 사방위로 돌아가는 북두칠성의 천체 운행에서 비롯된 모형이라는 주장이 유력해지고 있다. 29개의 윷판에서 중앙인 '방'을 기준으로 하면 7개의 자리가 구분되는데, 이들이 북두칠성의 형상이라고 할 수 있다.

28개점을 태양이 지나가는 황도 28수(宿)로 보기도 하지만, 그보다는

	동	서	중앙	남	북
삼국사기	환나부	비류나부	계루부	관나부	연나부
5가명	마가(馬加)	우가(牛加)	대가(大加)	구가(狗加)	저가(猪加)
부족명	말부족	소부족	중심부족	개부족	돼지부족
윷말	모	윷	걸	개	도

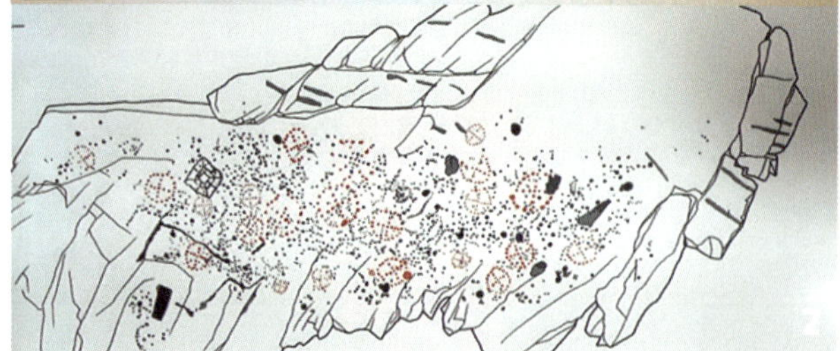

1 김일권 교수는 윷말의 기원을 부여와 고구려의 5가 전통에서 유래했다고 주장했다. 김일권 교수가 주장한 '고구려의 5부 제도와 5방위사상'을 재구성했다

2 한국 암각화학회 학술대회(2014.10.24)에서 '임실상가윷판유적'을 설명하기 위해 그린 그림..

3 임실문화원 최성미 원장(왼쪽)과 임실군문화해설사 강명자 씨가 '임실상가윷판유적지'를 안내하고 있다..

4 구한말 호남 의병장 이석용을 모신 사당인 '소충사'에는 이석용 선생을 북극성으로 비유해 중심에 놓고 좌우로 이십팔수 별자리를 14개씩 좌우익으로 펼쳐 놓은 28수 천문비가 세워져 있다. 중앙에 우뚝솟은 비석이 이석용 선생 비석이다.

5 임실문화원 최성미 원장과 임실군문화해설사 강명자 씨가 '임실상가윷판유적지'에서 바위에 뚫린 구멍을 가리키고 있다

6 구한말 호남 의병장 이석용을 모신 사당인 '소충사'에는 28수 천문비가 세워져 있다. 비석 뒷면에 그려진 별자리가 놀랍다.

북두칠성이 암각화에 더 많이 새겨진 것 등으로 볼 때 북두칠성 상징설이 더 먼저라고 생각된다. "한국의 문화원형 중 윷놀이만큼 민족적 역사성과 보편성을 지닌 놀이문화를 찾기는 쉽지 않다."고 주장한 김일권 교수는 "윷판은 중국과 일본에서는 전혀 전승된 바가 없다."며 윷놀이가 가진 의미를 설명했다.

"윷놀이와 윷판은 중국과 일본에는 없고 오직 한반도에만 있는 놀이문화라고 결론지을 수 있다. 그래서 한국 고대의 신라 백제 고구려 3국에 공히 발견되는 우리 민족의 놀이판이다. 우리 문화사의 윷판이 북두칠성 주천도에 모식화되었을 것이라 추론하였으며, 따라서 윷판은 한국 고대인이 창안한 최초의 천문우주론 모형이다."

그는 임실 상가 윷판암각화가 갖는 문화유산적 가치 외에도 임실군 성수면 오봉리에 있는 구한말 호남 의병장 정재 이석용을 모신 사당 '소충사'를 예로 들었다.

'소충사'에는 이석용 선생을 북극성으로 비유해 중심자리에 놓고 좌우로 이십팔수 별자리를 14개씩 좌우익으로 펼쳐놓은 28수 천문비가 세워져 있다. 전국 문화재 중에서 별자리 하나씩을 29명 의병의 인물로 대응시켜 죽어서 하늘의 별자리가 되도록 구축한 문화행위는 임실이 유일하다.

(18. 04. 04)

안용복과 독도수호 나선 뇌헌 스님에 관해 3가지 오류 있다

안동립 대표·진옥 스님 등 주장… 호국 스님이었을 것으로 추정

울릉도 독도에 들어와 무단으로 고기잡이하던 일본측에 맞서 안용복과 함께 두 섬이 우리 땅임을 주장한 뇌헌 스님에 관한 사료 3가지 오류가 있다는 지적이 나왔다.

한국학중앙연구원이 제공한 <향토문화전자대전>에 의하면 뇌헌은 순천의 승려로 동래 사람 안용복, 흥해 사람 유일부, 영해사람 유봉석, 평산포사람 이인성, 낙안사람 김성길, 연안사람 김순립과 순천의 승려 승담, 연습, 영률, 단책 등과 함께 배를 타고 울릉도에 가서 일본국 호키주에 들어가 왜인과 송사하였다. 그 후 양양현 지경으로 돌아왔으나 나라의 허락 없이 외국을 출입했다는 이유로 강원감사 심평이 잡아가뒀다.

"뇌헌 스님 관련 3가지 오류가 있다"

뇌헌 스님은 안용복의 2차 도일(1696년-숙종 22)당시 안용복 일행과 함께 일본 백기주 태수에게 울릉도 독도가 우리 땅임을 주장했던 스님이다. 오래전부터 뇌헌에 관한 사료에 오류가 있다고 주장한 동아지도 안동립 대표와 함께 석천사 주지인 진옥 스님을 찾았다. 그가 지적한 오류는 다음과 같다.

▲출신지 오류 [순천 송광사 → 여수 흥국사]

▲이름 오류 [뇌헌(雷憲) → 뇌헌(雷軒)]

▲사찰명 오류 [흥왕사(興旺寺) → 흥국사(興國寺)]

진옥스님은 흥국사 절을 소개한 <흥국사> 책을 발간했다. 뿐만 아니다. 오랜 기간 동안 흥국사 의승수군에 대한 자료를 모으고 안용복과 동행했던 뇌헌 스님을 연구했다.

1195년 보조국사가 창건한 흥국사는 몇 차례의 전란을 겪으며 소실과 재건을 거듭했다. 흥국사는 '절이 부흥하면 나라와 민족이 잘되고 나라가

1 흥국사 대웅전 왼쪽에서 세번째 포와 포 사이에는 '시주뇌헌비구(施主雷軒比丘)'라는 글귀와 함께 뇌헌의 이름이 기재되어 있다. 뇌헌 비구스님이 흥국사를 세우는데 공을 세웠다는 뜻이다.

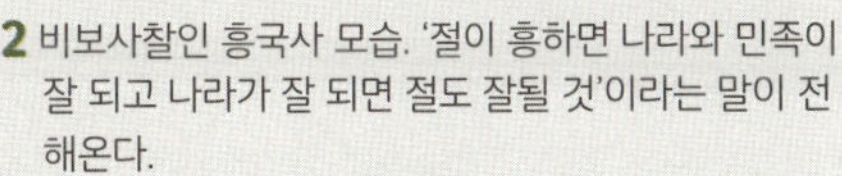

2 비보사찰인 흥국사 모습. '절이 흥하면 나라와 민족이 잘 되고 나라가 잘 되면 절도 잘될 것'이라는 말이 전해온다.

3 흥국사 정문 왼쪽 부도전에는 응운과 응암 두 명의 팔도도총섭을 모신 부도가 있다. 의승수군의 본거지 임을 알 수 있다

잘되면 절도 잘 될 것'이라는 말이 전해 내려온다. '비보사찰(裨補寺刹)'은 '돕고 보호한다'라는 뜻이 있다. 즉, 국가와 민족을 위하여 세워진 사찰이라는 뜻이다.

호국 정신으로 일어선 8,000여 의승병들

임진왜란이 일어나자 전국에서 의승병들이 분연히 일어났다. 특히 서산대사를 팔도도총섭(八道都摠攝)으로 하여 경상도에서는 사명대사, 충청도에서는 영규 스님, 황해도 의엄 스님, 전라도 처영 스님 등이 민족을 구하고 나라를 살리고자 정진을 중지하고 창검을 잡았다.

'팔도도총섭'은 조선시대 승직의 하나로 전국의 승군을 통솔했다. 흥국사 부도전에는 응운과 응암 두 명의 팔도도총섭을 모신 부도가 있다. 석천사 주지 진옥 스님의 얘기다.

"여러 기록에 뇌헌 스님이 송광사출신이라는 기록이 있는 것은 당시 여수가 순천부였기 때문이다."고 말한 진옥 스님은 "일부 기록에 '흥왕사'라고 적힌 것은 '흥국사'를 잘못 읽었기 때문이다."고 설명했다. 즉, 흥국사(興國寺)를 흥왕사(興旺寺)로 잘못 보았다는 것.

한국학중앙연구원이 전한 <숙종실록>에 기록된 한문 이름을 보면 "뇌헌(雷憲)"이라고 기록하고 있다. 때문일까 많은 출판물과 뉴스 및 백과사전에도 "뇌헌(雷軒)을 뇌헌(雷憲)"으로 기록하고 있다. 오류의 원인이 어디서부터 출발했는지는 분명하지 않다.

일본 고문서를 그대로 인용한 건 아닐까? 2005년 2월 일본 시마네현 무라카미 가문의 고택 창고에서 발견된 고문서 <원록구병자년조선주착안일주지각서(元祿九丙子年朝鮮舟着岸一舟之覺書)>(이하 원록각서)에는 "뇌헌(雷憲)"이라고 기록되어 있다.

'원록각서'는 1696년(숙종 22) 5월 일본어선의 독도 출어에 항의하기 위

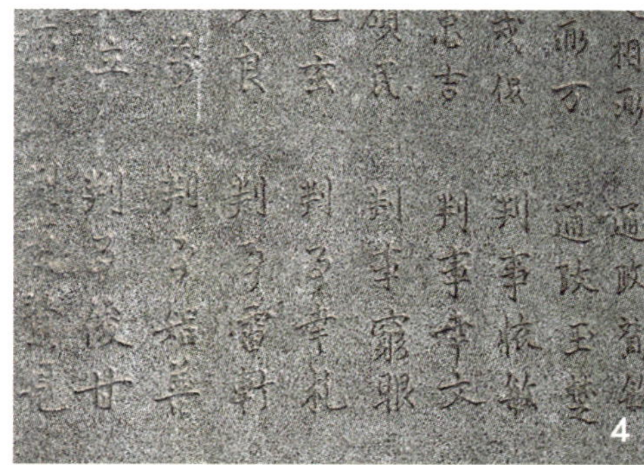

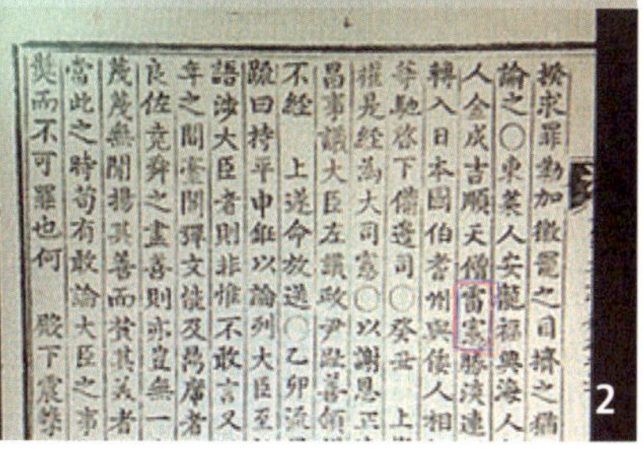

1 흥국사중수사적비 뒷면에 나온 뇌헌 스님의 기록들을 설명하는 진옥 스님(오른쪽).

2 <숙종실록>. 세번째 칸에 뇌헌(雷憲)이란 이름이 잘못 기재되어 있어 흥국사 현장에 와보지 않고 인용만 한 많은 자료들이 오류를 낳고 있다

3 울릉도 안용복 기념관에는 일본에 항의하러 간 일행들의 모습이 조각되어 있다. 맨 앞이 안용복이고 뒷줄 중앙에 서있는 분이 뇌헌 스님상이다

4 '영취산흥국사중수사적비' 뒷면 모습으로 아랫줄 왼쪽으로부터 4번째 칸에 '판사뇌헌(判事雷軒)'이란 이름이 정확히 적혀있다

5 뇌헌 스님에 대해 설명해주는 진옥 스님(왼쪽)

6 안용복과 뇌헌 스님 일행이 일본 오키섬 돗토리항에 입항할 때 달았던 깃발로 '조울양도감세장신안동지기'라. 조선의 울릉도 해역에 있는 무릉도와 우산도 해역을 감독하고 세금 징수하는 사람이라는 뜻이다

해 두 번째 일본을 방문한 안용복 일행을 일본지방 관리가 취조해 막부에 보고한 기록이다.

그러나 진옥 스님이 안내한 흥국사중수사적비 뒷면과 흥국사 대웅전 건립에 기여한 공로자들을 기록한 뇌헌 스님 초상화 옆에는 명백하게 '뇌헌(雷軒)'이라고 적혀 있었다.

"의승수군에 관한 자료를 알아야 뇌헌스님을 알 수 있어요. 1593년 1월에 쓴 이충무공 장계에 의하면 '승군 400여 명이 때로는 육지에서 때로는 해전에 참가했다'는 기록이 있습니다. 이순신장군은 승군에게 무기와 배를 주었어요. 뇌헌은 승려지만 군인입니다. 흥국사에는 1800년대 말까지 3백여 년 동안 300여 명의 승군이 있었습니다. 30년 전에도 의승수군이 타던 배를 본 적이 있다는 분을 만났습니다. 흥국사에는 의승대장이 타던 마방이 있었습니다. 뇌헌과 안용복이 만나게 된 것은 일본이 울릉도 나무를 썼고 일본인들을 몰아내기 위해 출정한 거죠."

수군으로서의 승군은 여수에 있는 전라좌수영과 흥국사가 처음이다. 좌수영 승군은 1592년에 처음 400명이 조직되어 스스로 군량을 조달하고 관군의 군량을 확보해 주기도 했다. 직접 전투에 참가한 것은 1593년 2월 1일 웅천전투다. 좌수영 의승수군은 전쟁이 끝난 후에도 해체되지 않고 전후복구에 힘을 기울여 성을 정비하고 군수물자를 댔다.

승려직책 중 '판사'였던 뇌헌 스님... 흥국사 중창에 공덕 쌓기도

사찰 정문인 영성문 건너편에는 '영취산흥국사중수사적비'가 있다. 1703년에 세워진 비석 뒷면에는 뇌헌 스님의 직책과 이름이 정확히 기록되어 있다. '판사뇌헌(判事雷軒)' 비문에 기록된 글들을 자세히 연구하고 기록한 진옥 스님의 얘기다.

"관군과 승군 간에는 알력이 있어 판사가 있었어요. 승군의 판사관직은 지금 같으면 대법관에 해당합니다. 누군가가 잘못된 이름을 기록했는데 현장에 와보지도 않고 그대로 써서 너도나도 잘못된 이름 뇌헌(雷憲)이라고 쓴 겁니다."

진옥 스님은 뇌헌 스님이 흥국사에 계셨다는 걸 확실히 보여주겠다며 일행을 흥국사 대웅전으로 안내했다. 놀라운 장면이 펼쳐졌다. 포와 포 사이 24칸에는 흥국사를 건립하는 데 공이 많은 이들의 그림과 이름이 기록되어 있었다.

대웅전에 모신 부처님 왼쪽 3번째 포와 포 사이에는 뇌헌스님의 초상화와 함께 '시주뇌헌비구(施主雷軒比丘)'라는 글귀가 선명히 적혀 있었다. 진옥 스님이 뇌헌 스님의 직책에 대해 보충 설명했다.

"1690년 대웅전을 지을 때까지는 판사가 아니고, 1703년 건립된 중수비에 판사라는 기록이 나온 걸 보면 13년 사이에 판사 직책을 받은 거에요."

안용복 일행의 배는 13척에 선원이 70여 명에 달한다. 그 중 한 척이 일본 오키섬에 갔다. 오키섬 돗토리항에 입항할 때 "조울양도 감세장신 안동지기(朝鬱兩島監稅將臣安同知騎)."라는 깃발을 달고 입항했다. '조울양도'란 조선의 울릉도 해역에 있는 무릉도와 우산도를 말한다. 글자 그대로라면 안용복은 그 해역을 감독하고 세를 징수하는 사람이다.

금오승장 뇌헌... 전라좌수영 의승수군 지휘관

일본 고문서인 <죽도고>에는 뇌헌을 '금오승장석씨헌판사'라고 기록되어 있다. 즉, 뇌헌의 성은 석씨이다. 뇌헌은 <원록각서>에서 흥국사 주지라는 것을 밝혔다. 전라좌수영에는 의승수군이 있었고 뇌헌은 승병승군의 지휘관이었다. <안용복과 원록각서>를 쓴 일본의 오오니시 토시테루는 안용복이 진술한 내용을 다음과 같이 의심하고 있다.

'13척의 선단과 많은 인원, 몇 개월에 걸리는 장기간의 항해, 어로활동

준비물은 안용복 개인이 할 수 있는 일이 아니다. 오키에 도해한 11인 중 5명이 승려였다는 사실을 어떻게 볼 것인가? 일행이 단순한 어로활동만 했다면 어업과 관계없는 5인의 승려는 설명할 수 없다. 5인의 승려가 '죽도관광을 원해 동행했다'고 한 안용복의 말은 충분한 설명이 되지 못하다. 뇌헌 스님은 관과 같은 검은 모자를 쓰고 목면의 끈을 매고 있다. 고운 상의를 입고 있는 이 승려의 참가는 유통업의 발전에 참여한 사원자본의 진출이 아니었을까 추측된다.'

일부 자료에 뇌헌 스님을 장사하는 스님인 "상승(商僧)"이라는 표현을 썼다는 걸 지적하자 진옥 스님이 정리했다.

"뇌헌 스님을 장사하는 스님인 상승(商僧)이라고 썼는데 일본 쪽 기록을 보고 쓴 겁니다. 일본에 끌려갔는데 군인이라고 하겠어요. 장사한다고 했겠지요. '출가자'라는 뜻을 가진 '비구'는 장사를 못하게 돼있어요."

진옥 스님이 안용복과 뇌헌 스님의 관계에 대한 최종결론을 밝혔다.

"앞으로 더 연구해 봐야겠지만 안용복 일행이 일본에 갔을 때 뇌헌 스님(55세)이 지휘관이고 통역을 맡은 안용복(43세)이 수하였을 걸로 추정합니다. 다만 뇌헌 스님을 보호하기 위해 안용복이 앞에 나섰을 걸로 추정합니다."

(18. 06 .08)

조선 5대 명산이었던 회문산, 왜 '죽음의 땅' 됐나

빨치산으로 유명한 회문산 자락
회문리 출신으로 살아남았던 조종래 씨의 증언

전라북도 임실과 순창, 정읍에 걸친 회문산은 자연경관 좋기로 소문난 곳이며 한국의 5대 명당으로 손꼽힌다. 회문산은 홍성문 대사가 지은 '회문산가'라는 노랫말에서 유래됐다고 한다.

그는 회문산 정상 24명당과 오선위기(五仙圍碁)에 묘소를 쓰면 당대부터 발복하여 59대까지 갈 것이라 예언했다고 한다. 그래서일까, 지난 6일 회문산 정상으로 가는 길 주변에서도 수많은 무덤을 볼 수 있었다.

회문산은 정상인 장군봉을 중심으로 좌청룡에 해당하는 천마봉이 있다. 또 깃대봉의 동쪽 산줄기는 말이 하늘로 날아가는 형상의 천마 승공형이다. 우백호에 해당하는 돌곳봉과 시루봉의 남쪽 산줄기는 말이 안정천의 물을 먹는 형상의 갈마 음수형이다. 이 때문에 화문산은 조선시대 5대 명당 길지로 알려졌다. 전국의 풍수지리를 연구하는 사람들의 발길이 잦다.

구한말에는 면암 최익현 선생과 임병찬, 양윤숙 의병대장이 일본군과 치열한 항일투쟁을 벌였던 격전지이기도 하다. 6·25전쟁 당시에는 남부군 사령부가 있어 700여 명의 빨치산이 주둔했던 동족상잔의 아픈 역사를 간직한 곳이다.

회문산 동쪽에 솟은 깃대봉의 이름엔 유례가 있다. 학문과 창의에 빛난 조평 선생에게 나라에서 1,000정보(町步. 1정보 3,000평)의 사패지를 하사하고 깃대를 꽂도록 했다. 그래서 '조평선생사패지'라는 깃대를 꽂았고, 이곳이 깃대봉이라고 불리게 되었다. '사패지'는 고려와 조선시대 임금이 내려준 논밭이란 뜻이다.

빨치산 주둔시기 무수한 죽음을 목격했던 조종래 씨

시간이 있다며 필자를 임실로 초대했던 임실문화원 최성미(70세) 원장

1 회문산정상에 서있는 조종래(왼편. 84세)씨와 임실문화원 최성미(70세) 원장 모습. 지역의 숨어있는 역사를 발굴하고 보존하는 보석같은 분들로 두 분 모두 전직 면장출신이다

2 회문산굴 모습

3 북도당 빨치산사령부 모형도

이 "당시를 생생하게 증언해 줄 분이 있다"며 조종래(84세)씨와 동행했다. 그는 덕치면장을 지내다 퇴직한 지 19년째다.

"나이가 들어 회문산 정상까지는 못 올라갈 것 같다"고 한 조종래 면장을 모시고 일행이 차에서 내린 곳은 야영장이다. 봄기운을 벗어난 산에는 화려한 산야초와 짙은 녹음이 우거져 아늑하고 평안하다. 삼림욕이라도 하고 싶은 곳이다. 이렇게 아름답고 평안한 곳이 수많은 희생자를 낳은 곳이라는 게 믿어지지 않는다.

"다리가 아파 헬기장까지만 가겠다."고 하시던 조종래 씨가 "언제 또다시 오겠는가. 어쩌면 이번이 회문산 마지막 산행이지 않을까?"라고 말하며 가다쉬다를 계속하며 정상까지 안내한다.

고마운 분들이다. 주변마을에도 당시를 기억하는 분들이 살아계시지만 체계적으로 증언해줄 분이 거의 없다. 총탄자국이 있는 바위가 보인다. 바위가 치열했던 당시를 증언해주고 있었다.

두 번째 헬리포트를 거쳐 조금 올라가니 주변에 돌무더기가 많다. 과거 빨치산들의 근거지였기 때문이란다. 조종래씨가 바위가 있는 곳을 가리키며 설명을 계속했다.

"이곳이 홍성문대사가 '석산보토혐의말소'라고 하며 명당이라고 했던 바위입니다. 움푹 팬 바위 부분에 흙으로 보토해 석축을 쌓고 묘를 쓴 곳입니다. 이 지역에 묘를 쓰면 당대부터 59대까지 정승이 안 떨어질 것이라고 불렀던 곳입니다."

나뭇가지를 헤치고 커다란 바위가 있는 곳으로 가보았다. 과연 지름 8m 정도의 바위 중간 움푹 팬 부분에 흙을 채워 묘를 썼다. 아랫부분은 토사유출을 방지하기 위해 석축을 쌓았다. 조금 올라가니 등산로에 나체로 누워있는 형상의 여근목이 눈길을 끈다. 조종래 씨의 증언이다.

"빨치산을 소탕하기 위해 미군기가 폭격한 후 산에 불을 질렀지만 이 소

1 회문산 표지석과 석축으로 성벽을 쌓아올린 천혜의 요새지 노령문 모습

2 여근목. 조종래 씨 증언에 의하면 미군기의 폭격 후 온산을 불태웠지만 이 소나무만 살아남았다고 한다

3 회문리 절골에 서있는 조종래 씨 모습. 당시에는 빨치산 전북도당사령부가 있었고 인민군과 빨치산들이 가득했었다고 한다

4 홍성문대사가 명당으로 여겼던 바위 중앙 움푹 패인 부분에 흙을 채워만든 묘가 보인다. 지름 8미터쯤으로 아래에는 석축을 쌓아 흙이 쓸려가지 않도록 했다

5 회문산 최고 볼거리 중 하나인 음문석굴 모습

6 강제로 끌려가 빨치산이 됐다가 회문산에 있던 빨치산들이 지리산으로 이동하자 조당래(작고)씨가 방 구들장을 파고 열흘 동안 숨었다가 살아난 산지기 집 모습. 산지기는 지게짐에 조씨를 숨기고 거름을 덮어 위장해 10여킬로미터를 운반해 살려줬다

나무만 살아남았어요. 당시는 3미터 정도밖에 안 됐는데 이렇게 컸네요."

회문산 최고 볼거리 음문석굴

회문산의 최고 볼거리는 뭐니 뭐니 해도 음기가 가장 강하다는 음문석굴(陰門石窟)이다. 석굴 옆 암벽에는 천근월궁(天根月宮)이란 글씨가 새겨져 있다. 이는 인체의 24마디와 12경락, 남녀의 생식기, 삼라만상을 표현했다고 한다. 글은 동초 김석곤 씨가 1900년 초에 모악산 수왕사 옆에 있는 무량굴과 함께 새긴 것으로 알려졌다.

정상인 장군봉(837m)에 올라 사방을 둘러보았다. 동쪽으로 깃대봉, 서쪽으로 투구봉이 보인다. 산 너머 준령들이 보인다. 아름답고 평화로운 산들이 겹쳐있다. 이곳이 70여 년 전 낮에는 군경이, 밤에는 빨치산들이 지배한 회문산 일대가 맞는가? 만감이 교차한다.

"오 선생 때문에 다시는 못 올라올 줄 알았던 회문산 정상에 올라왔다"며 말문을 연 조종래 씨가 수많은 살육이 있었던 당시를 회상하며 이야기를 시작했다. 조종래 씨 아버지는 집안이 면장 집안이라는 이유로 빨치산에 끌려가 교통호를 팠고 토벌군에 희생됐다.

낌새를 챈 아버지가 피신시켜 살았지만 아버지는 희생당해

빨치산들이 회문산에 전북도당사령부를 설치하고 독수리병단이 들어오자 중학교 입학을 앞둔 조종래(당시 15세)씨 친구들은 학교를 다닐 수가 없었다. 어느 날 초등학교 교사였던 정종화 씨가 독수리병단 정찰참모 직책을 맡아 동네를 방문해 동네사람들에게 인사한 후 학생들에게 절골로 찾아오라고 했다. 회문리에서 1㎞쯤 떨어진 절골에는 10여 호가 살고 있었다.

"동네 사는 7명의 친구와 절골로 선생님을 찾아갔더니 우리를 앉혀놓고 공산당 세뇌교육을 시킨 후 우리들이 할 일을 제시해줬어요. '연 날리다 연이 떨어진 척하거나 팽이치기하는 척하면서 군인들 수와 주둔지 위치 등 동태파악을 해서 보고하라고 시켰어요.

3회 정도 교육받으러 갔다 왔는데 어느 날 아버지가 '너 요새 뭐하냐?' 고 물어 자세히 얘기했더니 소등에 쌀을 실어주며 5㎞쯤 떨어진 외가집으로 보냈습니다. 외삼촌한테 '어떤 일이 있어도 보내지 말라. 소만 키우도록 해라'고 지시했어요. 당시 빨치산 연락병이 되어 지리산까지 따라갔던 9명의 친구들 중 한 명만 살아남고 다 죽었어요. 우리 아버지가 날 살려놓고 당신은 43세에 돌아가셨어요."

희생자 조사에 참여했던 임실문화원 최성미 원장의 얘기에 의하면 "당시 덕치면에는 성한 집이 거의 없었다."고 증언했다. 빨치산사령부 전북도당이 있었던 회문산 역사관을 둘러본 일행이 점심을 기다리는 동안 조종래 씨의 증언이 계속됐다.

"회문산 근처 마을 사람들은 거의 모두 산 밑에 굴을 파고 숨어 살았어요. 낮에는 모두 굴에 숨어 있다가 밤에만 살짝 집에 돌아가 밥을 해먹고 굴로 돌아왔어요. 일가친척이나 이웃에게도 굴 위치를 알려주지 않았어요. 집에 있으면 군인이 불쑥 찾아오고 빨치산이 불쑥 찾아오기도 해서 불안해 못 살았어요."

빨치산에 끌려갔던 조당래 시인… 구들장 파고 숨어 살아나기도

조종래 씨의 집안 형님인 조당래 시인은 빨치산에 끌려가 총살당하기 직전 학창시절 알았던 정종화 씨가 얼굴을 알아보고 살려준 후 빨치산에 편입됐다. 빨치산이 군경토벌대에 쫓겨 지리산으로 본거지를 옮길 때, 그에게 주어진 임무는 회문산에서 지리산으로 옮기는 걸 반대하는 빨치산을 사살하라는 것이었다.

맨 마지막까지 남아 임무를 수행하라는 말을 들은 그는 빨치산들이 모두 떠난 뒤 산지기집 작은 방 구들장을 파고 숨었다. 산지기는 일부 공간만 남기고 장판으로 덮은 채 열흘 동안 누워있는 그에게 밥만 넣어줬다.

바깥이 조용해진 어느 날 산지기는 지게 짐 밑에 그를 뉘인 채 거름을 덮고 10여 킬로미터 떨어진 회문리까지 지고 갔다. 의경대장이었던 집안 형님의 도움으로 그는 살아날 수 있었다. 회문산 안내를 마친 조종래 씨가 손을 내밀며 말을 이어갔다.

"내가 죽으면 당시의 생생한 이야기를 누가 전해줄 수 있을지 걱정이에요. 이 땅에 다시는 이런 비극이 또다시 되풀이 되지 않았으면 합니다."

(18. 06. 13)

영원한 별처럼 뜻이 기려지기를 바란 소충사 28수 천문비

구한말 호남 의병장 정재 이석용 기리는 소충사에 가다

소충사를 소개한 임실군문화원 최성미 원장과 임실군 문화해설사 강명자 씨를 따라 현장을 방문해보니 깨끗하게 단장된 기념관과 기념비가 보인다. 2만 3백평 부지에 세워진 28의사비는 원래 성수면 소재지에 있던 것을 옮긴 것이다.

500여 항일의병과 호남지방에서 일경과 숱한 전투 벌렸던 이석용 의병장

이석용은 고종 15년(1878년) 임실군 성수면 삼봉촌에서 전주이씨 3대 독자로 태어나 유가경전과 역사서 및 제자백가서를 공부했다. 1905년 일제가 고종황제를 위협해 을사보호조약을 체결하자 1906년 미국공사에 부당함을 호소하는 한편 당시 정읍 태인에 와있던 우국지사 최익현을 찾아가 나라 찾을 방법을 논의했다.

광무 11년(1907년) 일제가 고종을 강제로 순종에게 양위케 하고 정미7조약을 체결하자 9월 12일 진안 마이산 용암에서 500여 명에 이르는 의병들과 '호남의병창의동맹단'을 공식적으로 결성했다. 이 후 1909년까지 3년간 전라북도의 진안, 용담, 남원, 영광, 임실, 전주, 순창, 태인 등지에서 일제군대를 상대로 숱한 전투를 벌여 성과를 올렸다.

그러나 1908년 10월 근대식 무기와 조직적인 군사작전을 펼친 일제가 1만에 이르는 호남의병 토벌대를 편성하여 토벌작전에 나서면서 의병들의 희생이 잇따르자 아까운 희생을 막고자 무력투쟁을 포기하고 휘하 의병들을 해산했다.

이후 1911년 3월 일본에 잠입해 일왕 암살을 기획했고 1912년 겨울 다시 비밀결사대인 '임자동밀맹단(壬子冬密盟團)'을 조직해 중국으로 망명해 항일운동을 펼치고자 했다. 하지만 1913년 10월 망명자금을 부탁한 친구의 밀고로 일경에 체포되어 36세에 대구형무소에서 교수형을 당해 순국했다.

소충사 맨 위에는 이석용 의병장 묘가 있고 그 아래에 28의사 합장묘를 두었으며 그 아래에 사당을 건립했다. 사당 언덕 아래는 횡으로 이석용과 28의사 각각을 새긴 작은 비석들이 서있고 왼편 세로줄에는 '호남의병창의동맹단', '28의사 기적비' 및 '조의단', '이승만 대통령 휘호'가 세워져 있다.

28의사 비석 전면을 보면 의병 하나하나의 이름과 함께 하늘의 28수 별자리를 각각 하나씩 배당해 그려놓고 있다. 이는 의병들의 숭고한 기개와 희생을 천문의 질서 속에 안치해 별들의 영원함처럼 이들의 뜻이 영원히 기려지기를 기원한 기념비 성격이 부여되어 있다.

29개 비석을 자세히 살펴보면 맨 가운데 중심부에 다른 것보다 높게 세워진 비석이 있는데 호남창의동맹단의 주역이자 의병장이었던 이석용 비석이다. 이석용 비석의 앞면에는 '북극'이라 새겼고 뒷면에는 '남극'이라 새겨 지축의 남북극을 구현했다.

이석용 의병장 비석 옆면에는 '일월화수목금토'의 칠요(七曜)글자를 새겨 놓았다. 칠요는 하늘에 움직이는 일곱 개의 행성을 뜻하는데 전통 천문학에서 중요하게 여기는 것이다. 즉, 이석용 의병장을 중심으로 좌측에

	동방7수	북방7수	서방7수	남방7수
28수	각(角)항(亢) 저(氐)방(房) 심(心)미(尾) 기(箕)	두(斗)우(牛) 녀(女)허(虛) 위(危)실(室) 벽(壁)	규(奎)루(婁) 위(胃)묘(昴) 필(畢)자(觜) 삼(參)	정(井)귀(鬼) 류(柳)성(星) 장(張)익(翼) 진(軫)
4신도	청룡	현무	백호	주작

1

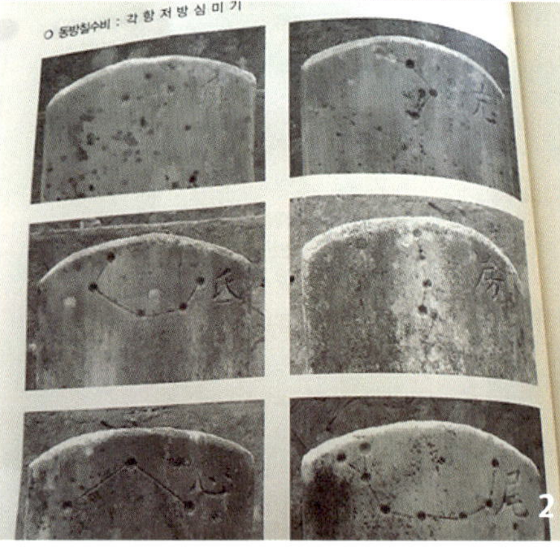

2

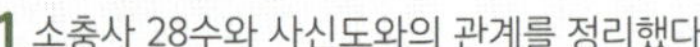

1 소충사 28수와 사신도와의 관계를 정리했다

2 임실문화원에서 발간한 <임실항일운동사>220 페이지에는 28수 중 '동방7수비' 에 새겨진 별자리들의 사진을 촬영해 놓아 비석에 새겨진 별자리들을 살펴볼 수 있다.

5

3

6

4

7

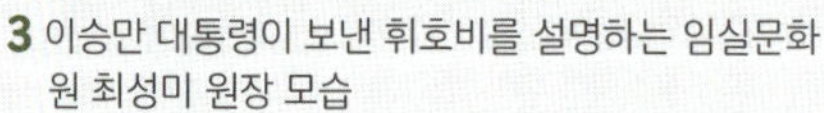

3 이승만 대통령이 보낸 휘호비를 설명하는 임실문화원 최성미 원장 모습

4 28수의 맨 중앙에는 가장 키가 큰 비석이 있다. 이석용 의병장 비석으로 전면에 '북극'이라는 글귀가 보인다.

5 소충사 28수비 전경. 맨 중앙에 가장 키가 큰 비석이 이석용 의병장을 기리는 비석이다

6 소충사 기념관 모습. 이석용 의병장과 의병들이 항일독립운동에 나서 일본경찰과 싸우는 모습이다

7 소충사 28수 천문비 중앙에 있는 이석용 의병장 비석 뒷면 모습으로 '남극'이라는 글귀가 보인다

는 맹활약했던 박만화 의장 등 14인을, 우측에는 최덕일 의장을 비롯한 14인을 포진했다.

28수는 적도 주변에 포진된 수많은 별 중에서 이정표가 될 만한 28개의 별자리를 특별히 만들어 천문을 관찰하는 지료로 삼았던 천문체계이다. 서양에서는 태양이 지나는 길 위에 관찰되는 12개의 별자리를 지표로 삼아 황도 12궁 체계를 만들었다. 반면 동양 고대천문학에서는 지구의 북극점이 가리키는 북극성을 중심으로 삼았다.

사마천은 28수 별자리를 사방위로 나누어 사신도(四神圖) 이미지로 중첩시켜 이해하도록 했다. 동방 일곱 자리는 '청룡7수'로, 서방 일곱 자리는 '백호7수'로, 남방 일곱 자리는 '주작7수'로, 북방 일곱 자리는 '현무7수'로 분속했다.

28인의 의병들을 천문 28수에 비유한 것은 의병장 이석용 본인이 이미 천문에 대해 상당한 식견이 있었음을 알 수 있다. <호남창의록>에 기록된 1908년 7월 20일 작성된 이석용이 작성한 '여러 진영에 전한 격문' 내용이다.

"여러 진영의 맹주들과 더불어 3척 장단에 오르기를 원한다. 북두성을 우러러 서울을 바라보고 땅을 굽어보며 대중과 맹세를 하노라."

소충사를 방문하고 돌아오는 길에 이석용 의병장의 천문지식에 놀랐고 의병들의 뜻이 영원히 지속되길 비는 마음에 공감했다. (18. 06. 15)

항일독립운동에 일생 바친 조우식

의병장 최익현 배향한 '오강사'를 일경이 훼철하자 자결해

며칠 전 어릴 적 친구로부터 고향에 대한 중요한 이야기를 들었다. 자신의 조상이 면암 최익현 선생과 함께 독립운동에 헌신하다 최익현 선생을 기리는 '오강사'를 세웠다는 얘기였다. 더구나 그분이 태어난 곳이 내 고향인 전라남도 곡성군 오곡면 오지리다.

'오강사'는 초등학교 시절 매일 지나다니던 곳으로 친구의 4대 선친인 조우식 선생이 세운 사당이다. 동네에 독립운동가가 살았다는 사실을 전혀 몰랐던 필자는 설날에 오강사를 방문했다.

초등학교 시절엔 상투틀고 갓쓴 양반들이 기거하며 마당이 깨끗하게 정돈된 곳이었지만 '오강사'로 들어가는 문인 '충의문'에는 자물쇠가 채워져 있고 을씨년스럽기까지 하다. 좀 더 자세히 알아보기 위해 조우식의 후손인 조춘용(81세)씨를 만나 오강사 내력이 적힌 책자를 받았다.

최익현 선생과 함께 독립운동했던 조우식 등 위패 4위 모셔

전라남도 곡성군 오곡면 오지리에서 태어난 조우식(1869년~1937년)은 한말의 위정척사론자이며 의병장으로 유명한 최익현의 문하생이다. 1906년 6월 4일 전라북도 태인의 무성서원에서 최익현이 강회를 끝내고

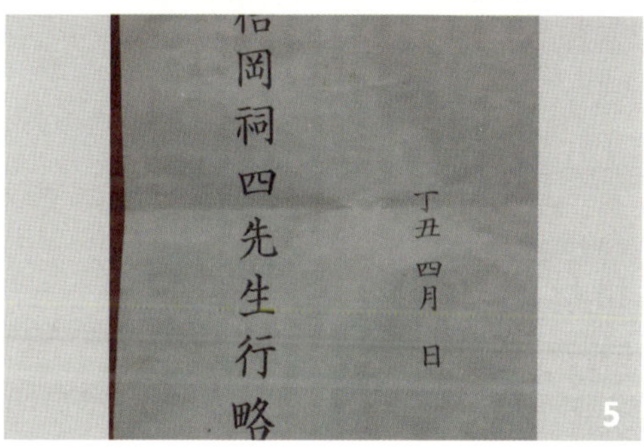

1 면암 최익현과 함께 항일독립운동에 헌신했던 성암 조우식 선생의 영정. 최익현을 배향하기 위해 그가 세운 '오강사'에 있었지만 몇해 전 도둑이 들어 후손이 보관하고 있다

2 조우식 선생의 후손인 조춘용(81세)씨

3 면암 최익현을 배향하기 위해 세운 오강사 입구의 충의문 모습. 몇해 전 도둑이 든 후 대문을 걸어잠궈 안을 들여다볼 수 없어 안타까웠다. 항일독립운동가인 최익현, 조우식, 조영선, 정대현을 모신 사당이다

4 오지리에는 '예절 의향의 오곡'이란 글이 적힌 돌비석이 당산 아래에 세워져 있다

5 조우식 선생의 후손인 조춘용(81세)씨가 오강사에 모신 4명의 행적이 적힌 <오강사4선생행략> 책자를 주셨다.

의병을 일으켰다. 그는 적들을 토벌하기 위해 전라북도 순창으로 가는 도중 전라북도 전주와 남원의 진위대에 의해 체포돼 100대의 태형을 받고 석방되었다.

의병 거병 후 면암과 함께 왜병에 피체되어 대마도로 끌려간 조우식은 면암이 순국하자 그와 함께 피체되었다가 돌아온 조영선과 힘을 합쳐 유림들과 협력해 '오강사'를 세웠다.

1921년 일본경찰에 의해 면암의 영정이 압수되고 사우가 훼철당하게 되자 곡성 유림들이 총독과 곡성경찰서장에게 항의문을 보내어 1922년에 다시 사우의 복설을 보게 되었다.

그 후 1937년에 또다시 훼철당하자, 조우식이 이에 대한 항의의 표시로 오강사 곁 노거수에 목을 매 자결하였다. 오강사는 1946년에 이르러 중건되었으며 1954년에 조우식을 추배하였다. 1956년에는 조영선을 추배하였으며, 1969년에 중수하였다.

1993년에는 석연 정대현을 추배하였다. 사우내에는 면암과 성암의 영정 및 4위의 위패가 있다. 재실로 '일성당'과 외삼문인 '충의문'이 있지만 자물쇠를 걸어놔 일성당을 볼 수 없어 아쉬웠다.

한국고전번역원에서 출간한 <면암선생문집> 제2권을 보면 최익현과 조우식의 관계가 얼마나 깊었는지를 짐작할 수 있다. 아래 시는 최익현이 일본 감옥에서 순국하기 전 조우식에게 지어 보낸 시다.

"풍파를 만나도 혼미하지 않고 / 역경을 당해도 보통 때와 같네
수양의 공부를 어찌 속이겠는가 / 마음은 항상 성(省) 자에 있었네
(風頭能不迷 處逆如順境 所養那可誣 常目揭字省)."

조우식의 호는 성암(省菴)이다. 조선말기의 의병이었던 조우식은 14권 5책의 시문집인 성암집(省菴集)을 남겼다. 그의 시에는 항일의사들이었던

조병세, 조만식, 민영환, 안중근, 임병찬, 이준 등을 기리는 위국충정이 주를 이루고 있다.

<옥천일기>는 그의 의병활동 일기이다. 1906년 1월 25일 태인에서 의거하여 7월 7일 서울 감옥에서 출감할 때까지의 사건을 자세하게 기록하고 있다. 또한 <서시동지>는 1895년(고종 32) 단발령을 거부할 것을 동지들에게 호소한 글이다.

그는 의병 활동의 공훈을 인정받아 1977년 대통령표창, 1991년 건국훈장 애국장에 추서되었다. (2018. 02. 20)

섬 속의 섬... 악조건을 딛고 일어선 '추자도' 사람들

'기르는 어업'과 관광활성화를 통해 성장 기대

"추자도 상공에 헬기가 뜬다는 것은 좋지 않은 일이 일어났다는 걸 의미합니다. 긴급환자나 사고가 발생했을 때 헬기가 뜨거든요."

지난 주 바람이 심하게 일어나기 직전 추자도에 도착해 황충남씨 집에 여장을 풀기 전 추자도 상공에 헬기가 날아가는 걸 본 황충남씨가 한 말이다. 의료시설이 거의 없고 교통이 불편한 섬에서 긴급한 환자나 사고가 발생하면 위기대처수단으로 헬기가 가장 유용한 수단이라는 뜻이다.

제주항에서 북쪽으로 약 45㎞ 떨어진 추자도는 행정구역상 제주특별자치도 제주시 추자도다. 추자도에는 상추자도, 하추자도, 추포도, 횡간도의 4개 유인도와 직구도, 사수도 등 38개의 무인도서가 모인 섬들로 모두 합치면 42개의 섬이 있다. 흔히 말하는 추자도는 하나의 섬이지만 각각 상하로 나누어져 있다가 1972년에 두 섬을 잇는 다리가 완공돼 하나가 됐다.

섬은 섬이다. 추자도를 방문하기 위해 여수에서 완도까지 승용차로 갔다 완도행 배를 타고 도착해 다음날 돌아올 예정이었다. 하지만 바닷물이 많이 빠지는 '사리'때라 큰 배가 들어올 수가 없단다. 하는 수 없어 작은 여객선을 타고 제주항으로 가 밤 8시 20분 배를 기다리고 있는데 저녁 7

시 반쯤 결항소식이 들려왔다.

제주 동문시장 인근에서 하룻밤을 묵은 후 다음날 아침 일찍 완도행 배를 타려는데 결항이다. 급히 택시를 타고 공항에 가니 일행과 함께 탈 좌석 3개뿐이다. 광주공항을 거쳐 완도로, 완도에서 다시 여수로 되돌아오는 돌발여정이 됐다. 집에 돌아와 기상상황을 살펴보니 바람이 더 심해졌다. 만약 그 비행기를 못 탔다면 며칠간 제주에서 머물렀을지도 모른다.

섬이란 악조건을 딛고 일어선 추자도 사람들

추자도 사람들은 섬이란 조건 때문에 많은 시련을 당했다. 고려와 조선시대 사람들이 제주를 가려면 반드시 거쳐야 하는 곳이 추자도다. 당시 돛단배인 풍선은 바람을 이용해 운항한다. 추자도는 제주로 가는 배들이 항해하기 좋은 순조로운 바람을 기다리는 후풍처(候風處) 역할을 한 섬이었다. 그래서 추자도는 일명 후풍도(候風島)라고 불리기도 했다.

고려말 추자도는 출몰하는 왜구들로 인해 몸살을 앓았다. 왜구가 전라도로 침입해 오는 해로는 대마도로부터 동북풍을 타고 연화도와 욕지도, 남해의 미조항이나 순천의 방답 등지에 이르렀다. 추자도는 서해로 왕래하는 길목에 있어 왜구가 침범해 오는 루트다.

절해고도인 추자도는 유배지로도 유명하다. 추자도가 조선시대 유배지로 사용된 빈도는 전체 지역 가운데 15위로 섬 지역 가운데는 제주도, 거제도, 흑산도, 진도, 남해에 이어 6위에 해당될 정도로 많았다.

일본인들의 수탈에 맞서 두 번이나 저항한 추자도민

일제강점기에는 해적선이 나타나 총포를 들이대고 부녀자를 강탈하고 재산을 탈취하기도 했다. 부당한 외압에 맞선 저항정신도 있다. 일제강점기 추자도에서는 두 차례의 어민항쟁이 있었다. 1926년 5월 14일 일제의 사주를 받은 추자도어업조합이 천초(우뭇가사리)를 싼 가격에 매수해 비싼 가격에 되팔아 폭리를 취하려하자 예초리 주민 700여 명이 집단으로 저항했다.

제2차 항쟁은 6년 뒤인 1932년 5월이다. '사와다'라는 일본인이 삼치 유자망으로 추자도 어민의 내수면 어장을 침범해 작업하자 추자어민들이 총궐기에 나섰다. 두 번에 걸친 대일항쟁 추모 기념비는 추자교 입구에 세워져 있다.

1 추자항 모습

2 추자항 해변에는 "작은 작젯길"이 있다. 추자도말인 "작지"는 "작은 자갈"을 뜻한다. 이곳에는 추자도 역사관련 사진들이 해설과 함께 전시되어 있다

3 추자도수산업협동조합 사무실에 걸린 1964년 당시의 추자도 모습으로 대부분이 초가집이다

4 추자도는 고려와 조선시대 제주를 오가던 배들이 거쳐야 하는 섬이다. 돛단배는 순조로운 바람을 기다려야 하기 때문에 추자도는 "후풍도"라고 불리기도 했다. 사진 속에 "후풍도식당"이란 간판이 보인다

100년의 역사를 가진 추자도 수산업협동조합

1919년에 설립된 추자도 수산업협동조합은 올해로 꼭 100년이 됐다. 조합의 판매사업은 선어류를 주종으로 해 겨우 명맥이 유지되고 있었다. 선어류 및 패류와 기타 수산물의 판매는 어선 세력의 취약, 판매업무 미숙, 유통처리 시설미비 등으로 1960년대 말까지 총 1억3천4백만 원 미만의 저조한 실정이었다.

그러나 1970년대 위판장, 제빙, 냉동, 냉장, 급유시설 등이 설치됨에 따라 어선세력이 신장되고 어획량이 증대됐다. 참조기의 원산지는 영광이라고 알고 있는 사람이 많지만 추자도는 국내 참조기와 멸치 어획량 45% 이상을 생산하는 지역이다. 1969년 참조기, 활어, 삼치 등 어장이 형성되어 위판량이 계속 증가해 2천년에는 최고 위판액 200억 원을 달성했다.

현재 추자도 어업현황을 보면 어족자원고갈과 환경오염으로 인해 어획량이 감소하고 있다. 그뿐만 아니다. 1960년대 7천 명에 달했던 인구가 1,800여 명으로 줄었다. 등록된 인구가 1,800명이지 실제로 제주에 거주하는 인원을 빼면 훨씬 적을 것이라는 후문이다. 수협조합 한재순 상임이사가 추자도 수산업현황을 들여다볼 수 있는 언급을 했다.

"유자망 파시 때는 엄청났죠. 옛날 파시 때는 돈이 많이 돌아 흥청망청했습니다. 해안가 목이 좋은 곳은 평당 800만 원까지 하던 곳이 지금은 300만 원 밖에 안 해요"

잡는 어업에서 기르는 어업으로, 찾아오는 관광섬으로

하지만 최근 섬주민들은 희망을 꿈꾼다. 어촌계와 주민들은 추자수협을 중심으로 잡는 어업에서 기르는 어업으로 전환을 시도하고 있기 때문이다. 어류에 한정했던 양식을 멍게와 참모자반, 홍합, 참가리비 등으로 확대하고 있다. 섬을 찾는 관광객도 해마다 늘고 있다. 2001년 8,652명이

1 추자도민들은 일제의 강압적 수탈정책에 두번이나 항거했다. 사진은 추자교 옆에 세워진 추자도어민대일항쟁기념비 모습이다.

2 9년간 추자도수산업협동조합장직을 역임하고 퇴임한 후 섬주민들이 겪는 어려움을 대변하기 위해 전국섬주민협의회장직을 맡은 이정호 회장 모습

3 영화 <나바론요새>에 나오는 절벽을 닮았다고해 붙여진 이름 "나바론 하늘길"로 절벽을 오르내리며 멋진 바다를 감상할 수 있는 둘레길이다 © 이재언

4 하추자도 대왕산에서 바라다 본 바다 모습

5 추자도 수협공판장에 크기가 80센티쯤 되는 삼치들이 위판되고 있는 모습

6 예초리 해안가에 있는 황경한의 묘. 조선시대 신유박해(1801년) 당시 가톨릭 순교자인 황사영(황경한의 부친)이 순교하고 그의 부인 정난주는 당시 1살이 된 아들 황경한을 예초리 해안가에 두고 떠난다. 아들만큼은 죄인으로 키우고 싶지 않은 모정에서 비롯된 것이다. 이후 황경한은 어부에게 의탁되어 성장했고 어머니를 평생 그리워하며 살았다고 한다

던 관광객이 꾸준히 늘어나 2018년에는 6만 여 명에 달했다.

추자면에서는 역사와 문화를 가미한 후풍의 길, 신비의 길, 창조의 길, 바람의 길, 모정의 길을 만들고 스토리텔링을 했다. 추자도 관광객은 올레길 탐방, 바다낚시, 성지순례 등으로 구분할 수 있다. 예초리에 위치한 황경한의 무덤은 천주교 성지순례 마지막 111코스다. 1997년에 고 김수환 추기경께서 방문하신 곳이기도 하다.

'찾아오는 관광어촌, 친환경 양식섬 육성'으로 변화를 모색하는 추자도의 앞날이 기대된다. (19. 03. 29)

무기를 가까이하면 죽음도 가까이 있다

긴장감 도는 최전방에서 남북간 평화통일을 꿈꾸다

"당신은 전쟁에 관심이 없을지 모르겠지만 전쟁은 당신에게 관심이 있다." 러시아 정치인 레온 트로츠키가 한 말이다. 누구나 평화를 원하지만 지나간 전쟁을 기억하지 않으면 우리는 언제 또다시 6·25 같은 전쟁을 겪을지 모르기 때문에 대비해야 한다는 뜻이다.

며칠 전 지인들과 함께 강원도 화천을 다녀왔다. 서울 잠실 운동장을 떠난 버스가 춘천을 거쳐 화천으로 들어가니 거리 곳곳에 "27사단 해체, 화천군민 분노한다."라는 플래카드가 걸려 있었다. 화천 시장에 들러 한 상인을 만나 '27사단이 해체되면 지역 경기에 영향이 있느냐?'고 묻자 대답이 돌아왔다.

"화천 하면 군인 가족이나 면회객이 대부분입니다. 27사단이 나가면 지역경제에 타격이 큽니다."

플래카드를 보니 감회가 새롭다. 44년 전, 필자는 27사단 모 연대 수색중대에 배치되어 34개월 동안 근무했다. 일명 이기자부대인 27사단. 당시 부대에 배치되었을 때 '왜 이기자 부대인가'를 묻자 "사단장 사모님 이름이 '이기자'"라는 우스운 풍문이 돌기도 했다.

난생처음 강원도 땅을 밟고 첩첩산중에서 밤중에 보초 서던 순간 전방이라는 중압감이 밀려왔다. 전방이지만 적들은 보이지 않았기 때문이다. 회식이 끝나고 기분이 좋아진 주임상사의 무용담은 전쟁을 모르는 졸병을 더 긴장시켰다. 부대에 갓 배치된 동기병들은 노병인 주임상사의 경험담에 귀를 쫑긋하며 등골이 서늘했다.

"우리 수색중대가 최전방 DMZ에서 근무할 때 밤마다 긴장하지 않으면 죽는 수가 많았다. 어느 날 밤 북한 인민군이 철조망을 끊고 내무반에

1 국제평화아트파크의 조형물로 평화를 약속하는 높이 38m의 거대한 반지와 탱크 포신에 커다란 나팔이 붙어있다. 평화의 나팔소리가 들릴 것만 같았다

2 화천군 곳곳에 27사단 해체를 반대하는 플래카드가 걸려있었다. 지역경제가 타격을 받는다는 게 이유다

3 화천군 상서면 다목리에 있는 인민군사령부 막사 모습. 화천과 철원일대를 관할했다고 한다.이 근방에서 살았던 89세된 할머니는 6.25가 터지기 하루전인 6월 24일 초등학교 선생님이 "얘들아! 내일은 학교 오지 말아라. 내일은 전쟁이 난다"고 했다고 한다.

4 평화의 댐 인근에 세워진 세계평화의 종 모습. 30여 개 분쟁지역에서 실제로 사용된 탄피와 포탄, 무기류를 모아 만든 종이다.

들어와 군인들을 죽이고 증거로 코를 베어 가면 우리도 복수조를 북한에 보내 똑같이 코를 베어왔다."

다행히 필자가 부대에 배치되기 얼마 전부터 우리 부대는 최전방 DMZ 근무에 배치되지 않았다. 하지만 전쟁의 그림자는 여기저기 흩어져 있었다. 책을 좋아하는 필자는 부대 내무반에 있는 한국 전쟁사 읽기를 좋아해 쉬는 시간이면 종종 전쟁사를 읽으며 일반인들이 몰랐던 6·25 당시의 현장 역사를 알게 됐다.

인천상륙작전으로 북한군이 수세에 몰려 패주하자 파죽지세로 북진하던 유엔군이 당시 필자가 근무했던 지역에서 적의 급습을 받아 몰살당했다는 기록이 있었다.

그래서일까? 부대 인근에서 구덩이를 파다 미군 잠바에 붙어있던 녹슨 지퍼를 발견했다. 누군가의 아들이고 누군가의 남편일지도 모를 미군의 흔적. 자신의 땅도 아닌 먼 타국까지 와서 죽어간 그를 생각하며 영면을 빌었다.

수색중대는 정찰훈련이 많고 이동도 많다. 어느 날 부대가 이동한 후 막사에서 나온 쓰레기를 보니 상당량이다. 선임하사가 우리 분대에 "땅을 파 쓰레기를 태워 묻어라."고 명령했다. 분대원들은 깊이 70㎝ 너비 5m 정도 땅을 파 쓰레기를 모아놓고 불을 붙이려는 찰나 선임하사가 감독하기 위해 현장에 와 호통을 쳤다.

"야! 이놈들아! 그 정도 파서 되겠어? 1m 정도 더 파서 불태워 묻어."

돌덩이가 굴러다니는 구덩이를 겨우 파 힘들었는데 더 깊이 파라는 선임하사의 명령에 모두 투덜댔지만 하는 수 없었다. 군대는 명령에 따라야 하는 조직이기 때문이다.

쓰레기를 다시 걷어내고 분대원 하나가 맨 가운데를 삽질하면서 "돌이 있는지 삽이 잘 안 들어가는데요"라고 하자 다른 선임병이 "내가 해볼 테니 삽 이리 줘"라며 돌을 비켜 삽질을 한순간 돌과 다른 물체가 나왔다. 쇳덩어리다. 그냥 쇳덩어리가 아니라 느낌이 이상해 조심스럽게 쇳덩어리 주위를 파자 팔뚝만 한 크기의 80밀리 박격포탄이 나왔다.

6·25 때 사용한 불발 박격포탄이었다. 분대원 모두는 가슴을 쓸어내렸다. 선임하사의 명령을 안 듣고 쓰레기에 불을 붙였다면 분대원 모두는 이 세상 사람이 아니었을 것이다.

일등병으로 진급한 필자는 인근 부대원 몇 명이 수류탄 사고로 희생되

1 평화의 댐 모습으로 댐높이를 높인 공사현장. 총길이 601m, 높이 125m, 최대 저수량 26억 3천만톤인 댐은 북한의 수공위협 대비를 위해 지어진 댐이다. 전 국민 성금 661억을 전달했었다

2 국제평화아트파크에 있는 조형물로 "우리가 전쟁속에 살고 있다면"이라는 글귀가 보인다.

3 화천 인근 호수위 조형물. 이 땅에 더 이상 전쟁이 없어야 이러한 평화로운 모습이 유지된다. 한국전쟁이 발발해 전쟁이 끝날 때까지 화천북방 최전방에서는 뺏고 뺏기는 고지전으로 수많은 군인들이 전사했다..

4 평화의 댐 아래 있는 "국제평화아트파크"에는 대북방송용 확성기를 이용해 평화를 뜻하는 영어 "PEACE"라는 글자가 새겨져 있었다.

는 모습을 보았다. 다음날 3대 독자의 부모가 부대에 찾아와 부대장 가슴을 쥐어뜯으며 "내 아들 내놔라"고 울부짖는 모습이 부대원들을 가슴 아프게 했다.

수류탄 폭발사고를 생각하면 지금도 아찔하다. 사고 현장은 하루 전까지 필자가 보초 근무를 섰던 자리다. 만약 내무반장이 "이것들 근무상태가 개판이야! 내일부터 보초 근무 위치를 변경한다."라며 보초근무지 이동 명령을 내리지 않았더라면 어찌 됐을까?

내무반장의 명령에 따라 필자는 대공초소로, 필자와 보초근무지를 바꿔 나갔던 선임병은 사고 현장으로 나가 변을 당했지만 살아 돌아왔다. 선임병은 다행히 살아남아 복부와 허벅지에 박힌 파편을 빼냈다. 하지만 코뼈 부분에 파편 2개가 박힌 채 어딘가에서 살고 있을 것이다.

수술을 담당했던 군의관이 "코뼈 부분에 박힌 파편을 빼내면 흉터가 크게 생긴다. 파편은 독성이 없으니 죽을 때까지 그냥 안고 살아라."라고 설득했기 때문이다. 문득 어딘가에 살고 있을 선임병을 만나보고 싶다.

온갖 살상 무기로 가득한 한반도는 언제 또다시 불행이 닥칠지 모른다. 한반도에 두 번 다시 전쟁이라는 악몽이 불어 닥쳐서는 안 된다.

평화를 염원하는 기념물들

일행과 함께 말로만 들었던 평화의 댐 관광에 나섰다. 강원도 화천군 화천읍 평화로 3481-18에 있는 평화의 댐은 북한강 줄기의 최북단, 군사분계선 남쪽 9㎞ 지점에 자리하고 있다.

총길이 601m, 높이 125m, 최대 저수량 26억 3천만 톤의 대규모 댐이다. 1986년 북한이 200억 톤가량의 물을 담을 수 있는 임남댐을 짓고 있어 만약 붕괴한다면 강원도는 물론이고 서울 국회의사당이 잠기게 될 것이라는 뉴스가 나왔다. 이를 들은 전 국민이 성금 모금에 나서 661억 원을 모아 댐 높이를 높이는 평화의 댐 공사가 시작되었다.

평화의 댐 인근에는 세계평화의 종이 있다. 평화의 종은 시중에서 쉽게 구할 수 있는 철물을 재료로 만든 게 아니라 세계 30여 분쟁지역에서 실제로 사용됐던 탄피와 포탄, 무기류 철물을 모아 만든 종으로 높이 4.7m, 무게 1만 관(37.5t)이다.

평화의 종은 종위에 달린 비둘기 날개(1관)를 따로 떼어내 보관하고 있다. 비둘기 날개 모양의 1관은 남북통일이 이루어지는 날 9999관의 종에 1관을 추가해 세계평화의 종을 완성하는 것이 목표다. 2009년 공원개장식 때는 고르바초프 구소련 대통령이 참석해 의미를 더했다. 고르바초프는 냉전을 종식한 공로로 1990년 노벨평화상을 탄 인물이다.

평화의 댐 아래에는 '국제평화아트파크'가 있다. 지난 2009년 화천군이 38억 원의 사업비를 들여 1만 2,000㎡여 부지에 전쟁의 아픔과 안보·평화·생명을 주제로 공원을 조성했다.

공원에 있는 30여 점의 조형물은 전쟁의 상징인 무기를 활용해 평화예술품으로 재구성했다. 노란 나팔을 달고 오색 바람개비로 장식한 탱크, 평화를 약속하는 높이 38m의 거대한 반지, 폐기 처분된 탱크, 자주포, 전투기 등은 '이 땅에 더 이상 전쟁은 안 된다'라는 메시지를 던지고 있다.

군에서 제대한 지 오래됐지만 가끔 대공초소에서 보초 서던 중 '펑!' 하며 온 산골짜기를 뒤흔들었던 수류탄 사고와 30미터쯤 하늘로 올라가던 파란색 화약 연기 모습이 떠오르곤 했다.

가끔 생각해 본다. 남북이 극한적인 무력대결을 관두고 평화롭게 공존한다면, 아니 평화통일이 된다면 이 땅의 젊은이들이 희생당할 필요가 있을까?

(19. 10. 26)

한국은 멋진 나라 - 국내여행 값15,000원

2021년 12월 5일 인쇄
2021년 12월 9일 발행

지 은 이 오문수

교　　정 이민숙 김옥선
진　　행 문기덕
펴 낸 곳 도서출판 비지아이
펴 낸 이 신익재
출판등록 제2-3315호
등록일자 2001. 04. 19
주　　소 서울특별시 양천구 곰달래로 11길 42-1
전　　화 (02)2285-2710 FAX (02)2285-2714

ISBN 978-89-92360-60-9